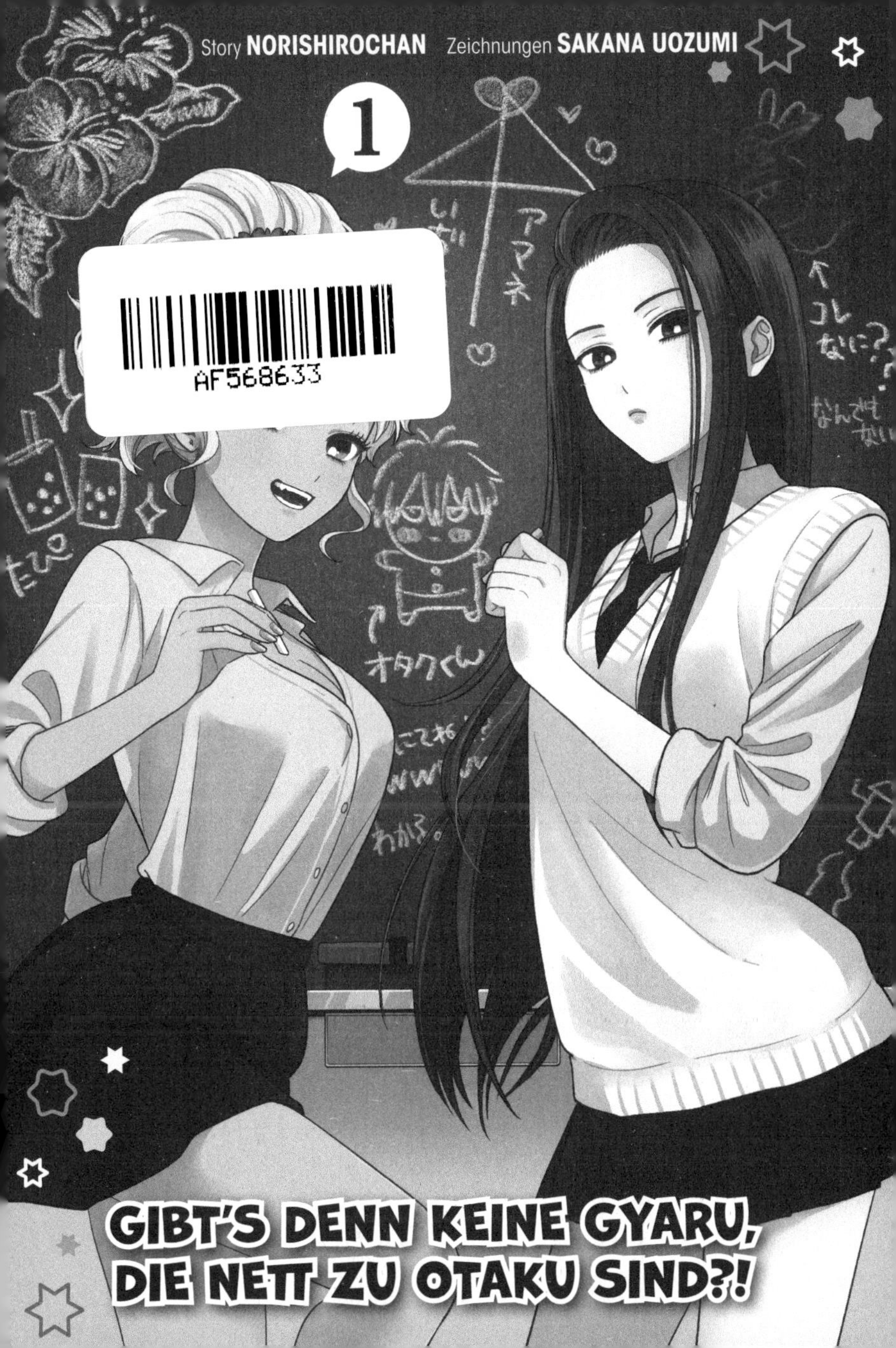
Story NORISHIROCHAN Zeichnungen SAKANA UOZUMI
1
アマネ
コレなに?
オタクくん
GIBT'S DENN KEINE GYARU, DIE NETT ZU OTAKU SIND?!

Story

NORISHIROCHAN

Zeichnungen

SAKANA UOZUMI

Übersetzung

BENJAMIN RUSCH

Lektorat

KATHARINA ALTREUTHER

Lettering

ASTARTE DESIGN

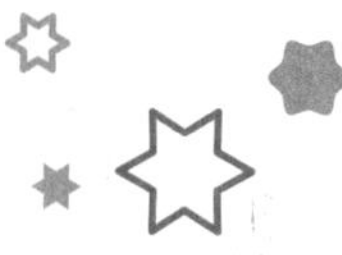

INHALT

1

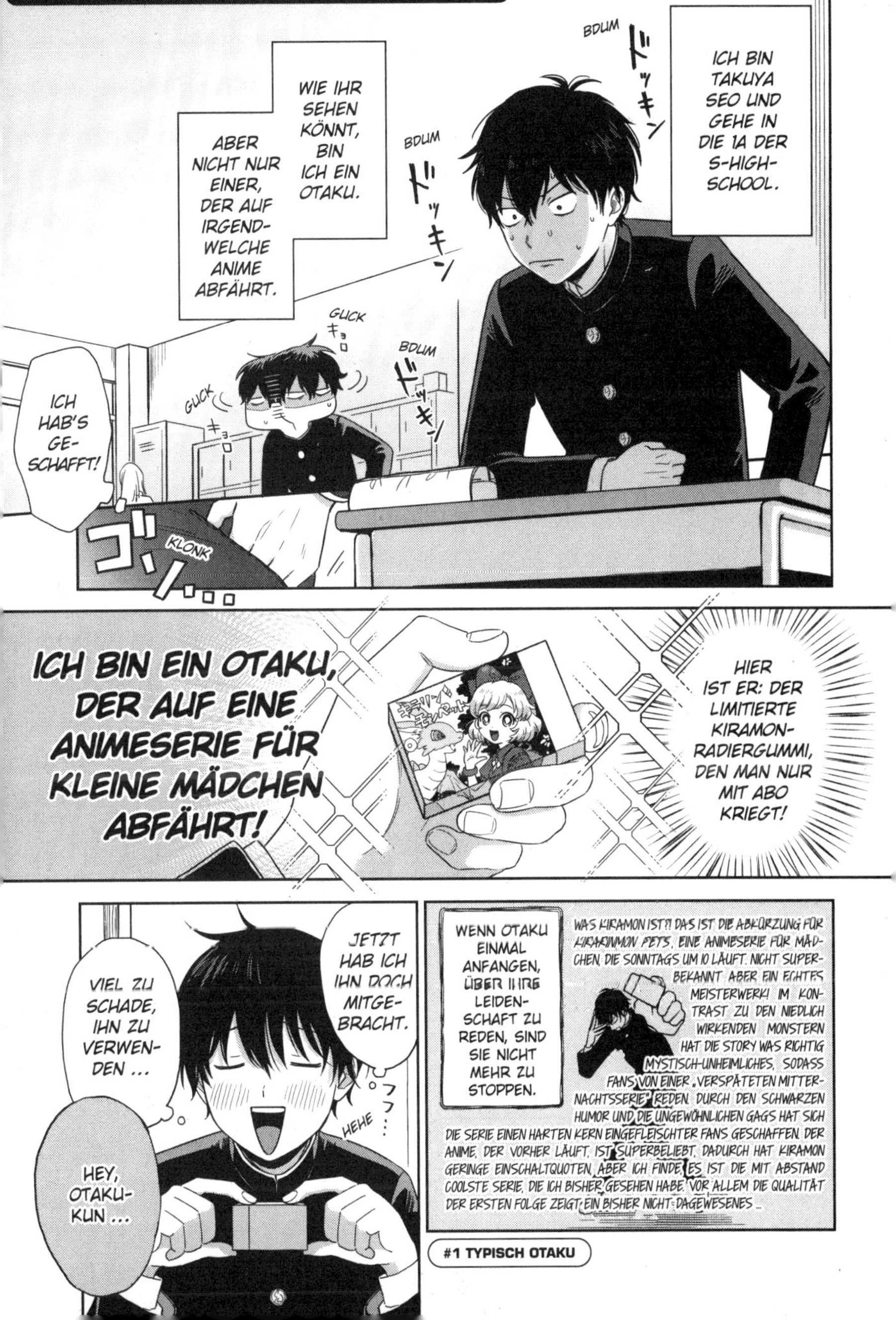

ICH BIN TAKUYA SEO UND GEHE IN DIE 1A DER S-HIGH-SCHOOL.

BDUM

BDUM

WIE IHR SEHEN KÖNNT, BIN ICH EIN OTAKU.

ABER NICHT NUR EINER, DER AUF IRGENDWELCHE ANIME ABFÄHRT.

BDUM

GUCK

GUCK

ICH HAB'S GESCHAFFT!

KLONK

HIER IST ER: DER LIMITIERTE KIRAMON-RADIERGUMMI, DEN MAN NUR MIT ABO KRIEGT!

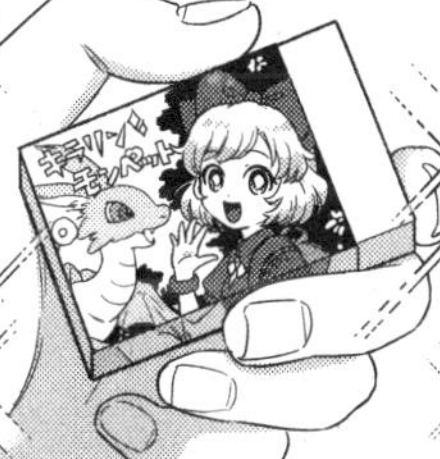

ICH BIN EIN OTAKU, DER AUF EINE ANIMESERIE FÜR KLEINE MÄDCHEN ABFÄHRT!

WENN OTAKU EINMAL ANFANGEN, ÜBER IHRE LEIDENSCHAFT ZU REDEN, SIND SIE NICHT MEHR ZU STOPPEN.

WAS KIRAMON IST?! DAS IST DIE ABKÜRZUNG FÜR KIRARINMON PETS, EINE ANIMESERIE FÜR MÄDCHEN, DIE SONNTAGS UM 10 LÄUFT. NICHT SUPERBEKANNT, ABER EIN ECHTES MEISTERWERK! IM KONTRAST ZU DEN NIEDLICH WIRKENDEN MONSTERN HAT DIE STORY WAS RICHTIG MYSTISCH-UNHEIMLICHES, SODASS FANS VON EINER „VERSPÄTETEN MITTERNACHTSSERIE" REDEN. DURCH DEN SCHWARZEN HUMOR UND DIE UNGEWÖHNLICHEN GAGS HAT SICH DIE SERIE EINEN HARTEN KERN EINGEFLEISCHTER FANS GESCHAFFEN. DER ANIME, DER VORHER LÄUFT, IST SUPERBELIEBT, DADURCH HAT KIRAMON GERINGE EINSCHALTQUOTEN, ABER ICH FINDE, ES IST DIE MIT ABSTAND COOLSTE SERIE, DIE ICH BISHER GESEHEN HABE. VOR ALLEM DIE QUALITÄT DER ERSTEN FOLGE ZEIGT EIN BISHER NICHT DAGEWESENES ...

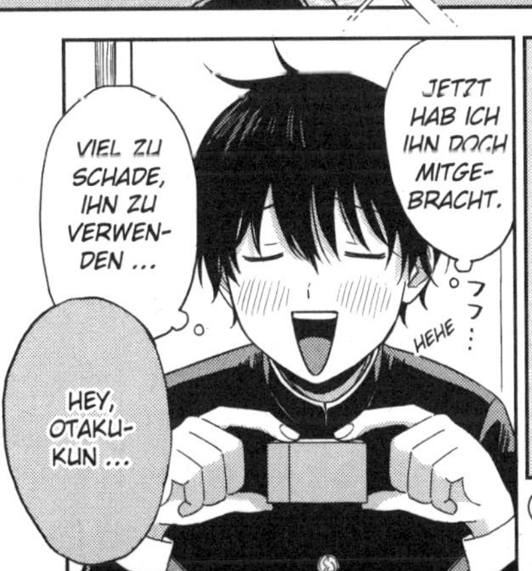

#1 TYPISCH OTAKU

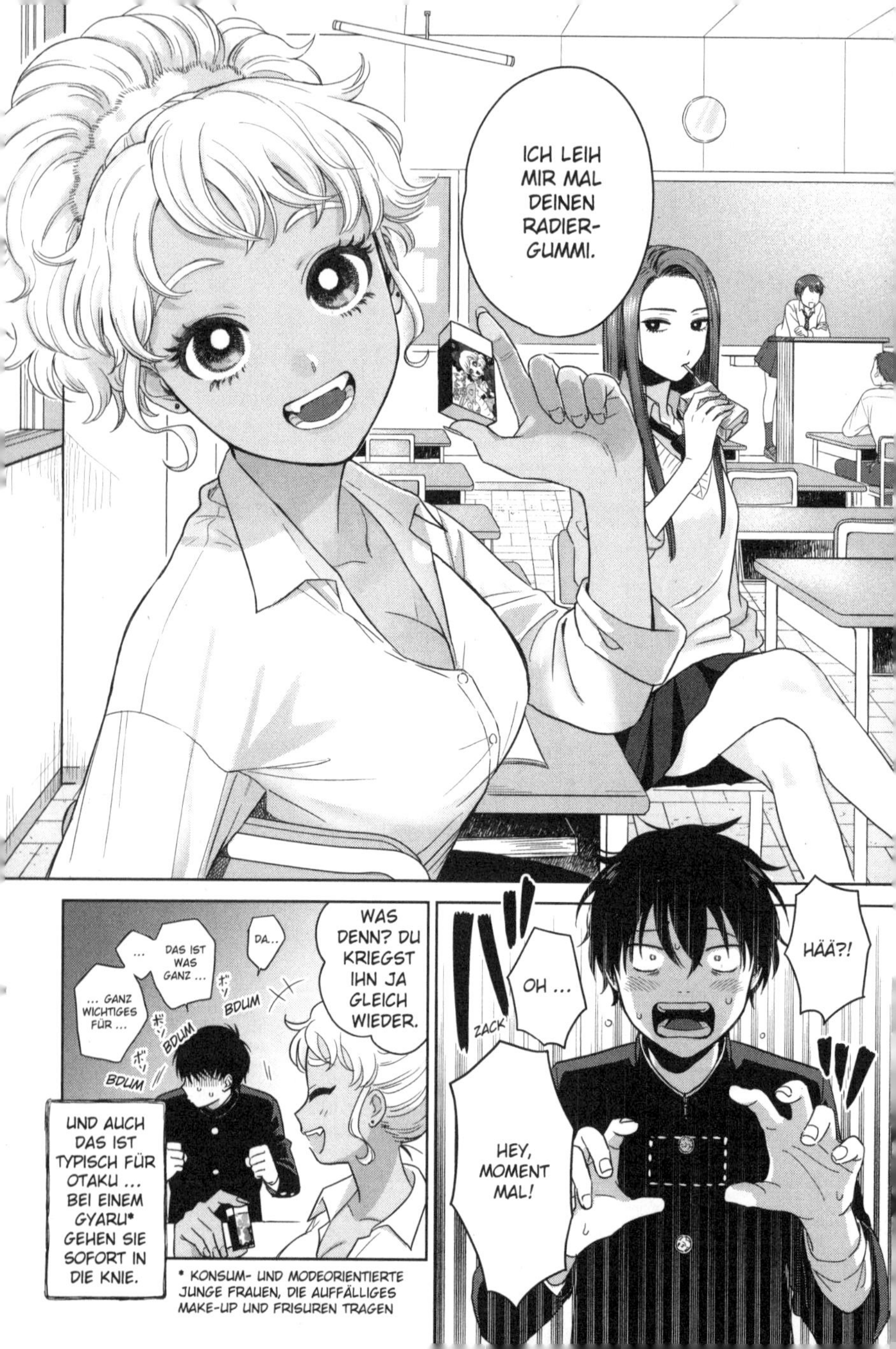
ICH LEIH MIR MAL DEINEN RADIER-GUMMI.
HÄÄ?!
OH ...
ZACK
HEY, MOMENT MAL!
WAS DENN? DU KRIEGST IHN JA GLEICH WIEDER.
DA ...
... DAS IST WAS GANZ ...
... GANZ WICHTIGES FÜR ...
BDUM
BDUM
BDUM
UND AUCH DAS IST TYPISCH FÜR OTAKU ... BEI EINEM GYARU* GEHEN SIE SOFORT IN DIE KNIE.
* KONSUM- UND MODEORIENTIERTE JUNGE FRAUEN, DIE AUFFÄLLIGES MAKE-UP UND FRISUREN TRAGEN

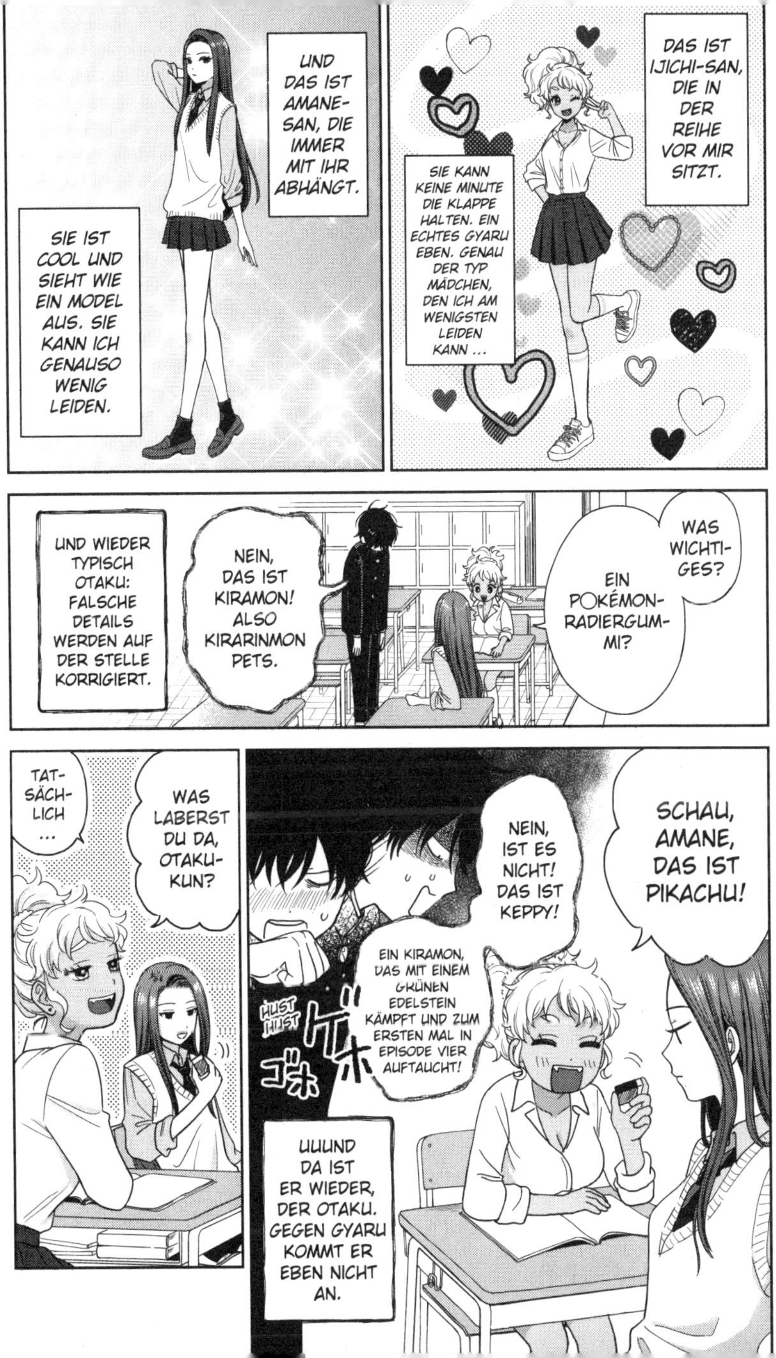

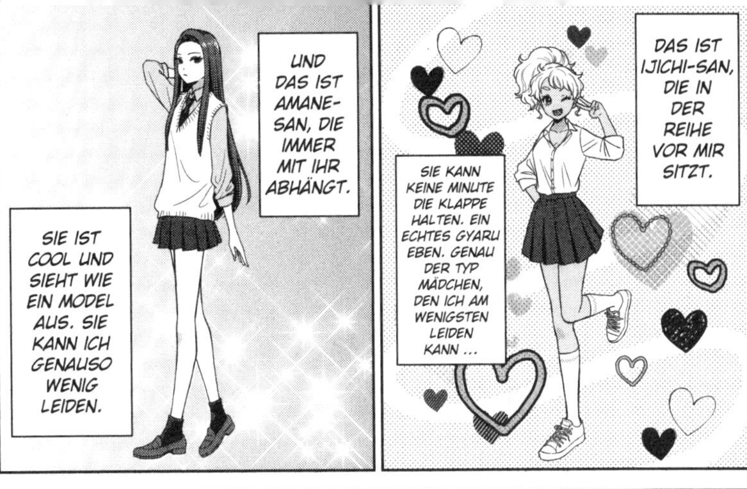

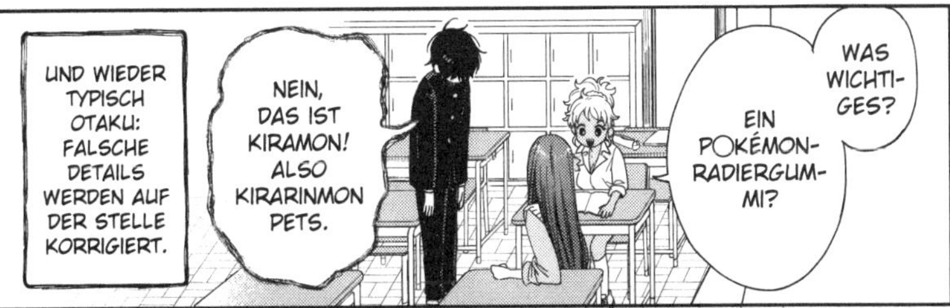

SCHAU, AMANE, DAS IST PIKACHU!
NEIN, IST ES NICHT! DAS IST KEPPY!
EIN KIRAMON, DAS MIT EINEM GRÜNEN EDELSTEIN KÄMPFT UND ZUM ERSTEN MAL IN EPISODE VIER AUFTAUCHT!
HUST HUST
ゲホ
ゴホ
UUUND DA IST ER WIEDER, DER OTAKU. GEGEN GYARU KOMMT ER EBEN NICHT AN.
WAS LABERST DU DA, OTAKU-KUN?
TATSÄCHLICH …

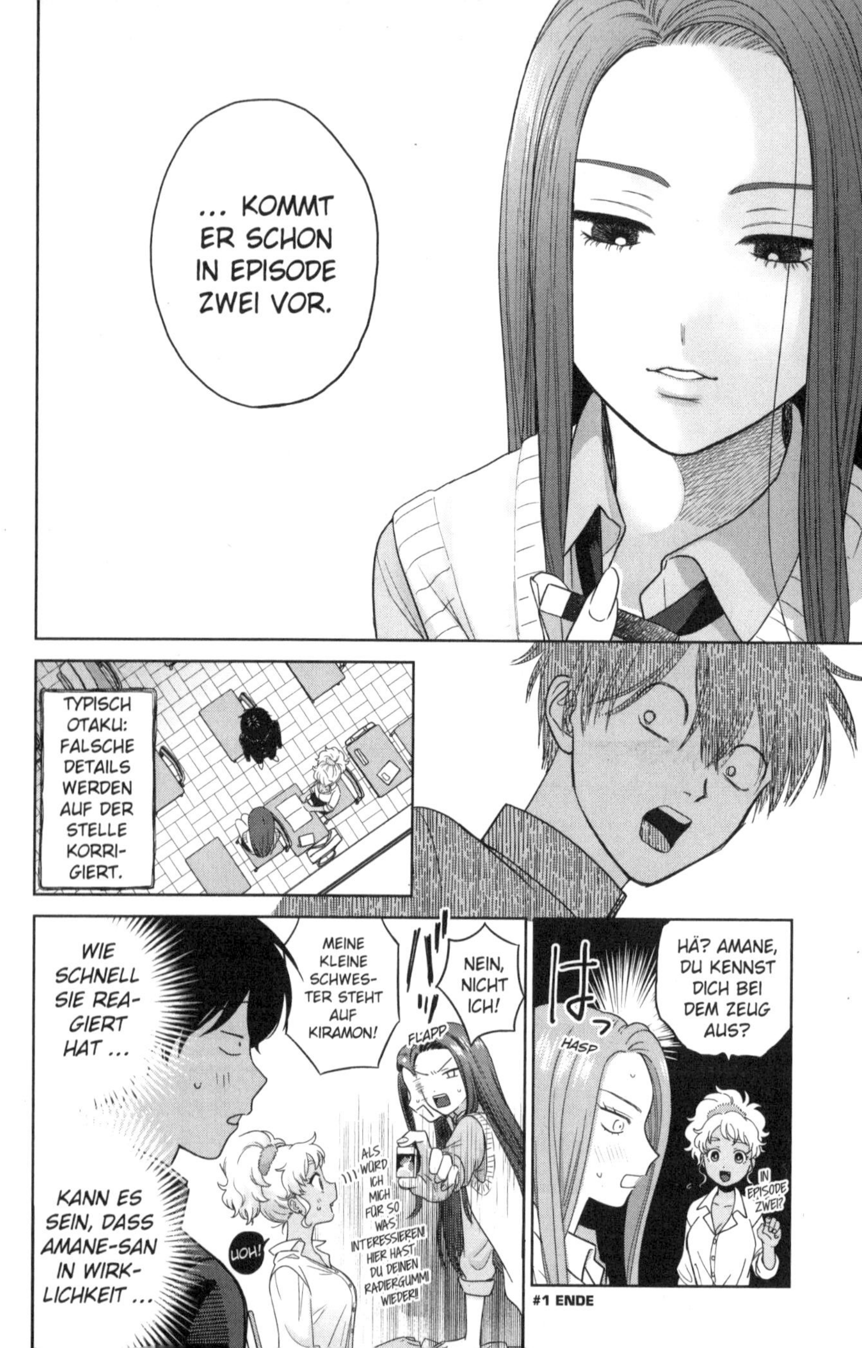

... KOMMT ER SCHON IN EPISODE ZWEI VOR.
TYPISCH OTAKU: FALSCHE DETAILS WERDEN AUF DER STELLE KORRIGIERT.
HÄ? AMANE, DU KENNST DICH BEI DEM ZEUG AUS?
はっ
HASP
IN EPISODE ZWEI?
NEIN, NICHT ICH!
MEINE KLEINE SCHWESTER STEHT AUF KIRAMON!
FLAPP
ALS WÜRD ICH MICH FÜR SO WAS INTERESSIEREN! HIER HAST DU DEINEN RADIERGUMMI WIEDER!!
UOH!
WIE SCHNELL SIE REAGIERT HAT ...
KANN ES SEIN, DASS AMANE-SAN IN WIRKLICHKEIT ...

#1 ENDE

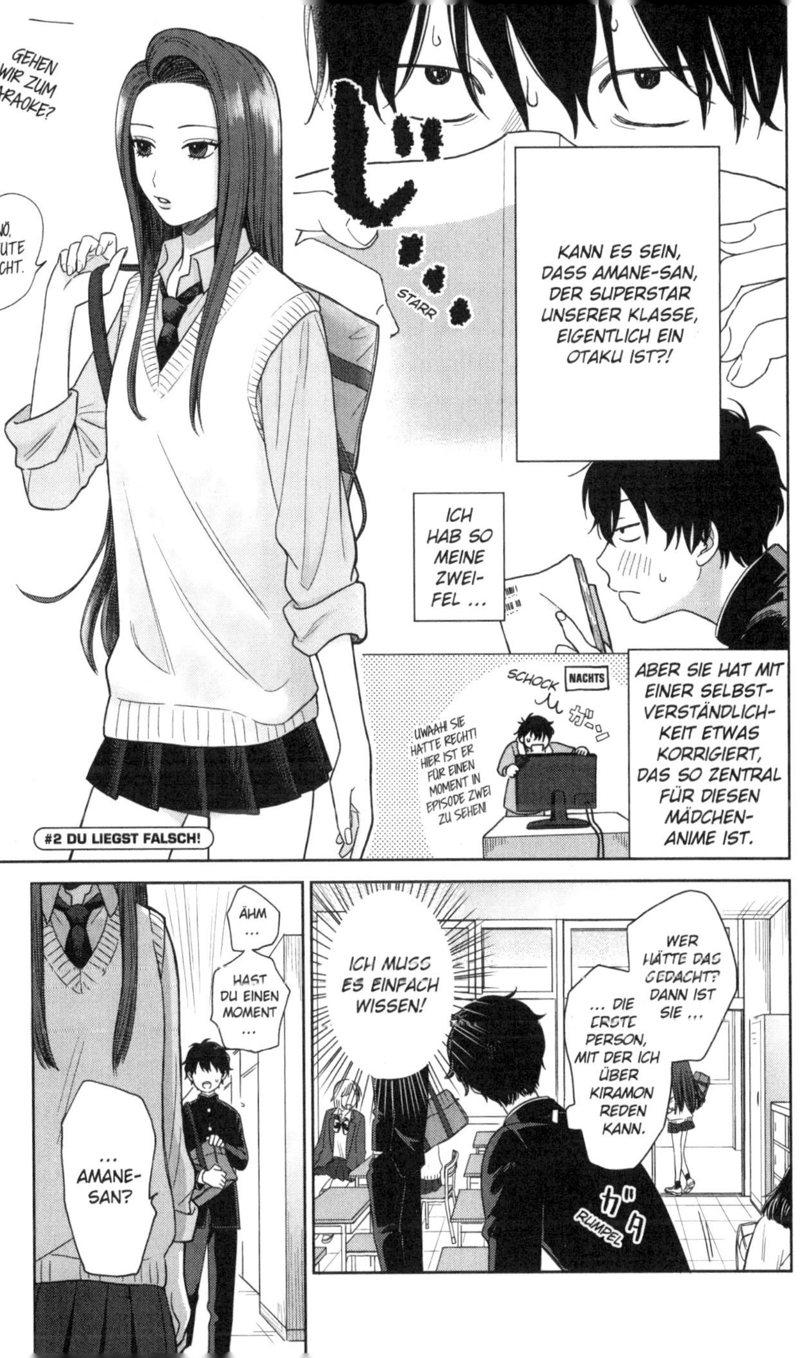

KANN ES SEIN, DASS AMANE-SAN, DER SUPERSTAR UNSERER KLASSE, EIGENTLICH EIN OTAKU IST?!

STARR

GEHEN WIR ZUM KARAOKE?

NÖ, HEUTE NICHT.

ICH HAB SO MEINE ZWEIFEL ...

ABER SIE HAT MIT EINER SELBSTVERSTÄNDLICHKEIT ETWAS KORRIGIERT, DAS SO ZENTRAL FÜR DIESEN MÄDCHEN-ANIME IST.

NACHTS

SCHOCK

UWAAH! SIE HATTE RECHT! HIER IST ER FÜR EINEN MOMENT IN EPISODE ZWEI ZU SEHEN!

#2 DU LIEGST FALSCH!

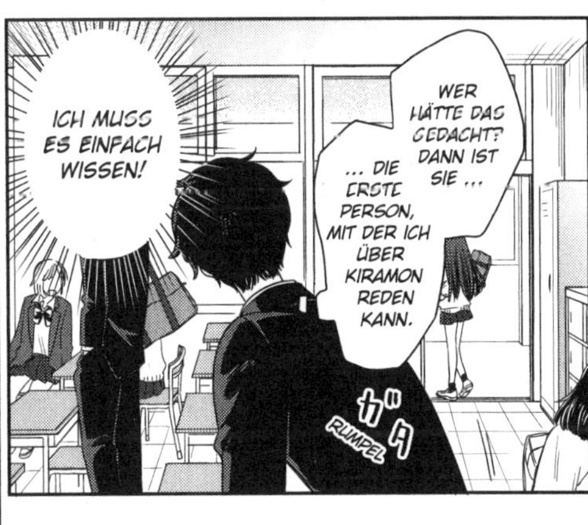

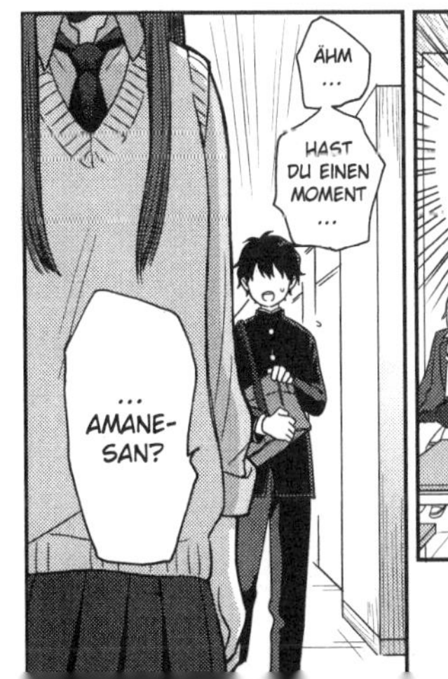

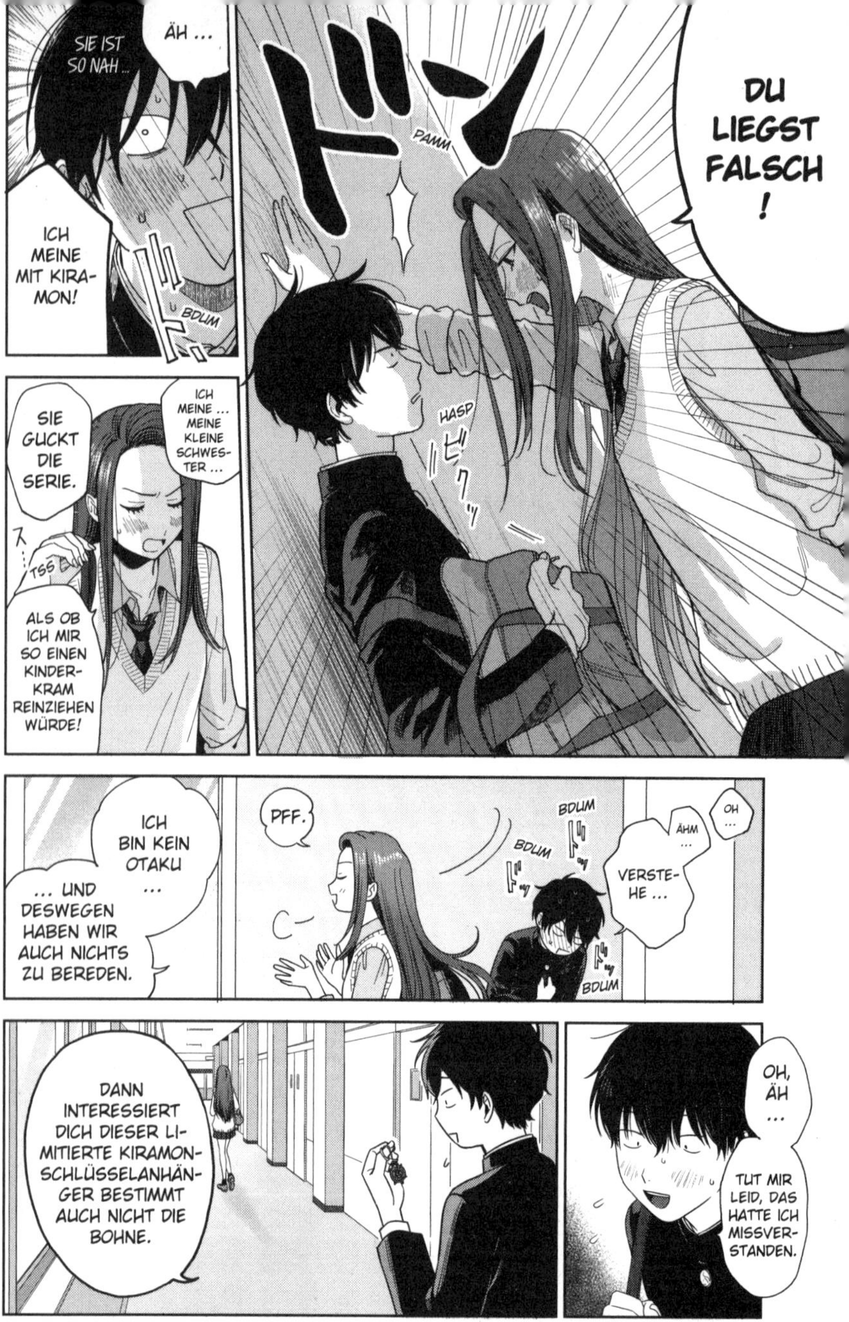

DU LIEGST FALSCH!
PAMM
HASP

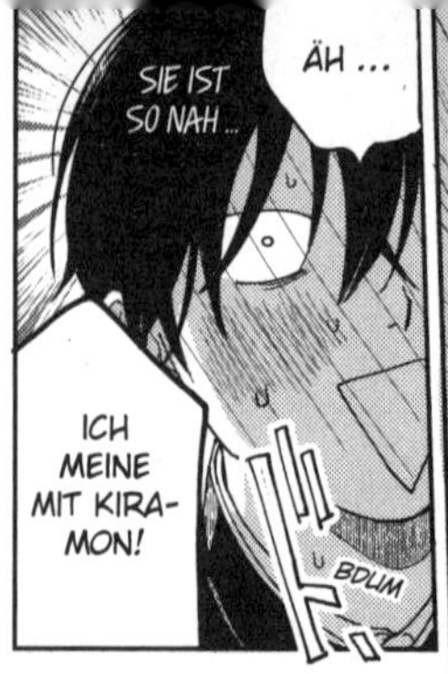

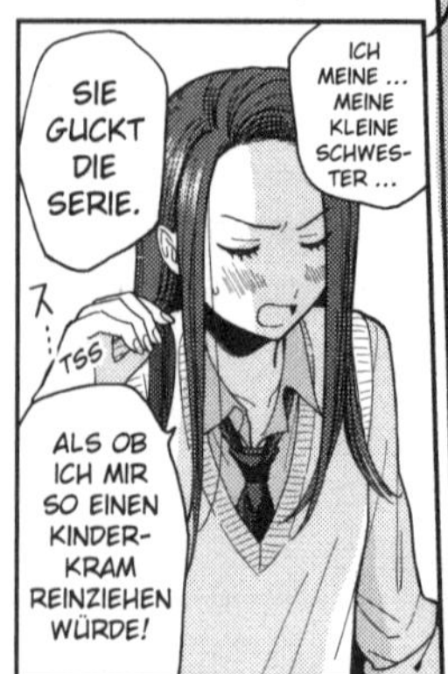

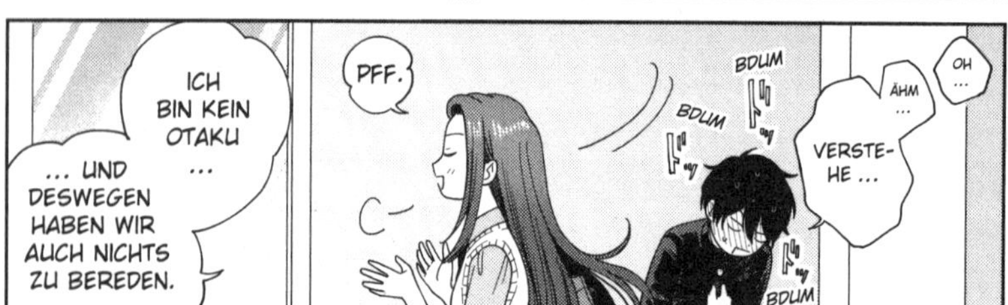

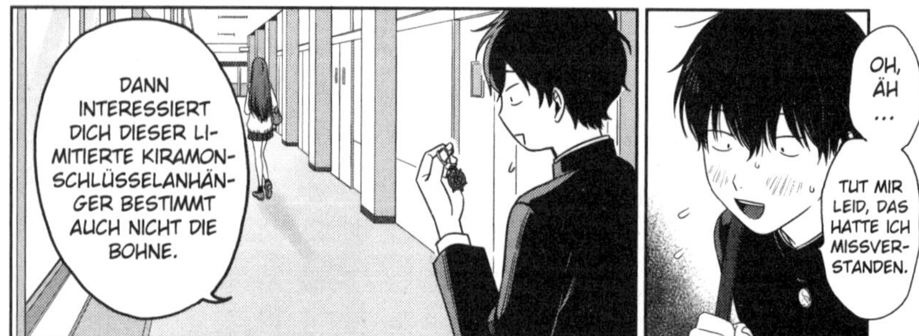

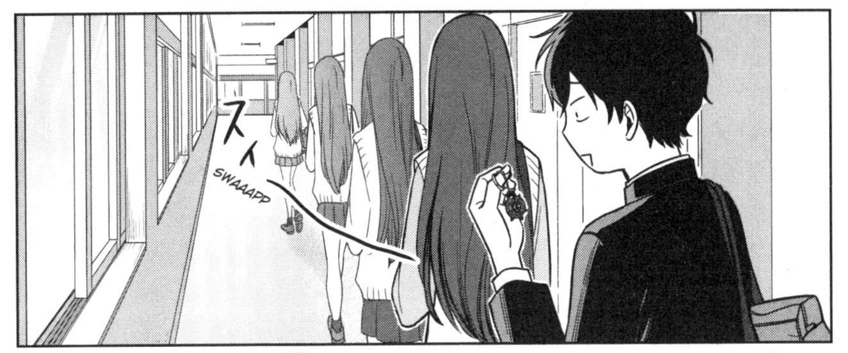
スィ
SWAAAPP

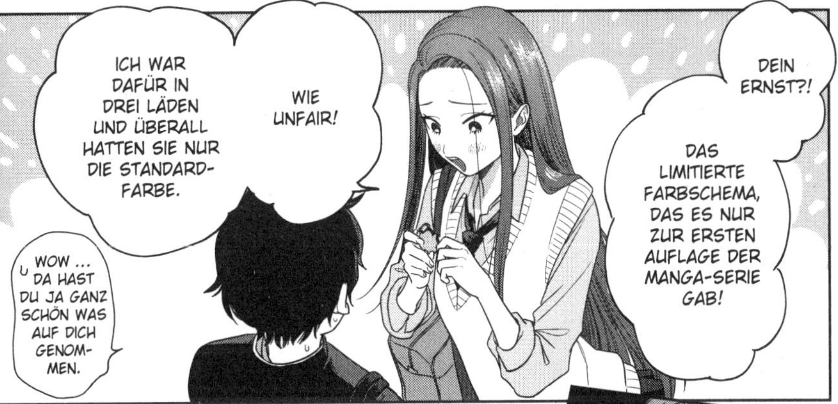
DEIN ERNST?!
DAS LIMITIERTE FARBSCHEMA, DAS ES NUR ZUR ERSTEN AUFLAGE DER MANGA-SERIE GAB!
WIE UNFAIR!
ICH WAR DAFÜR IN DREI LÄDEN UND ÜBERALL HATTEN SIE NUR DIE STANDARD-FARBE.
WOW ... DA HAST DU JA GANZ SCHÖN WAS AUF DICH GENOMMEN.

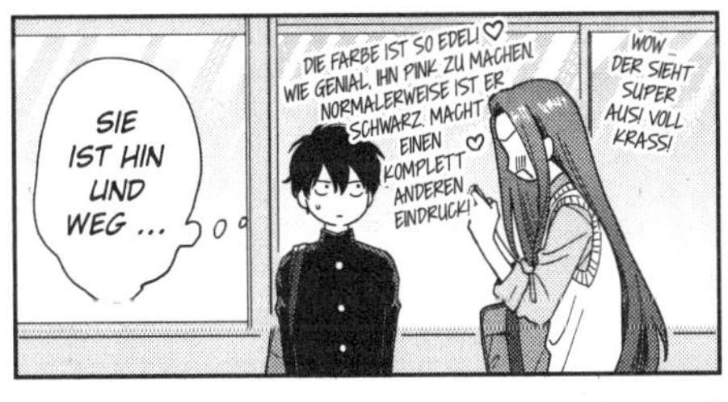
はっ
HASP
WOW DER SIEHT SUPER AUS! VOLL KRASS!
DIE FARBE IST SO EDEL! ♡ WIE GENIAL, IHN PINK ZU MACHEN. NORMALERWEISE IST ER SCHWARZ. MACHT EINEN KOMPLETT ANDEREN EINDRUCK! ♡
SIE IST HIN UND WEG ...

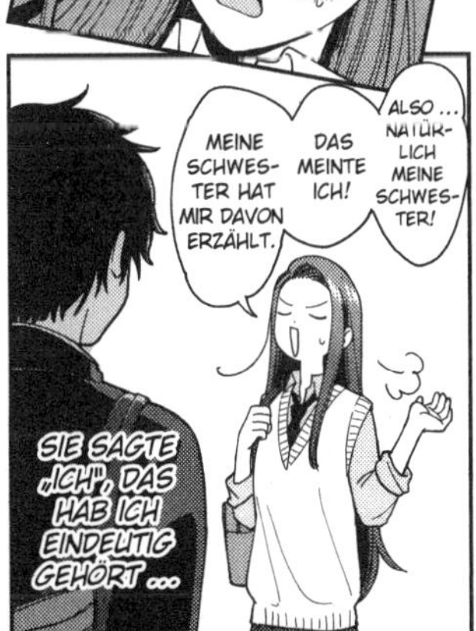
ALSO ... NATÜRLICH MEINE SCHWESTER!
DAS MEINTE ICH!
MEINE SCHWESTER HAT MIR DAVON ERZÄHLT.
SIE SAGTE „ICH“, DAS HAB ICH EINDEUTIG GEHÖRT ...

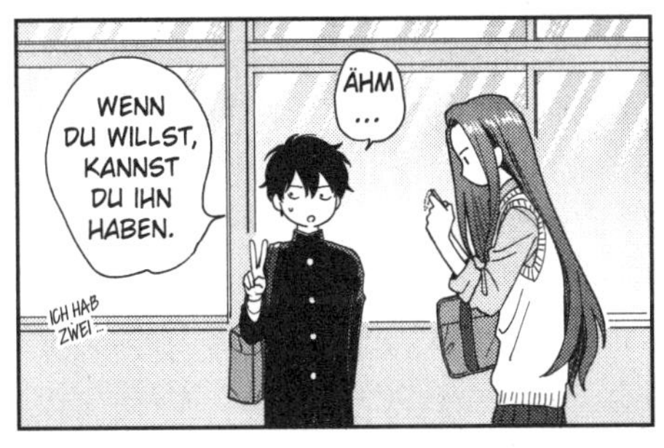
ÄHM ...
WENN DU WILLST, KANNST DU IHN HABEN.
ICH HAB ZWEI ...

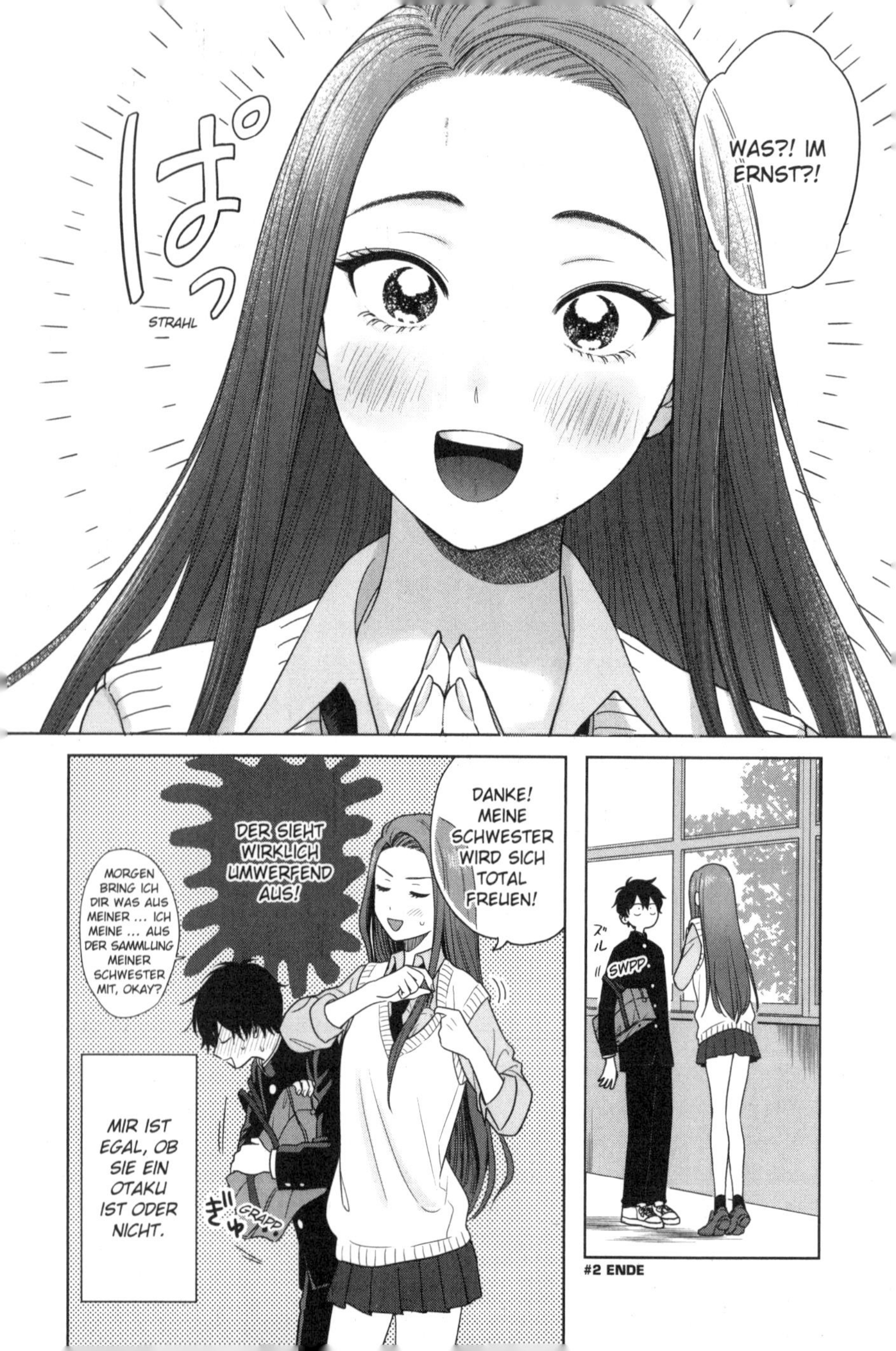

WAS?! IM ERNST?!

ぱっ
STRAHL

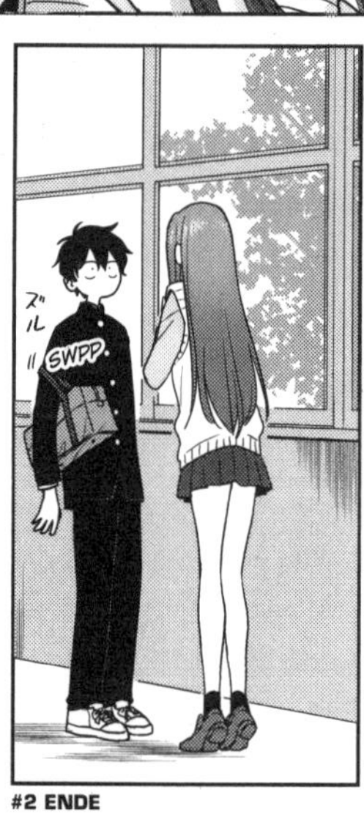

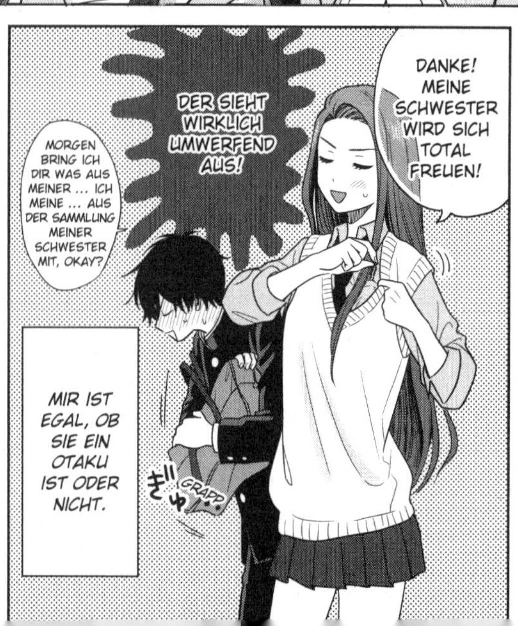

#2 ENDE

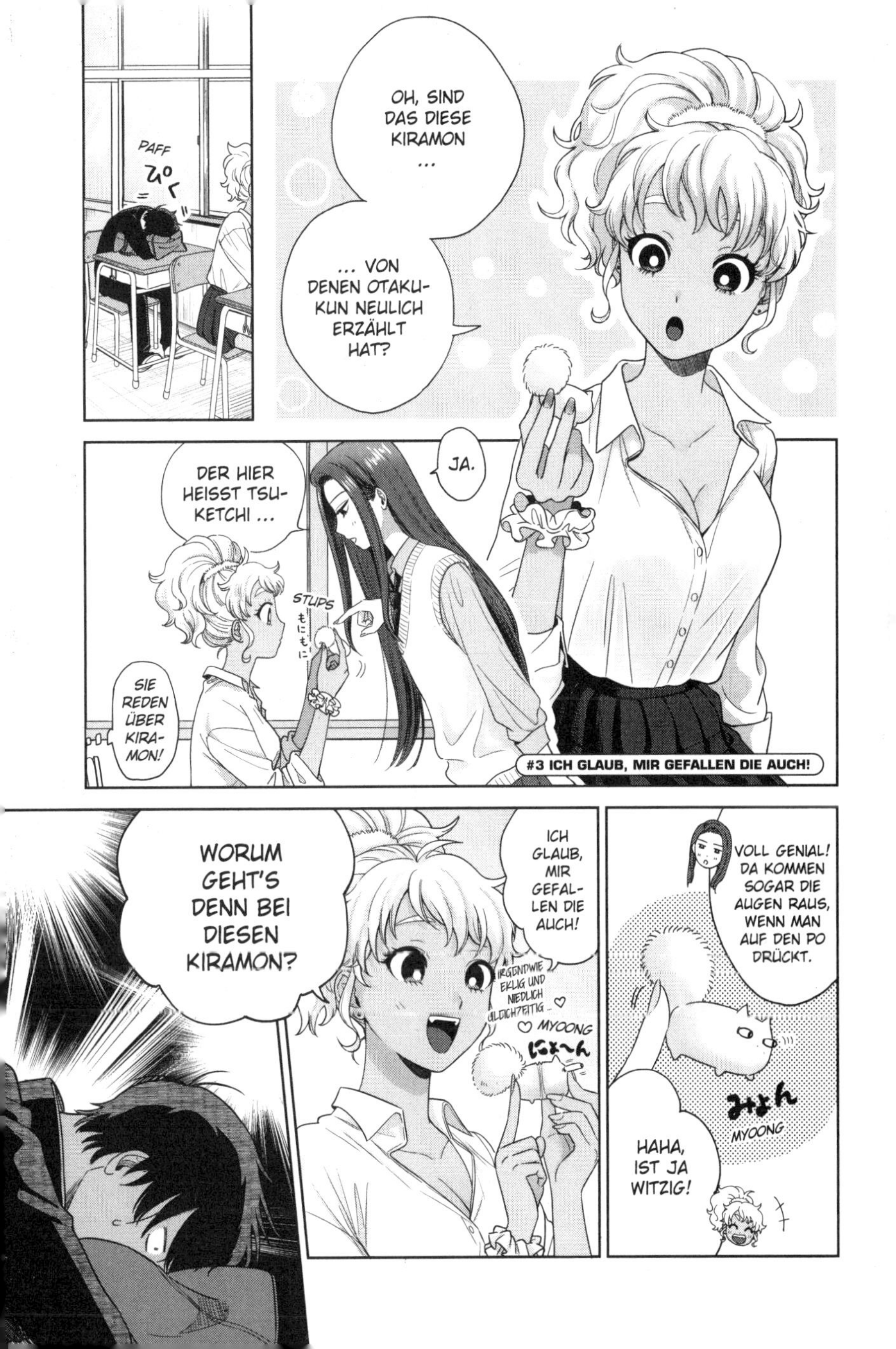

OH, SIND DAS DIESE KIRAMON …

… VON DENEN OTAKU-KUN NEULICH ERZÄHLT HAT?

PAFF

ぴくっ

JA.

DER HIER HEISST TSU-KETCHI …

STUPS

もにもに

SIE REDEN ÜBER KIRA-MON!

#3 ICH GLAUB, MIR GEFALLEN DIE AUCH!

VOLL GENIAL! DA KOMMEN SOGAR DIE AUGEN RAUS, WENN MAN AUF DEN PO DRÜCKT.

みょん

MYOONG

HAHA, IST JA WITZIG!

ICH GLAUB, MIR GEFAL-LEN DIE AUCH!

IRGENDWIE EKLIG UND NIEDLICH GLEICHZEITIG … ♡

♡ MYOONG

にょ～ん

WORUM GEHT'S DENN BEI DIESEN KIRAMON?

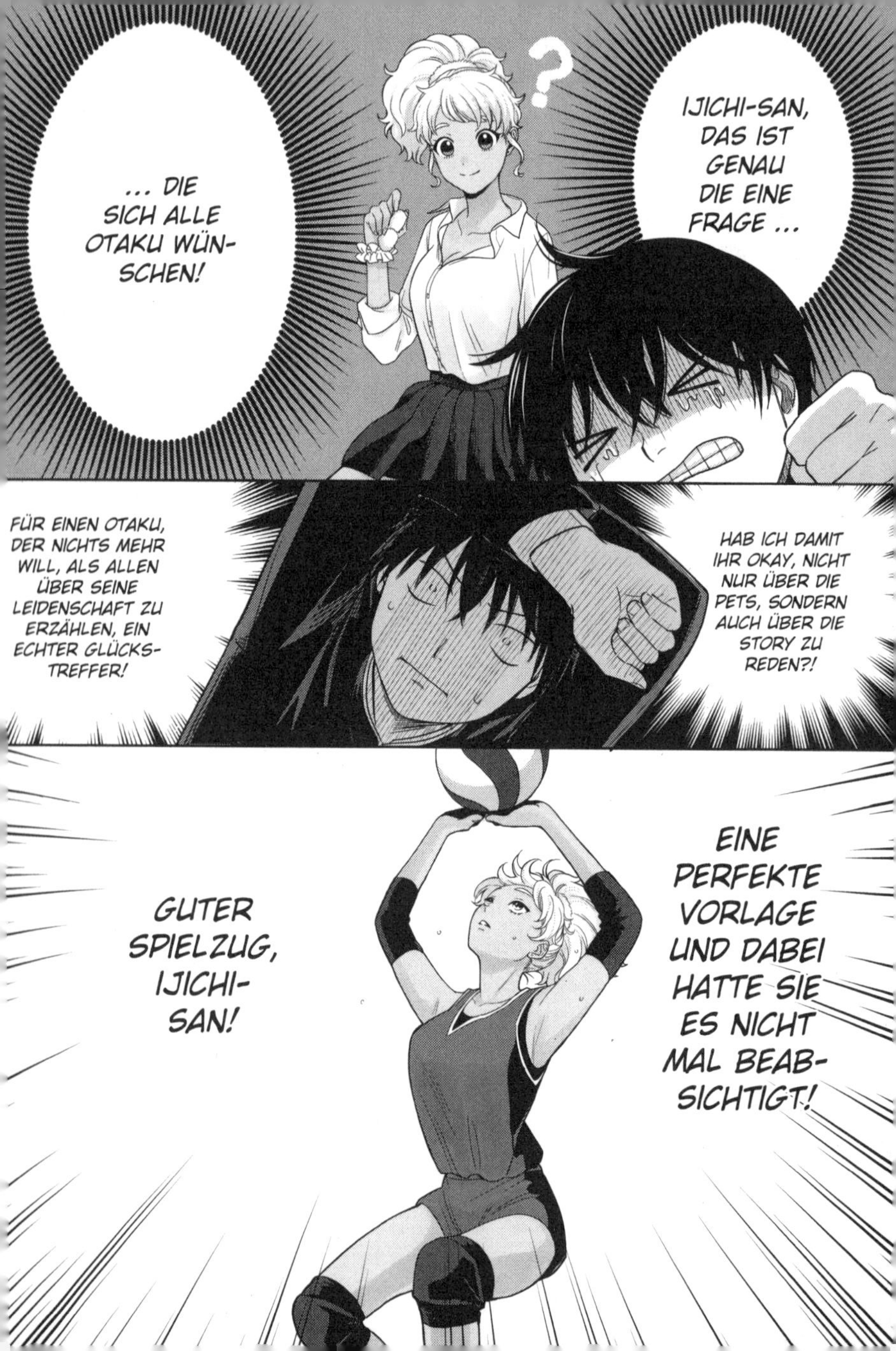
IJICHI-SAN, DAS IST GENAU DIE EINE FRAGE ...
... DIE SICH ALLE OTAKU WÜN-SCHEN!
HAB ICH DAMIT IHR OKAY, NICHT NUR ÜBER DIE PETS, SONDERN AUCH ÜBER DIE STORY ZU REDEN?!
FÜR EINEN OTAKU, DER NICHTS MEHR WILL, ALS ALLEN ÜBER SEINE LEIDENSCHAFT ZU ERZÄHLEN, EIN ECHTER GLÜCKS-TREFFER!
EINE PERFEKTE VORLAGE UND DABEI HATTE SIE ES NICHT MAL BEAB-SICHTIGT!
GUTER SPIELZUG, IJICHI-SAN!

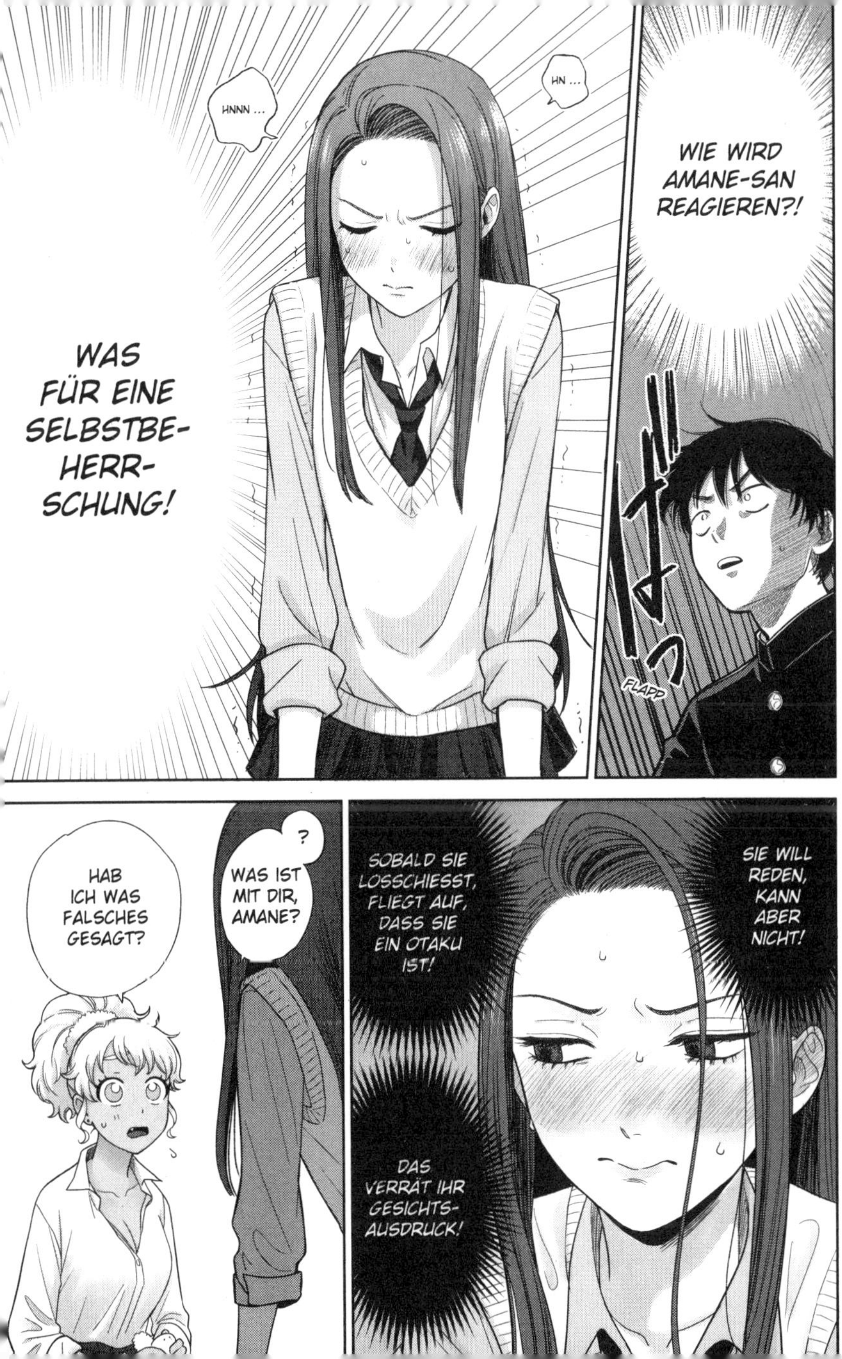

WIE WIRD AMANE-SAN REAGIEREN?!

FLAPP

HN ...

HNNN ...

WAS FÜR EINE SELBSTBEHERRSCHUNG!

SIE WILL REDEN, KANN ABER NICHT!

SOBALD SIE LOSSCHIESST, FLIEGT AUF, DASS SIE EIN OTAKU IST!

DAS VERRÄT IHR GESICHTSAUSDRUCK!

?

WAS IST MIT DIR, AMANE?

HAB ICH WAS FALSCHES GESAGT?

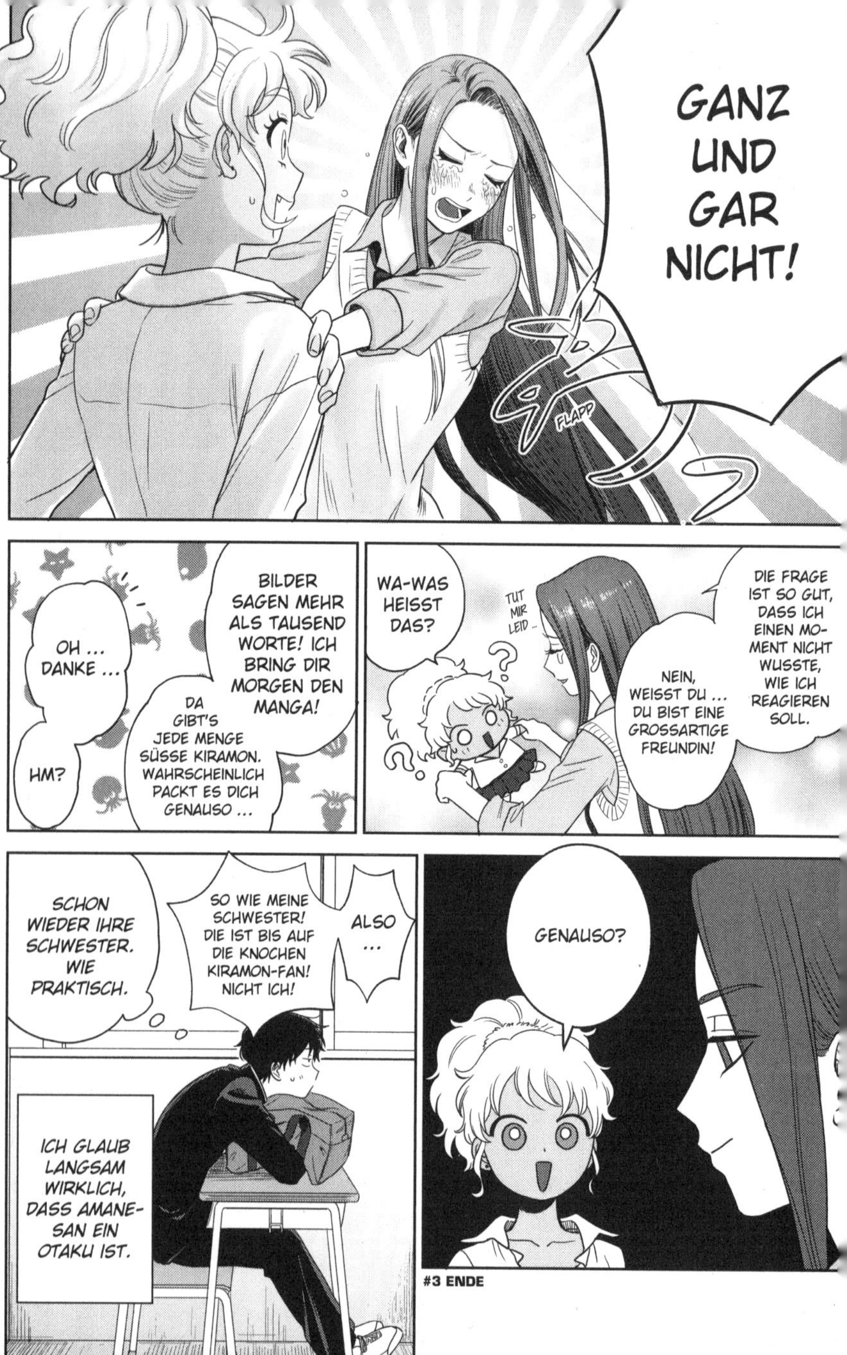

GANZ UND GAR NICHT!

FLAPP

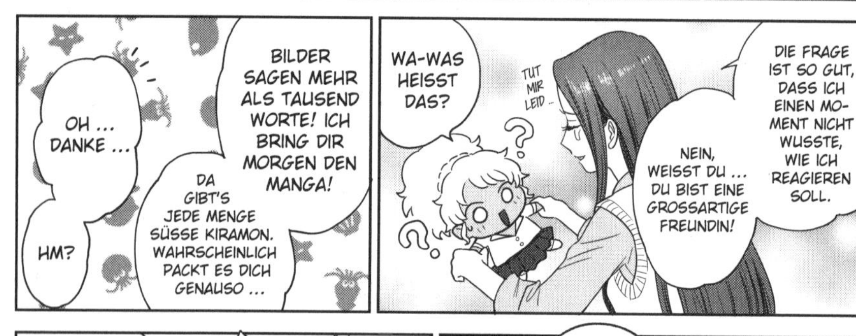

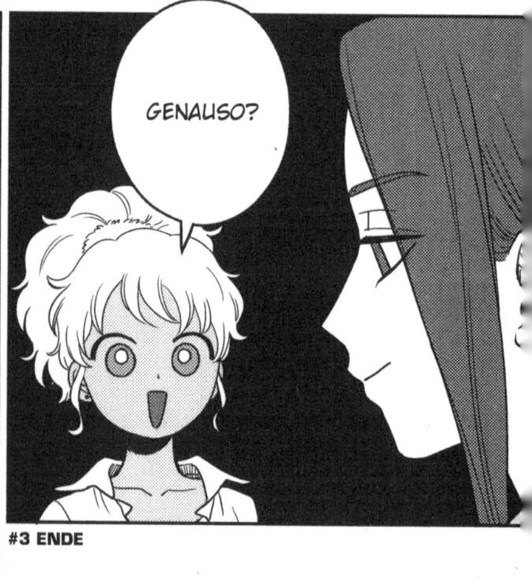

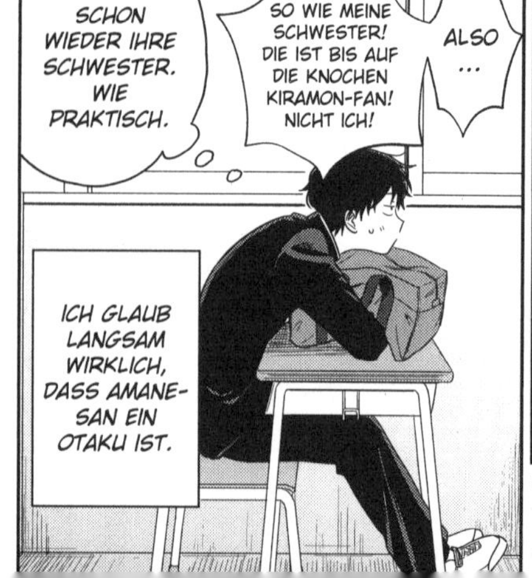

#3 ENDE

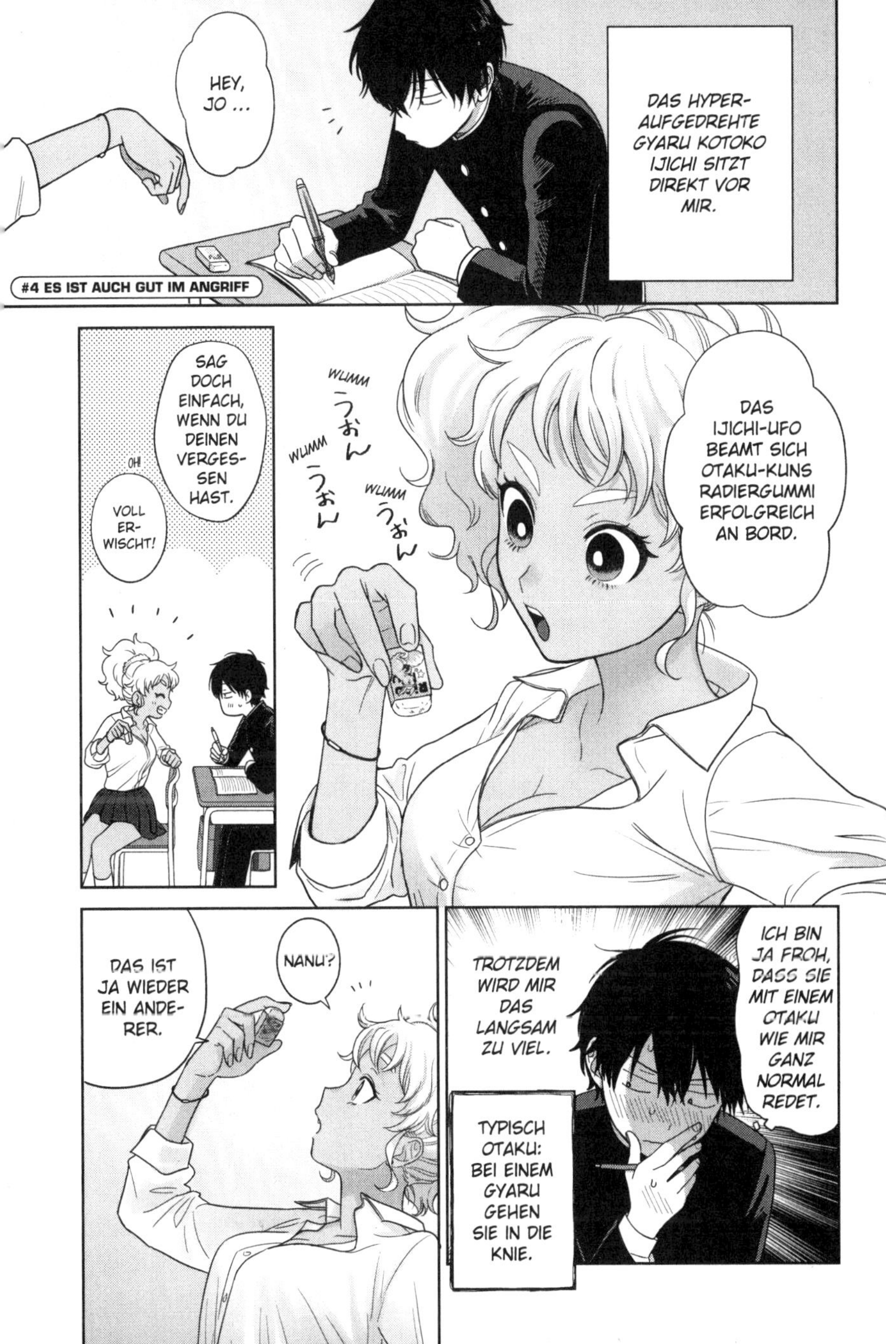
DAS HYPER-AUFGEDREHTE GYARU KOTOKO IJICHI SITZT DIREKT VOR MIR.
HEY, JO …
#4 ES IST AUCH GUT IM ANGRIFF
DAS IJICHI-UFO BEAMT SICH OTAKU-KUNS RADIERGUMMI ERFOLGREICH AN BORD.
WUMM うぉん
WUMM うぉん
WUMM うぉん
SAG DOCH EINFACH, WENN DU DEINEN VERGES-SEN HAST.
OH!
VOLL ER-WISCHT!
ICH BIN JA FROH, DASS SIE MIT EINEM OTAKU WIE MIR GANZ NORMAL REDET.
TROTZDEM WIRD MIR DAS LANGSAM ZU VIEL.
TYPISCH OTAKU: BEI EINEM GYARU GEHEN SIE IN DIE KNIE.
NANU?
DAS IST JA WIEDER EIN ANDE-RER.

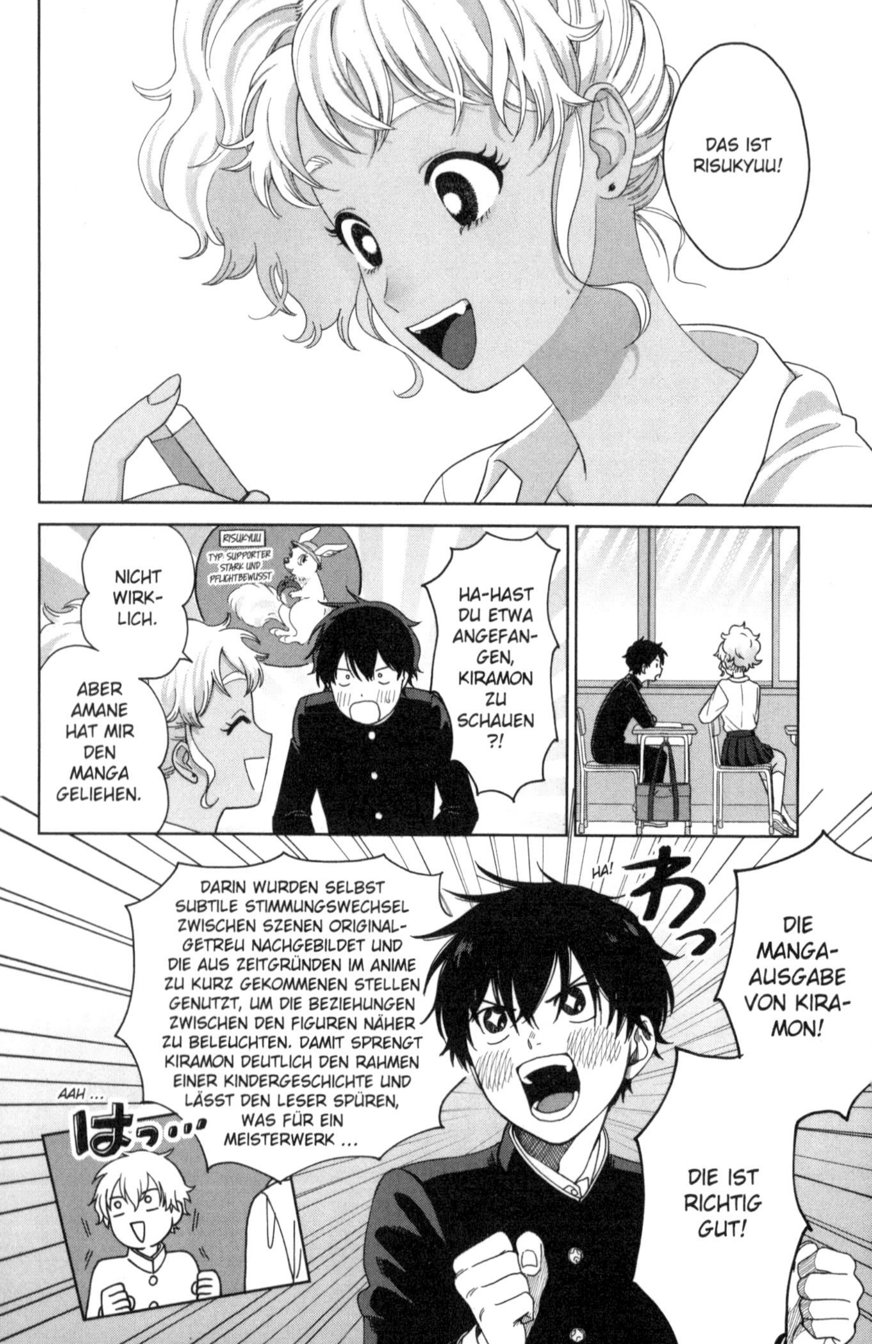
DAS IST RISUKYUU!
HA-HAST DU ETWA ANGEFANGEN, KIRAMON ZU SCHAUEN?!
RISUKYUU
TYP: SUPPORTER
STARK UND PFLICHTBEWUSST
NICHT WIRKLICH.
ABER AMANE HAT MIR DEN MANGA GELIEHEN.
HA!
DIE MANGA-AUSGABE VON KIRAMON!
DIE IST RICHTIG GUT!
DARIN WURDEN SELBST SUBTILE STIMMUNGSWECHSEL ZWISCHEN SZENEN ORIGINALGETREU NACHGEBILDET UND DIE AUS ZEITGRÜNDEN IM ANIME ZU KURZ GEKOMMENEN STELLEN GENUTZT, UM DIE BEZIEHUNGEN ZWISCHEN DEN FIGUREN NÄHER ZU BELEUCHTEN. DAMIT SPRENGT KIRAMON DEUTLICH DEN RAHMEN EINER KINDERGESCHICHTE UND LÄSST DEN LESER SPÜREN, WAS FÜR EIN MEISTERWERK ...
AAH ...

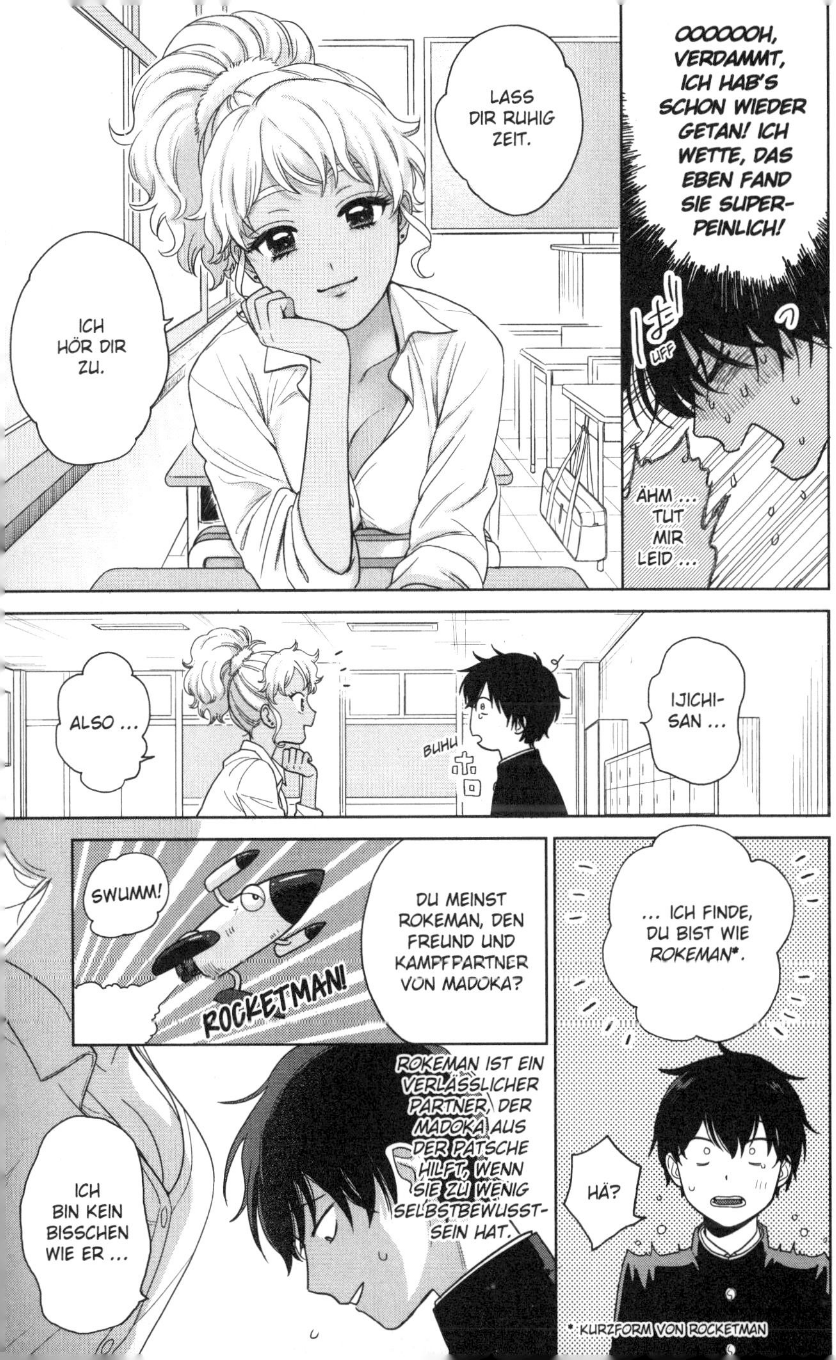

OOOOOOH, VERDAMMT, ICH HAB'S SCHON WIEDER GETAN! ICH WETTE, DAS EBEN FAND SIE SUPER-PEINLICH!

UFF

ÄHM ... TUT MIR LEID ...

LASS DIR RUHIG ZEIT.

ICH HÖR DIR ZU.

IJICHI-SAN ...

BUHU

ALSO ...

... ICH FINDE, DU BIST WIE ROKEMAN*.

DU MEINST ROKEMAN, DEN FREUND UND KAMPFPARTNER VON MADOKA?

SWUMM!

ROCKETMAN!

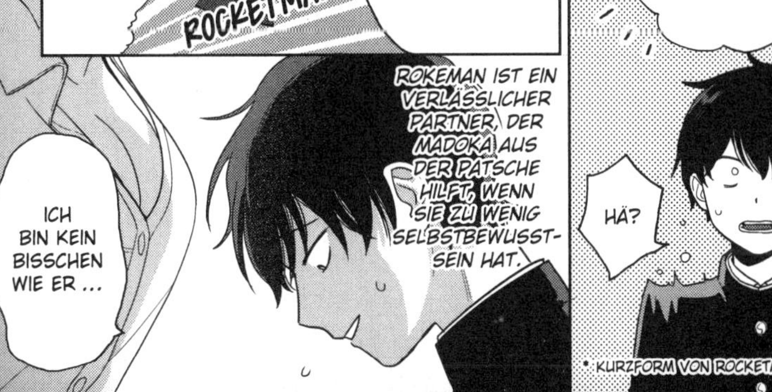

* KURZFORM VON ROCKETMAN

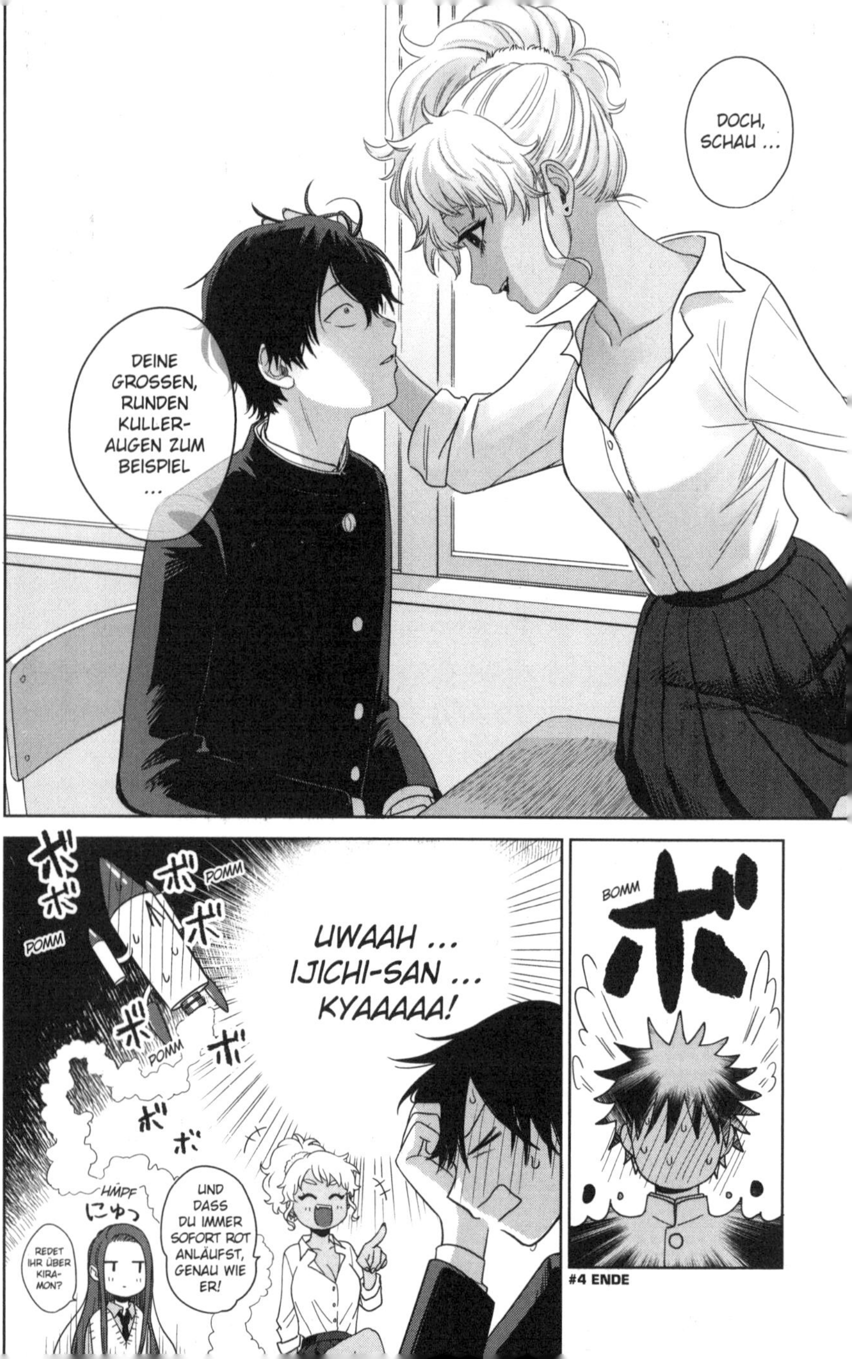

DOCH, SCHAU ...

DEINE GROSSEN, RUNDEN KULLER-AUGEN ZUM BEISPIEL ...

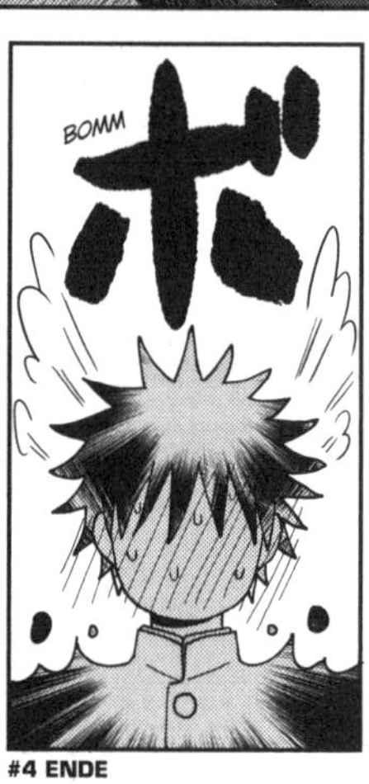

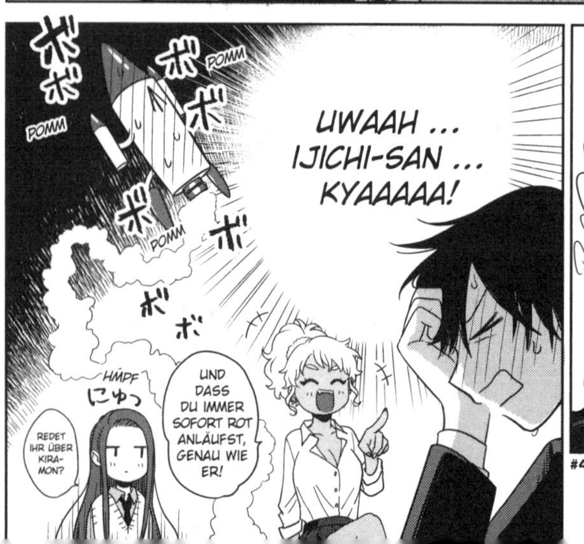

#4 ENDE

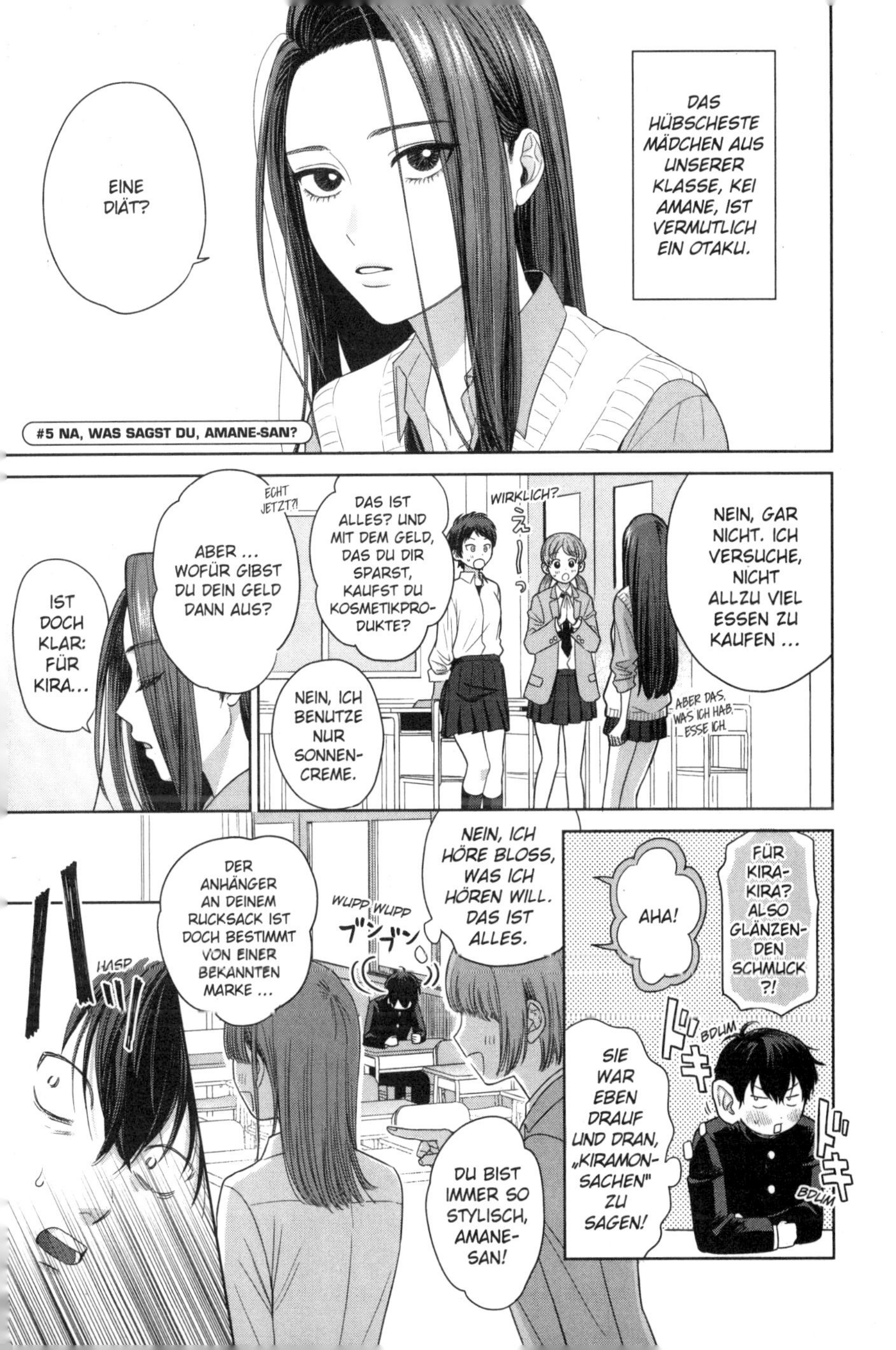

DAS HÜBSCHESTE MÄDCHEN AUS UNSERER KLASSE, KEI AMANE, IST VERMUTLICH EIN OTAKU.

EINE DIÄT?

#5 NA, WAS SAGST DU, AMANE-SAN?

NEIN, GAR NICHT. ICH VERSUCHE, NICHT ALLZU VIEL ESSEN ZU KAUFEN ...

ABER DAS, WAS ICH HAB, ESSE ICH.

WIRKLICH?

DAS IST ALLES? UND MIT DEM GELD, DAS DU DIR SPARST, KAUFST DU KOSMETIKPRODUKTE?

NEIN, ICH BENUTZE NUR SONNENCREME.

ECHT JETZT?!

ABER ... WOFÜR GIBST DU DEIN GELD DANN AUS?

IST DOCH KLAR: FÜR KIRA...

AHA!

FÜR KIRA-KIRA? ALSO GLÄNZENDEN SCHMUCK?!

BDUM

SIE WAR EBEN DRAUF UND DRAN, „KIRAMON-SACHEN" ZU SAGEN!

BDUM

NEIN, ICH HÖRE BLOSS, WAS ICH HÖREN WILL. DAS IST ALLES.

WUPP WUPP

DER ANHÄNGER AN DEINEM RUCKSACK IST DOCH BESTIMMT VON EINER BEKANNTEN MARKE ...

HASP

DU BIST IMMER SO STYLISCH, AMANE-SAN!

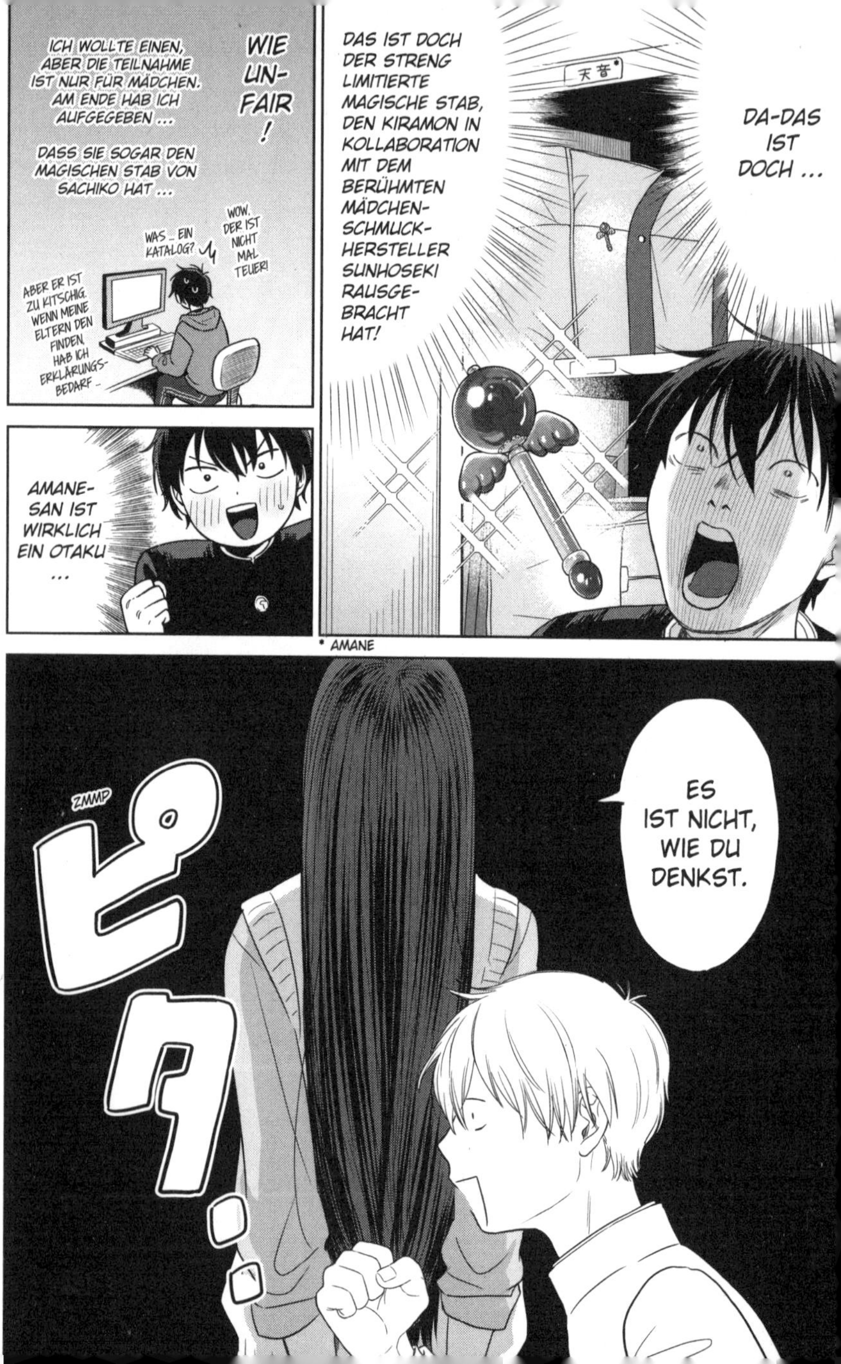

DA-DAS IST DOCH ...

DAS IST DOCH DER STRENG LIMITIERTE MAGISCHE STAB, DEN KIRAMON IN KOLLABORATION MIT DEM BERÜHMTEN MÄDCHEN-SCHMUCK-HERSTELLER SUNHOSEKI RAUSGEBRACHT HAT!

天音*

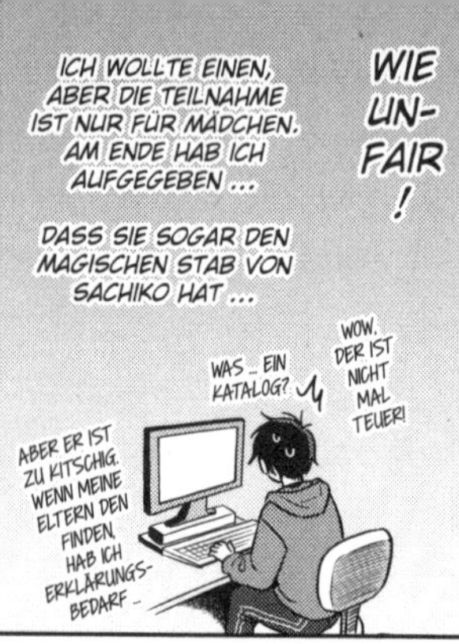

AMANE-SAN IST WIRKLICH EIN OTAKU ...

* AMANE

ES IST NICHT, WIE DU DENKST.

ZMMP

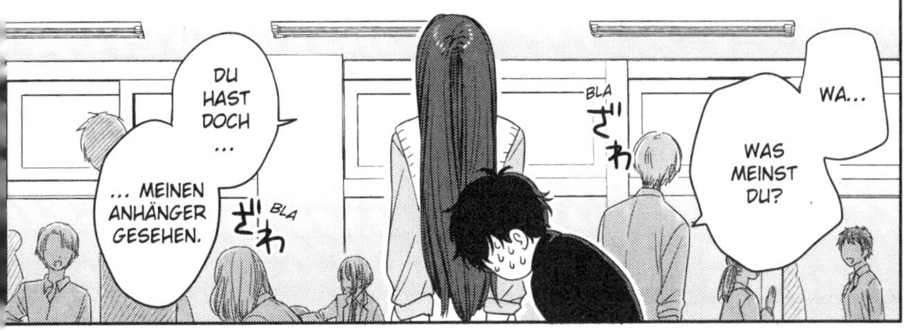

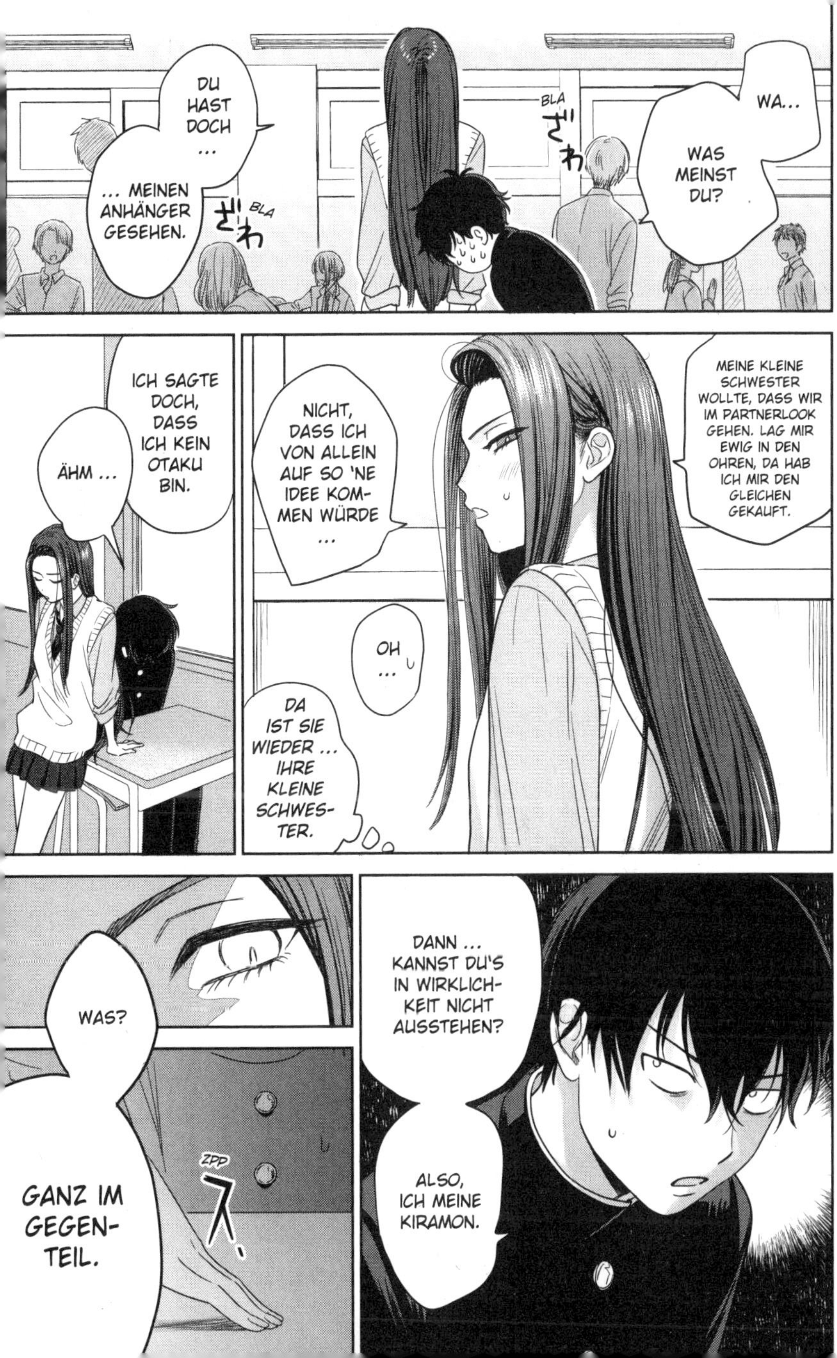

MEINE KLEINE SCHWESTER WOLLTE, DASS WIR IM PARTNERLOOK GEHEN. LAG MIR EWIG IN DEN OHREN, DA HAB ICH MIR DEN GLEICHEN GEKAUFT.
NICHT, DASS ICH VON ALLEIN AUF SO 'NE IDEE KOMMEN WÜRDE …
OH …
DA IST SIE WIEDER … IHRE KLEINE SCHWESTER.
ICH SAGTE DOCH, DASS ICH KEIN OTAKU BIN.
ÄHM …

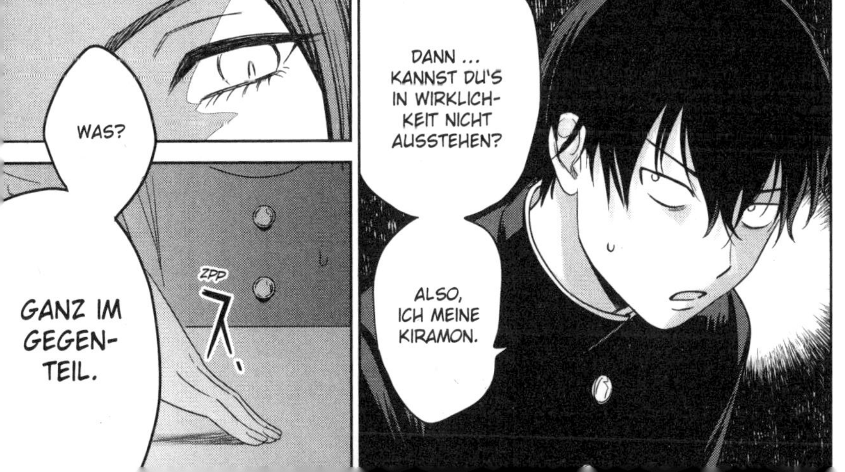

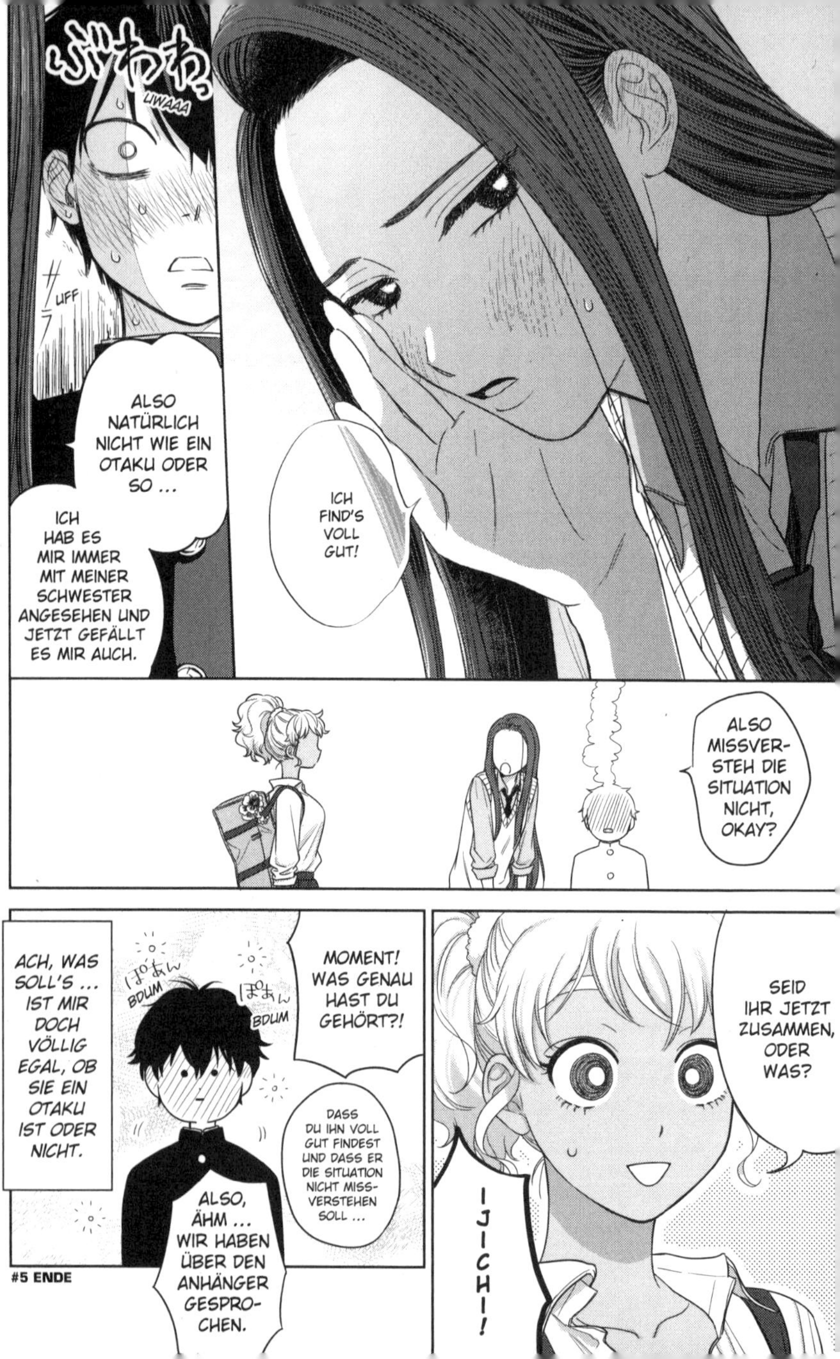

ぶわぁ
UWAAA
ICH FIND'S VOLL GUT!
ALSO NATÜRLICH NICHT WIE EIN OTAKU ODER SO …
ICH HAB ES MIR IMMER MIT MEINER SCHWESTER ANGESEHEN UND JETZT GEFÄLLT ES MIR AUCH.
UFF

ALSO MISSVERSTEH DIE SITUATION NICHT, OKAY?

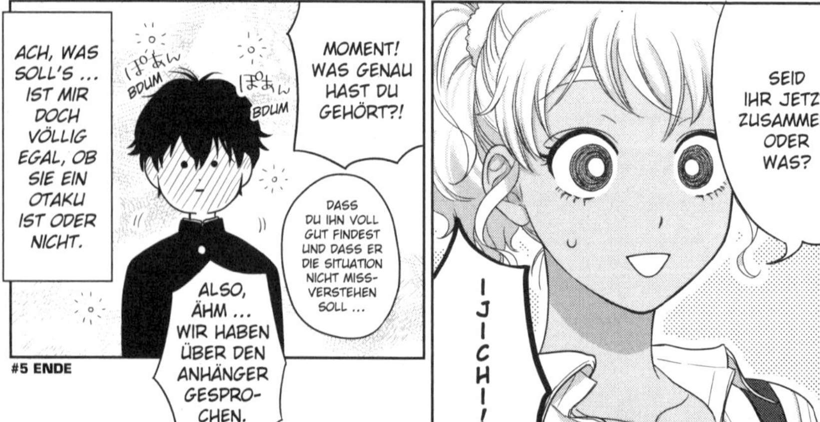

#5 ENDE

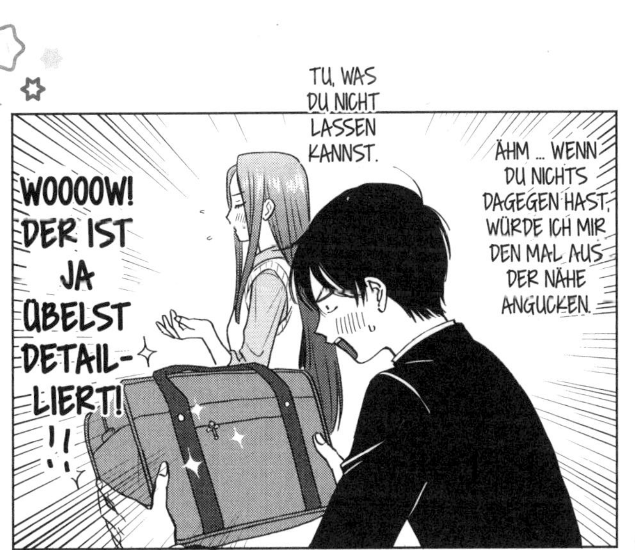
ÄHM ... WENN DU NICHTS DAGEGEN HAST, WÜRDE ICH MIR DEN MAL AUS DER NÄHE ANGUCKEN.
TU, WAS DU NICHT LASSEN KANNST.
WOOOOW! DER IST JA ÜBELST DETAIL-LIERT!!!

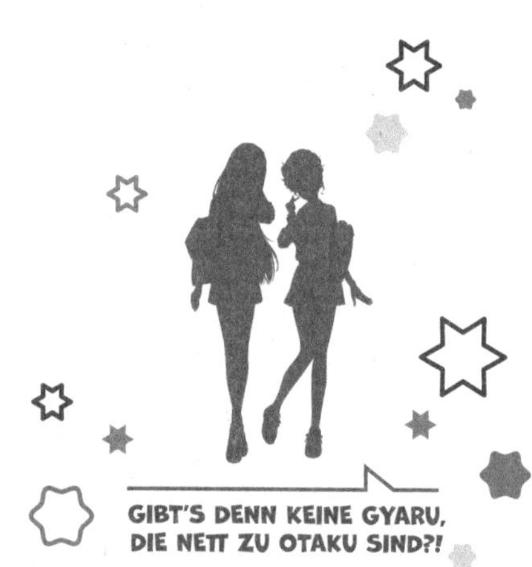
GIBT'S DENN KEINE GYARU,
DIE NETT ZU OTAKU SIND?!

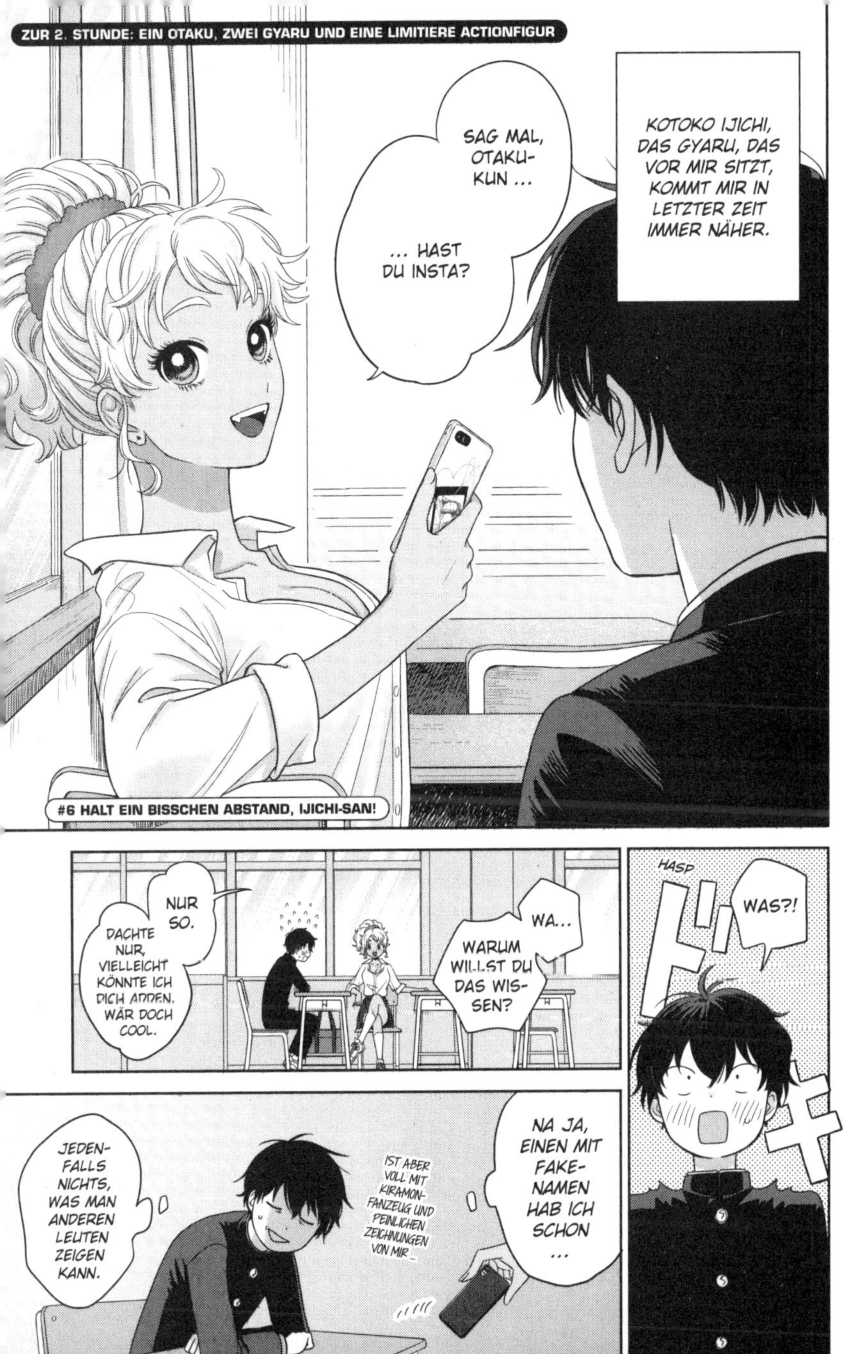

ZUR 2. STUNDE: EIN OTAKU, ZWEI GYARU UND EINE LIMITIERE ACTIONFIGUR
KOTOKO IJICHI, DAS GYARU, DAS VOR MIR SITZT, KOMMT MIR IN LETZTER ZEIT IMMER NÄHER.
SAG MAL, OTAKU-KUN ...
... HAST DU INSTA?
#6 HALT EIN BISSCHEN ABSTAND, IJICHI-SAN!
HASP
WAS?!
WA...
WARUM WILLST DU DAS WISSEN?
NUR SO.
DACHTE NUR, VIELLEICHT KÖNNTE ICH DICH ADDEN. WÄR DOCH COOL.
NA JA, EINEN MIT FAKENAMEN HAB ICH SCHON ...
IST ABER VOLL MIT KIRAMON-FANZEUG UND PEINLICHEN ZEICHNUNGEN VON MIR ...
JEDENFALLS NICHTS, WAS MAN ANDEREN LEUTEN ZEIGEN KANN.

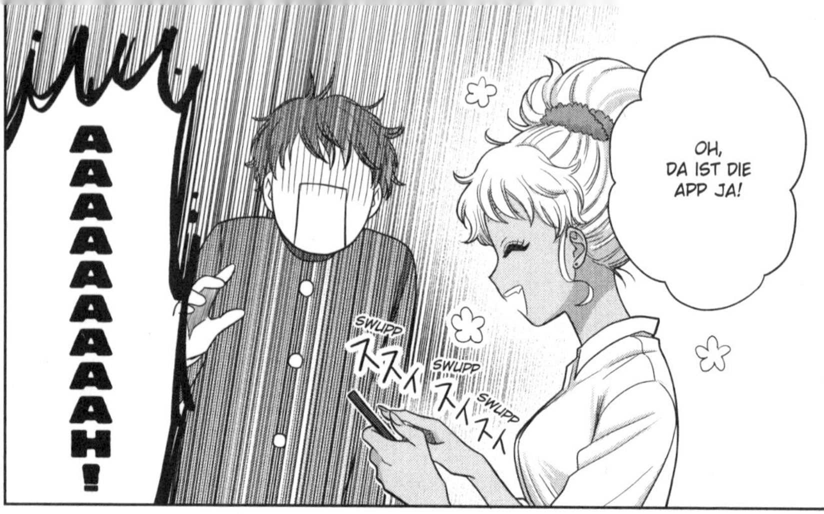
OH, DA IST DIE APP JA!
SWUPP
SWUPP
SWUPP
AAAAAAAAAAAAH!

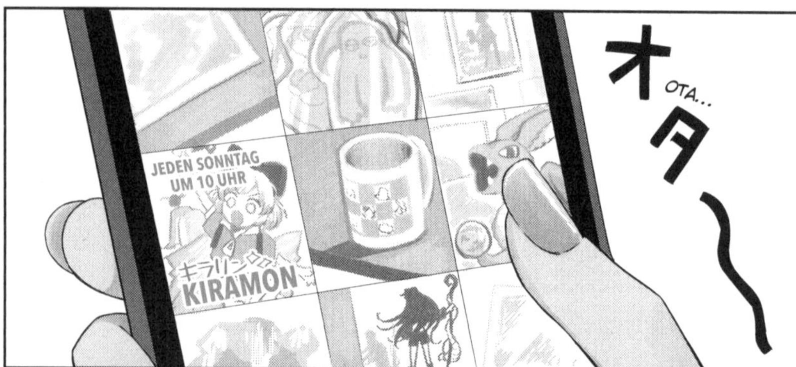
OTA...
JEDEN SONNTAG UM 10 UHR
KIRAMON

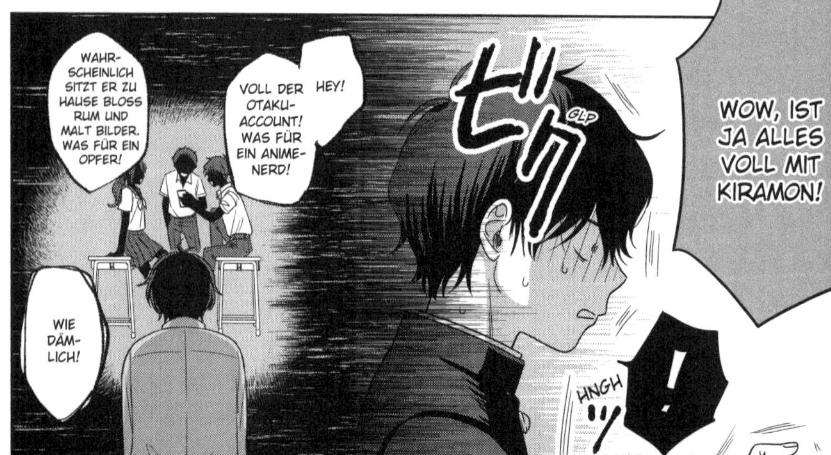
WOW, IST JA ALLES VOLL MIT KIRAMON!
GLP
HNGH
!
HEY!
VOLL DER OTAKU-ACCOUNT! WAS FÜR EIN ANIME-NERD!
WAHR-SCHEINLICH SITZT ER ZU HAUSE BLOSS RUM UND MALT BILDER. WAS FÜR EIN OPFER!
WIE DÄM-LICH!

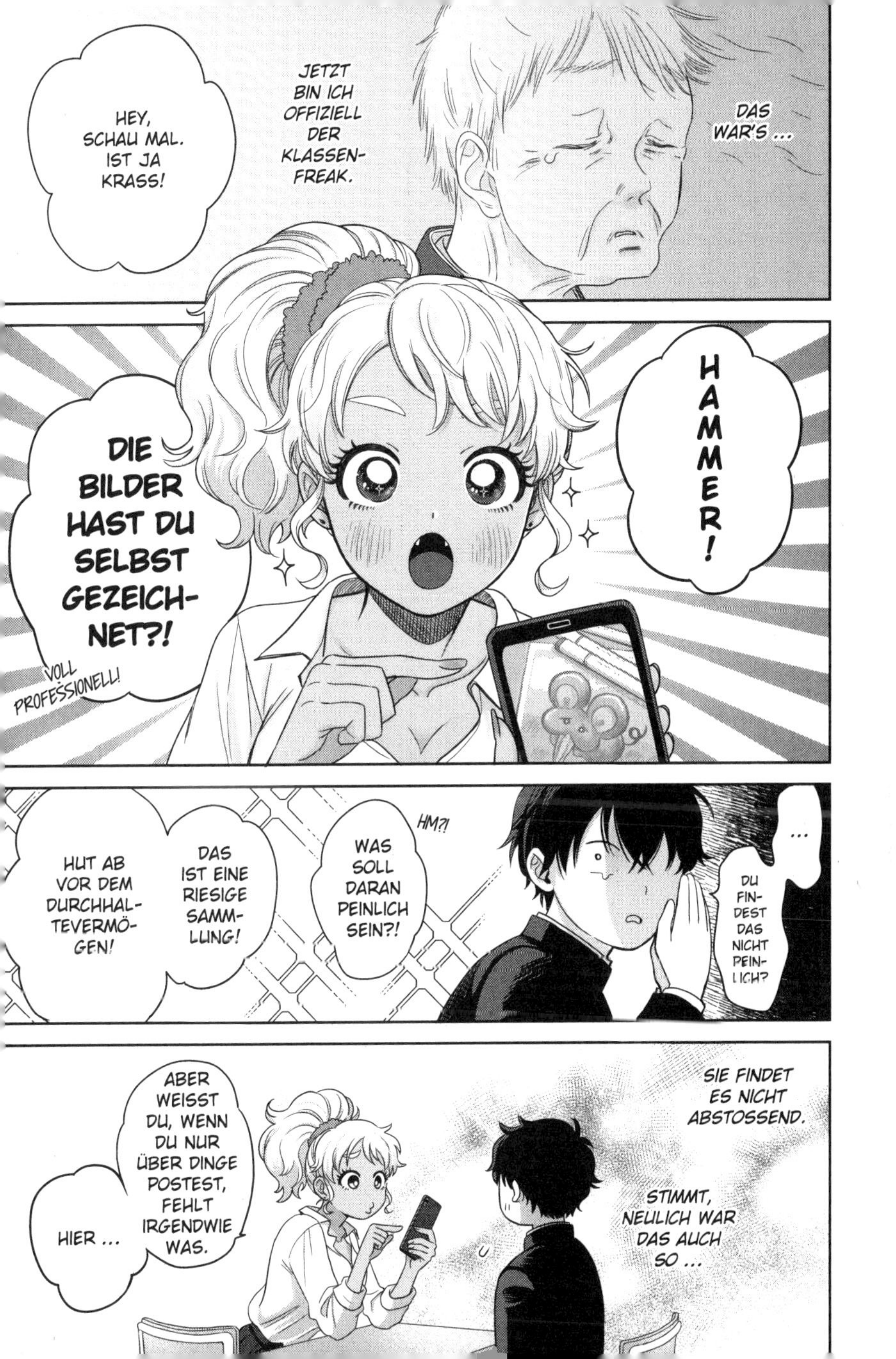

DAS WAR'S …
JETZT BIN ICH OFFIZIELL DER KLASSEN-FREAK.
HEY, SCHAU MAL. IST JA KRASS!

HAMMER!
DIE BILDER HAST DU SELBST GEZEICH-NET?!
VOLL PROFESSIONELL!

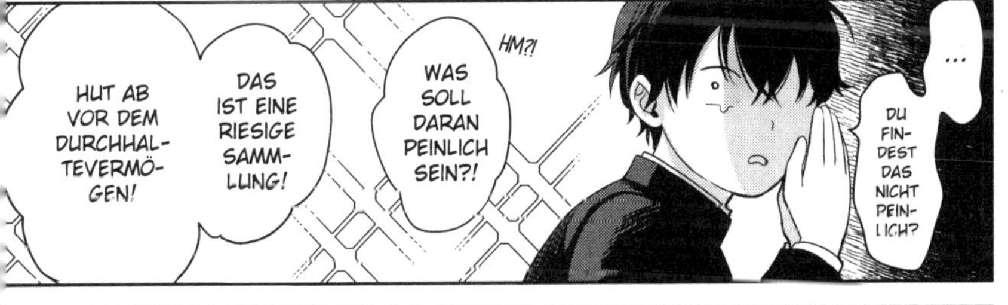

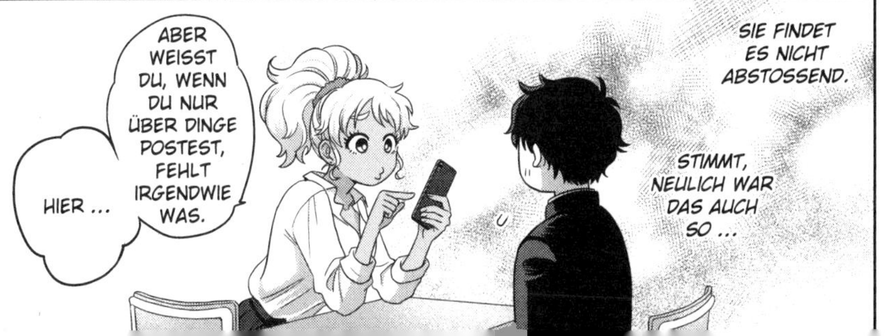

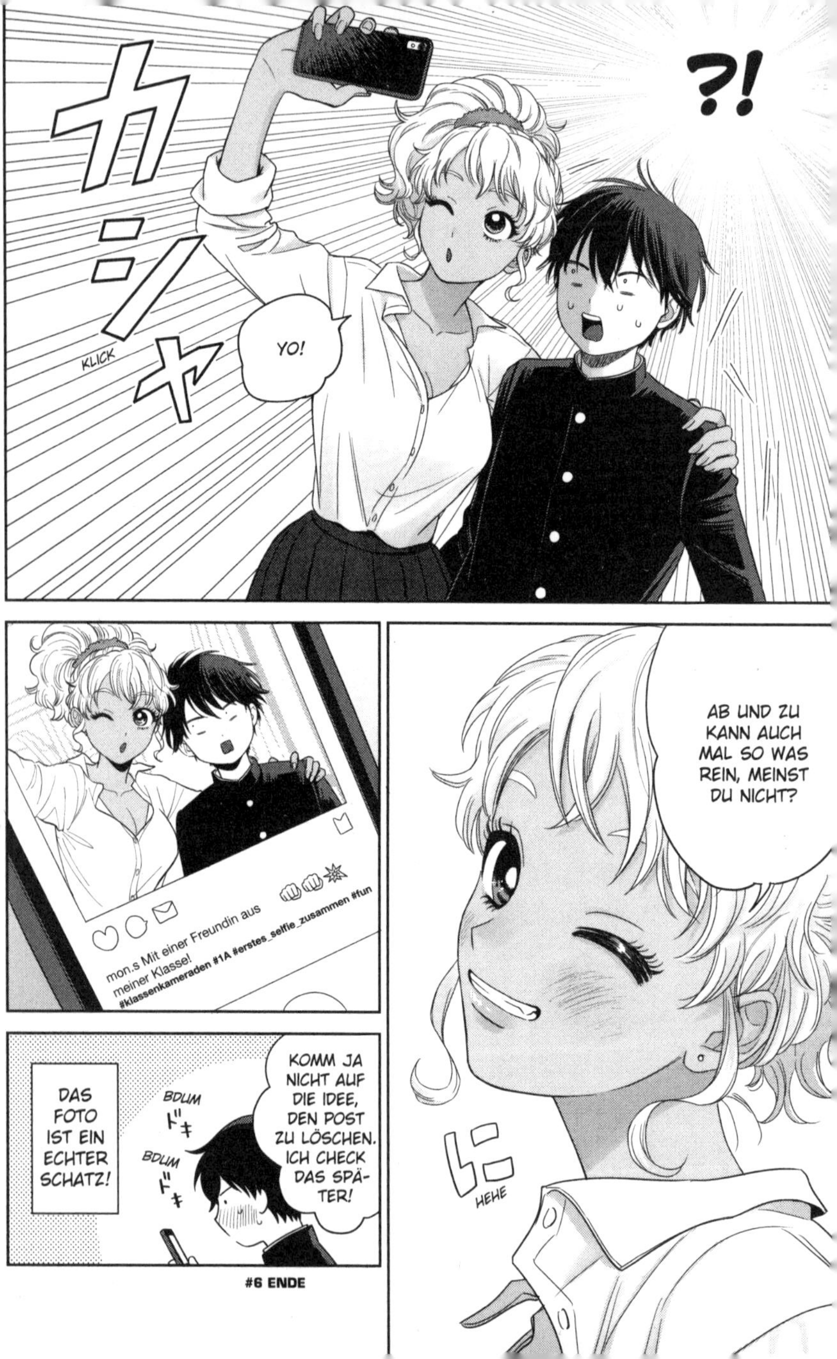

?!

カシャ

KLICK

YO!

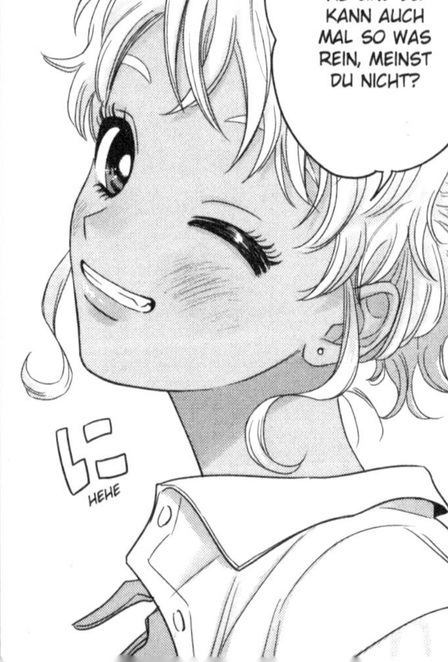

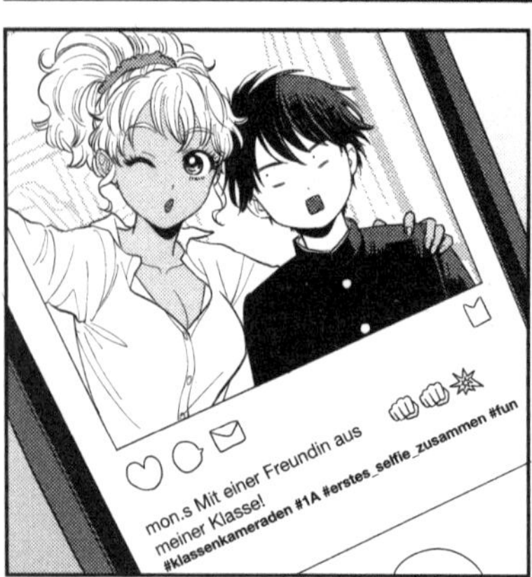

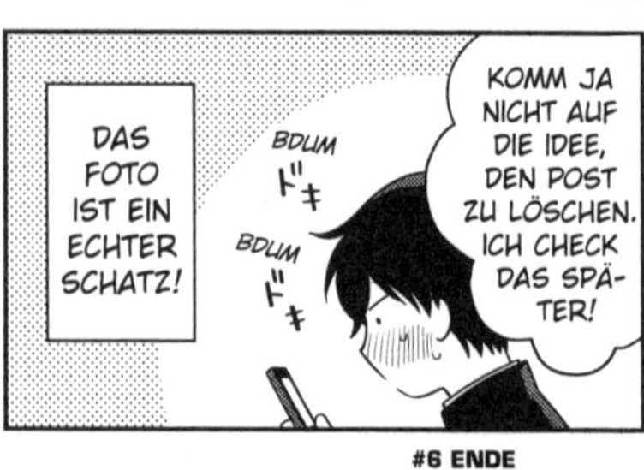

#6 ENDE

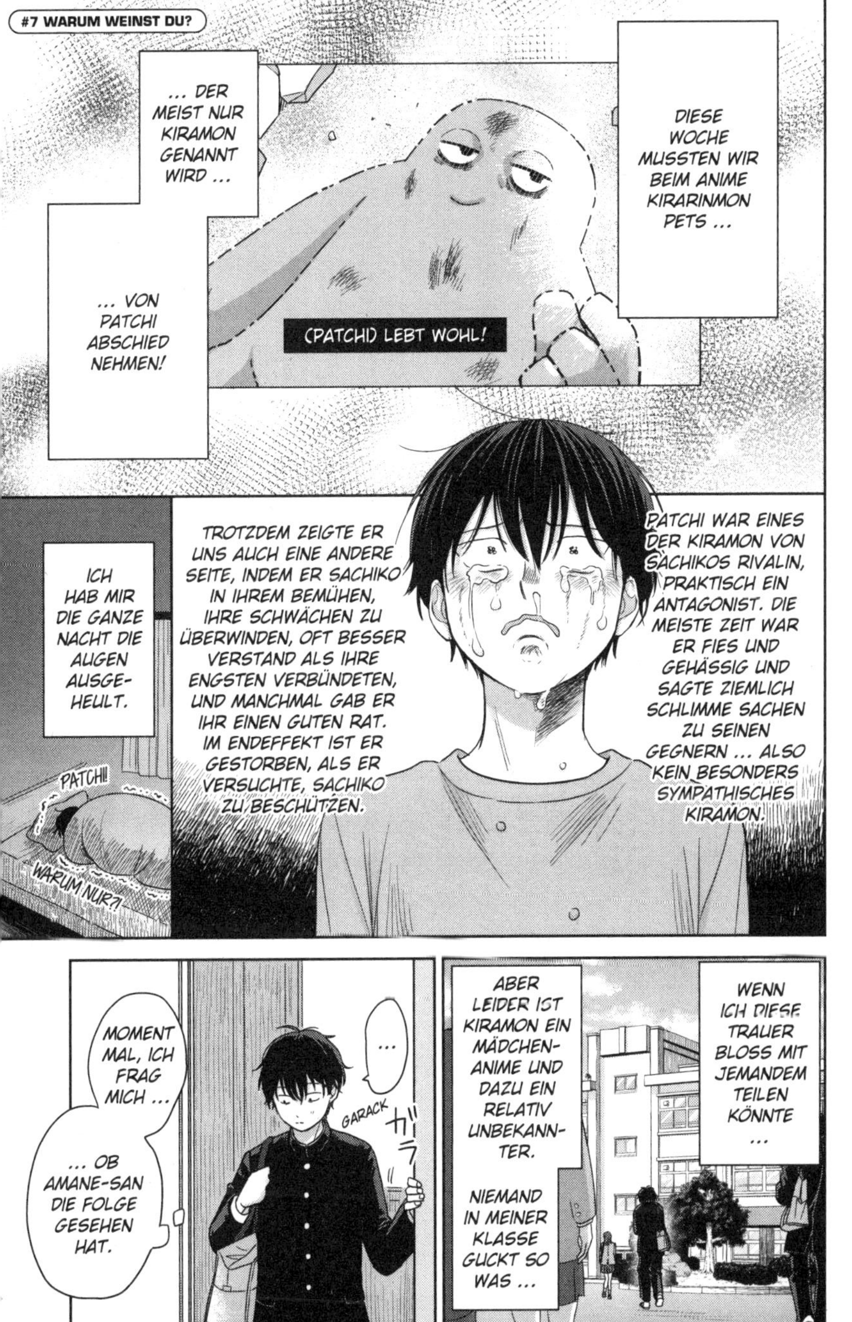

#7 WARUM WEINST DU?
DIESE WOCHE MUSSTEN WIR BEIM ANIME KIRARINMON PETS …
… DER MEIST NUR KIRAMON GENANNT WIRD …
… VON PATCHI ABSCHIED NEHMEN!
(PATCHI) LEBT WOHL!
PATCHI WAR EINES DER KIRAMON VON SACHIKOS RIVALIN, PRAKTISCH EIN ANTAGONIST. DIE MEISTE ZEIT WAR ER FIES UND GEHÄSSIG UND SAGTE ZIEMLICH SCHLIMME SACHEN ZU SEINEN GEGNERN … ALSO KEIN BESONDERS SYMPATHISCHES KIRAMON.
TROTZDEM ZEIGTE ER UNS AUCH EINE ANDERE SEITE, INDEM ER SACHIKO IN IHREM BEMÜHEN, IHRE SCHWÄCHEN ZU ÜBERWINDEN, OFT BESSER VERSTAND ALS IHRE ENGSTEN VERBÜNDETEN, UND MANCHMAL GAB ER IHR EINEN GUTEN RAT. IM ENDEFFEKT IST ER GESTORBEN, ALS ER VERSUCHTE, SACHIKO ZU BESCHÜTZEN.
ICH HAB MIR DIE GANZE NACHT DIE AUGEN AUSGE-HEULT.
PATCHI!
WARUM NUR?!
WENN ICH DIESE TRAUER BLOSS MIT JEMANDEM TEILEN KÖNNTE …
ABER LEIDER IST KIRAMON EIN MÄDCHEN-ANIME UND DAZU EIN RELATIV UNBEKANN-TER.
NIEMAND IN MEINER KLASSE GUCKT SO WAS …
GARACK
…
MOMENT MAL, ICH FRAG MICH …
… OB AMANE-SAN DIE FOLGE GESEHEN HAT.

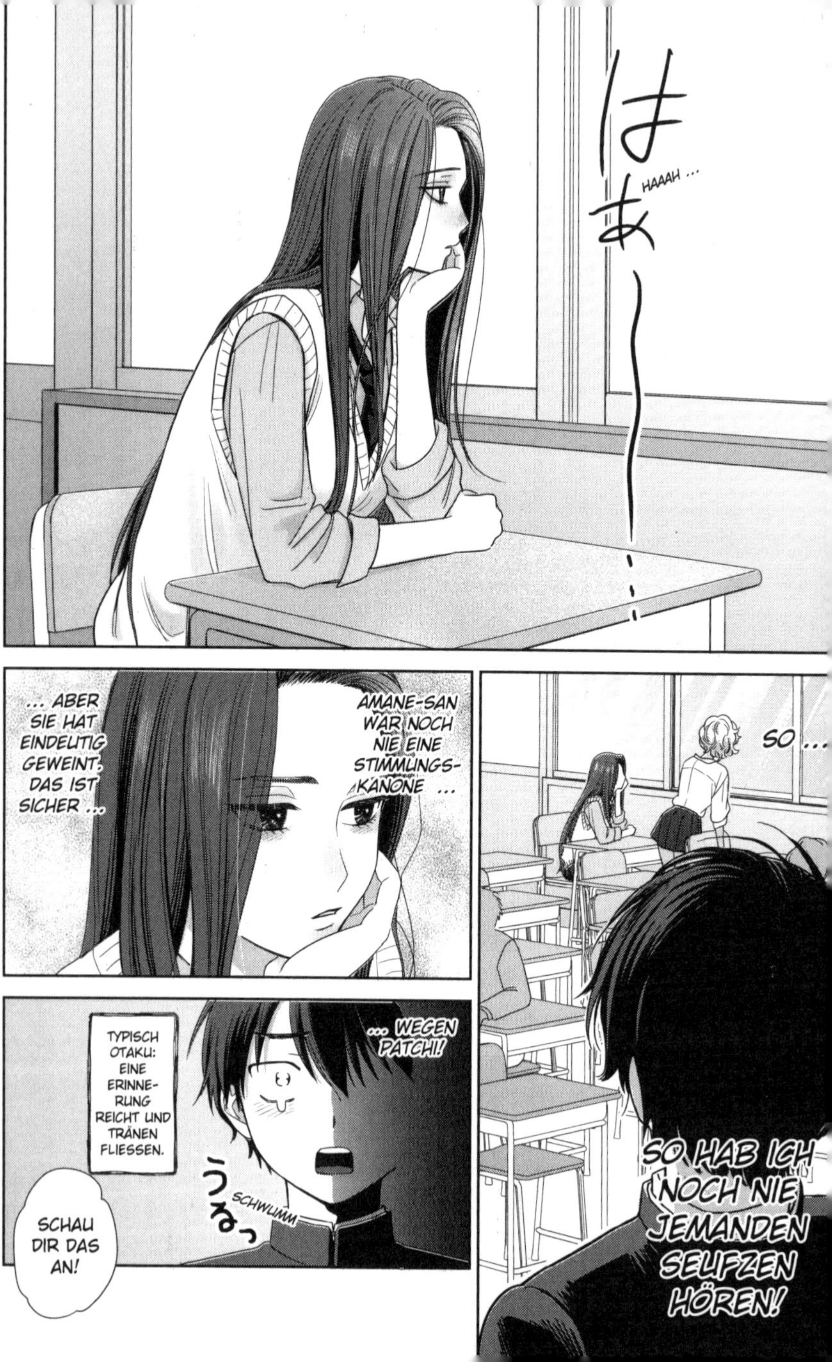

はぁ～～……
HAAAH …

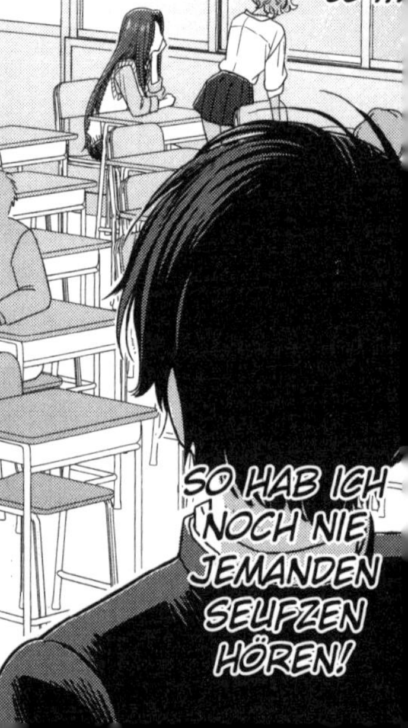

SO …
SO HAB ICH NOCH NIE JEMANDEN SEUFZEN HÖREN!

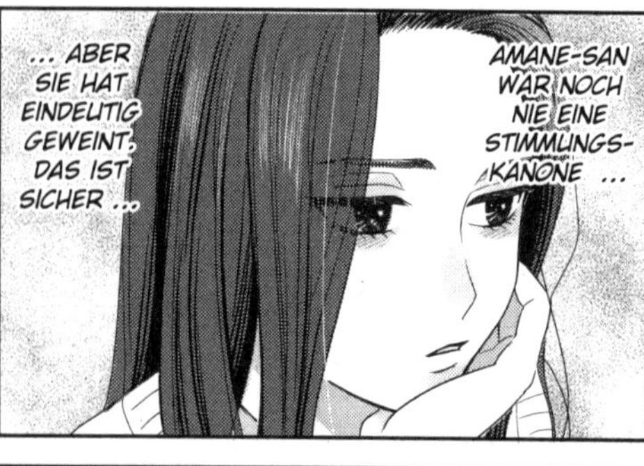

AMANE-SAN WAR NOCH NIE EINE STIMMUNGS-KANONE …
… ABER SIE HAT EINDEUTIG GEWEINT. DAS IST SICHER …

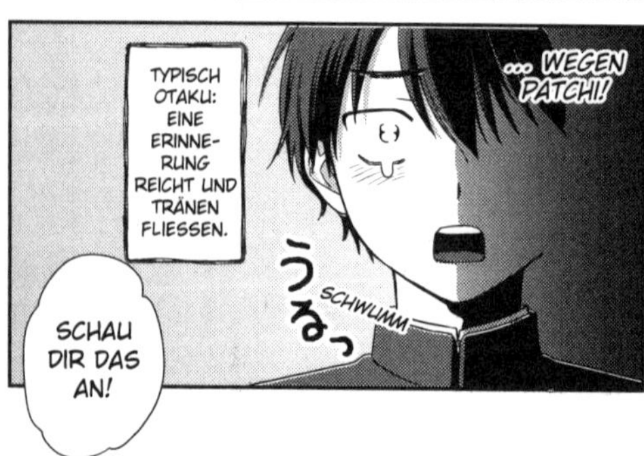

… WEGEN PATCHI!
TYPISCH OTAKU: EINE ERINNE-RUNG REICHT UND TRÄNEN FLIESSEN.
うるっ
SCHWUMM
SCHAU DIR DAS AN!

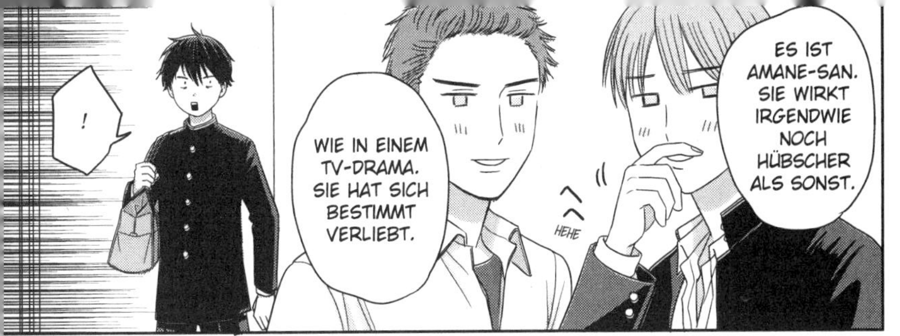
ES IST AMANE-SAN. SIE WIRKT IRGENDWIE NOCH HÜBSCHER ALS SONST.
HEHE
WIE IN EINEM TV-DRAMA. SIE HAT SICH BESTIMMT VERLIEBT.
!

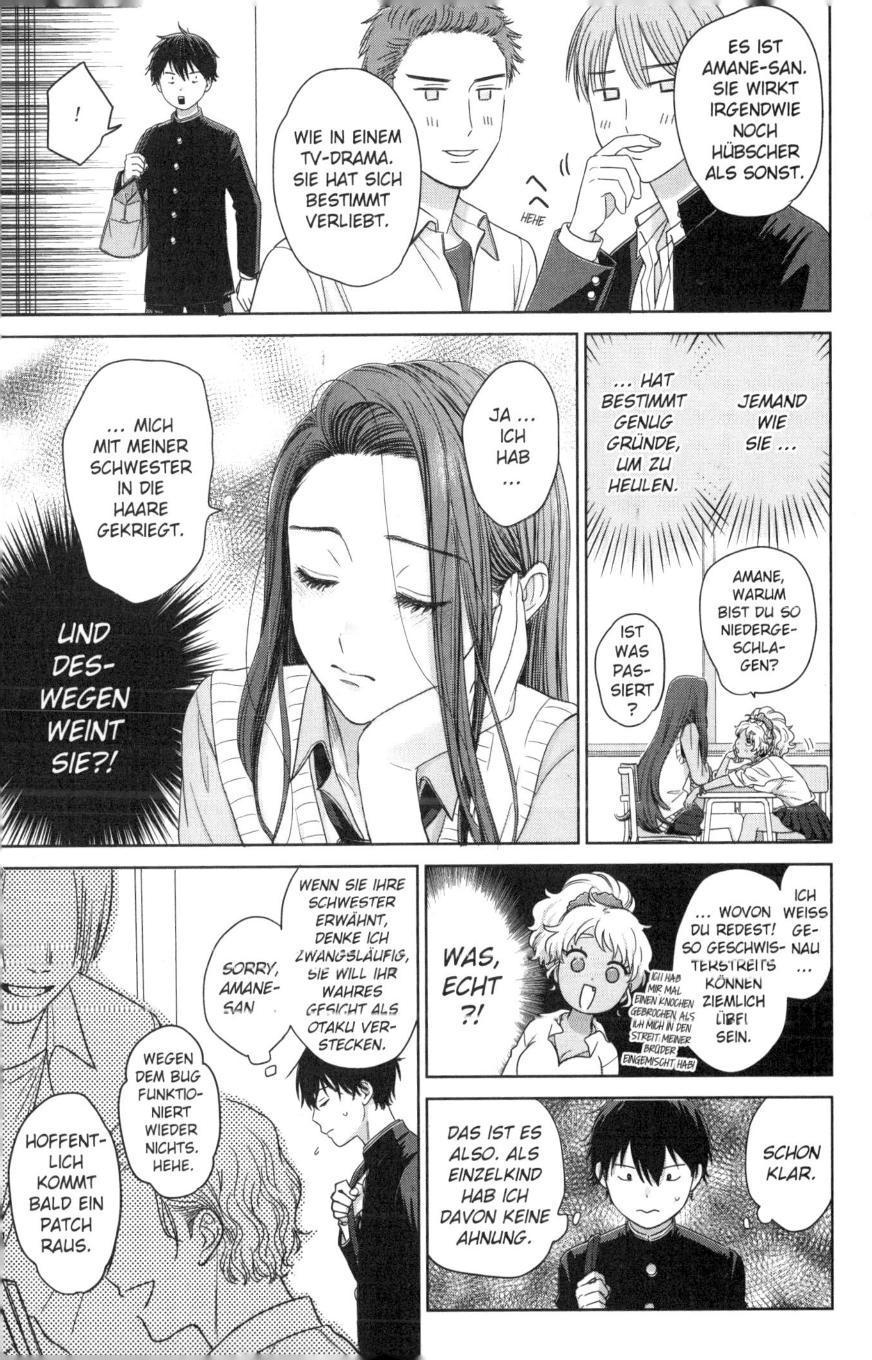

JEMAND WIE SIE …
… HAT BESTIMMT GENUG GRÜNDE, UM ZU HEULEN.
AMANE, WARUM BIST DU SO NIEDERGESCHLAGEN?
IST WAS PASSIERT?
JA … ICH HAB …
… MICH MIT MEINER SCHWESTER IN DIE HAARE GEKRIEGT.
UND DESWEGEN WEINT SIE?!

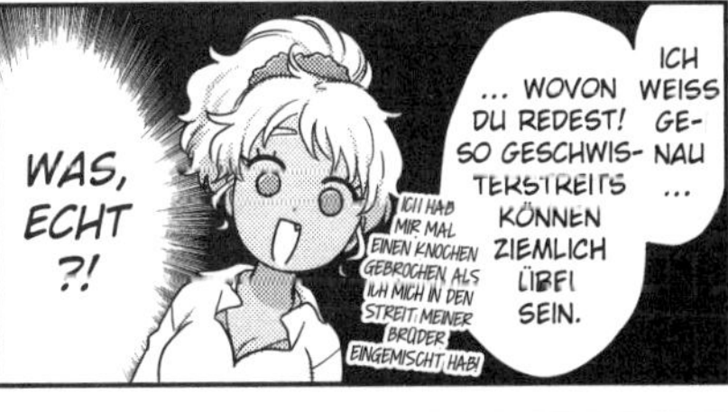
ICH WEISS GENAU …
… WOVON DU REDEST! SO GESCHWISTERSTREITS KÖNNEN ZIEMLICH ÜBEL SEIN.
ICH HAB MIR MAL EINEN KNOCHEN GEBROCHEN, ALS ICH MICH IN DEN STREIT MEINER BRÜDER EINGEMISCHT HAB!
WAS, ECHT?!

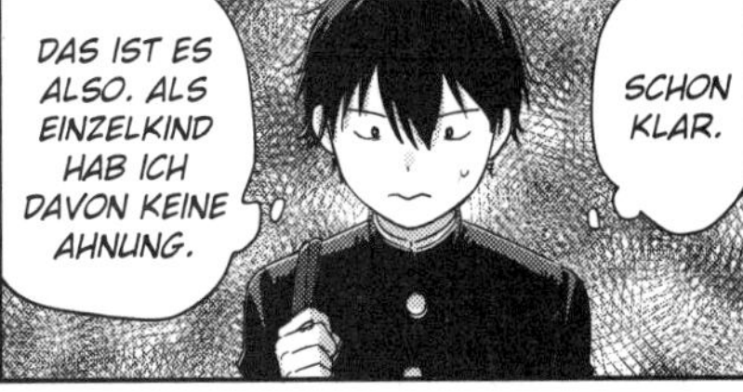
SCHON KLAR.
DAS IST ES ALSO. ALS EINZELKIND HAB ICH DAVON KEINE AHNUNG.

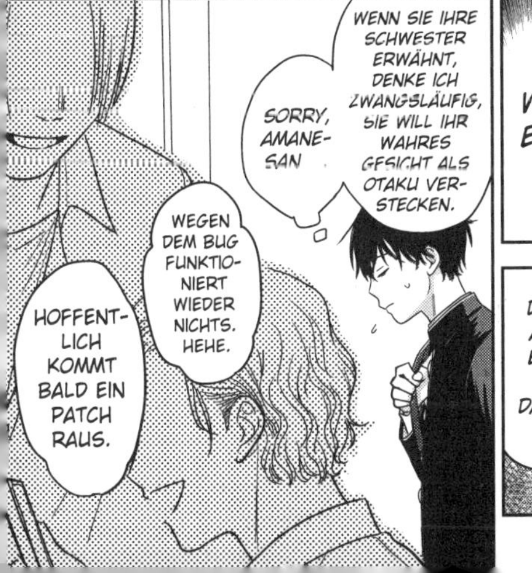
WENN SIE IHRE SCHWESTER ERWÄHNT, DENKE ICH ZWANGSLÄUFIG, SIE WILL IHR WAHRES GESICHT ALS OTAKU VERSTECKEN.
SORRY, AMANE-SAN
WEGEN DEM BUG FUNKTIONIERT WIEDER NICHTS. HEHE.
HOFFENTLICH KOMMT BALD EIN PATCH RAUS.

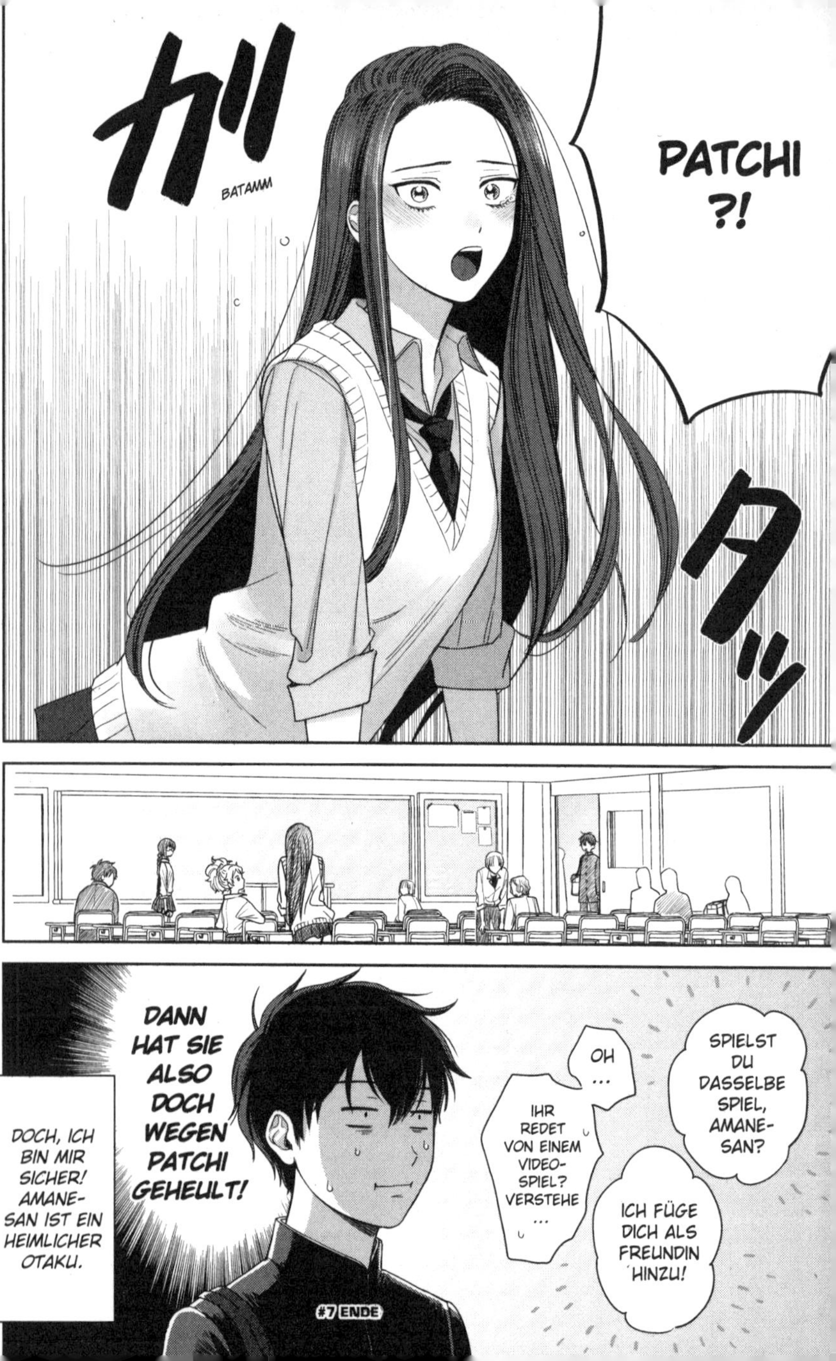

PATCHI ?!

ガリ

BATAMM

タッ

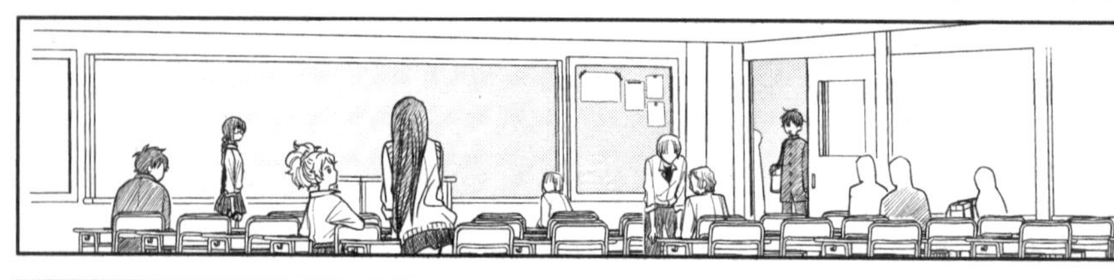

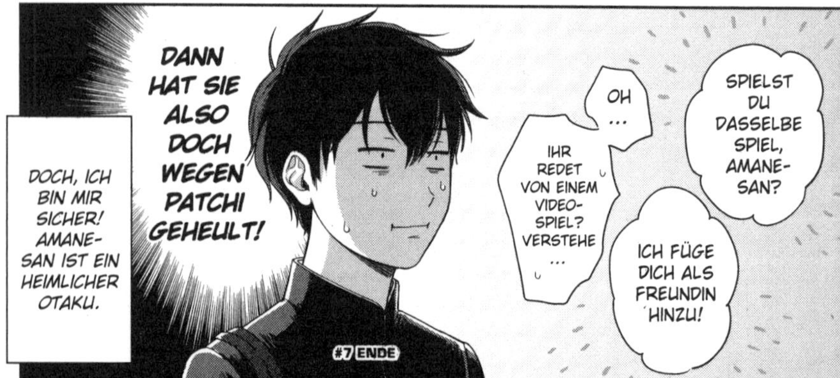

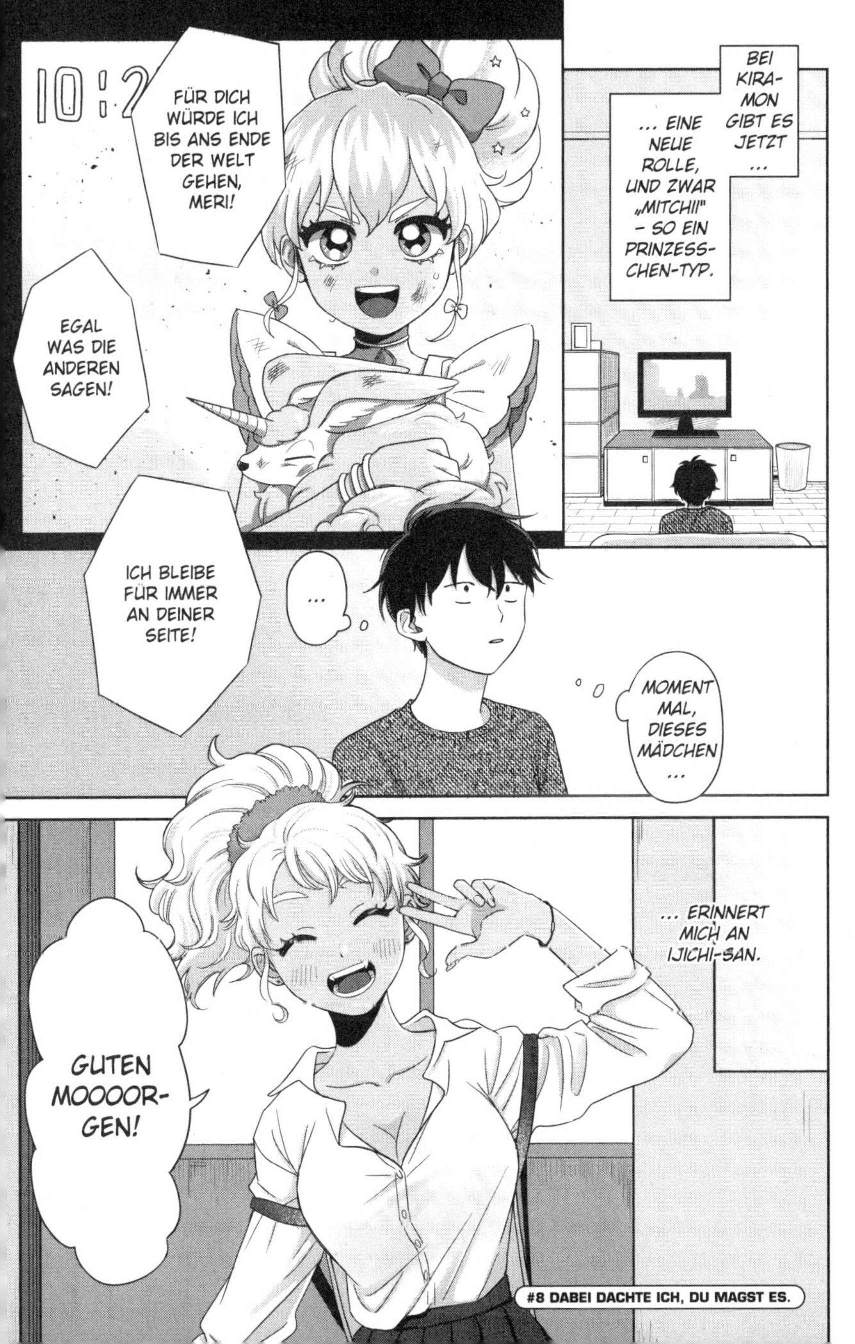

BEI KIRA-MON GIBT ES JETZT ...
... EINE NEUE ROLLE, UND ZWAR „MITCHII" – SO EIN PRINZESS-CHEN-TYP.
10:2
FÜR DICH WÜRDE ICH BIS ANS ENDE DER WELT GEHEN, MERI!
EGAL WAS DIE ANDEREN SAGEN!
ICH BLEIBE FÜR IMMER AN DEINER SEITE!
...
MOMENT MAL, DIESES MÄDCHEN ...
... ERINNERT MICH AN IJICHI-SAN.
GUTEN MOOOOR-GEN!
#8 DABEI DACHTE ICH, DU MAGST ES.

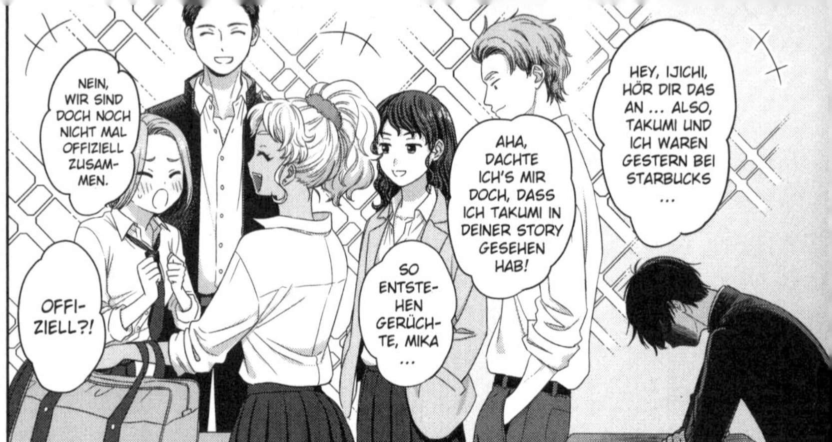
HEY, IJICHI, HÖR DIR DAS AN ... ALSO, TAKUMI UND ICH WAREN GESTERN BEI STARBUCKS ...
AHA, DACHTE ICH'S MIR DOCH, DASS ICH TAKUMI IN DEINER STORY GESEHEN HAB!
NEIN, WIR SIND DOCH NOCH NICHT MAL OFFIZIELL ZUSAMMEN.
SO ENTSTEHEN GERÜCHTE, MIKA ...
OFFIZIELL?!

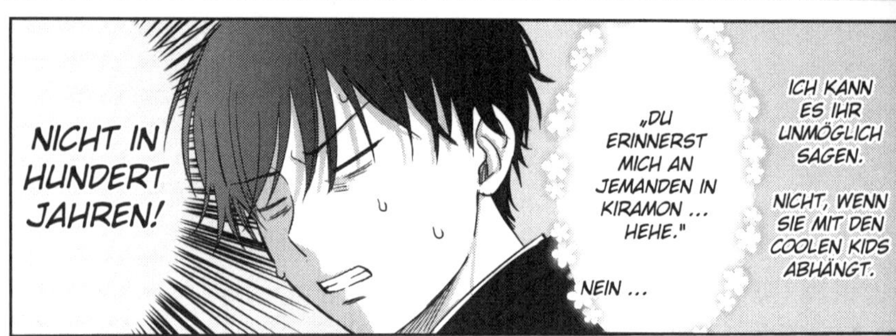
ICH KANN ES IHR UNMÖGLICH SAGEN.
NICHT, WENN SIE MIT DEN COOLEN KIDS ABHÄNGT.
„DU ERINNERST MICH AN JEMANDEN IN KIRAMON ... HEHE."
NEIN ...
NICHT IN HUNDERT JAHREN!

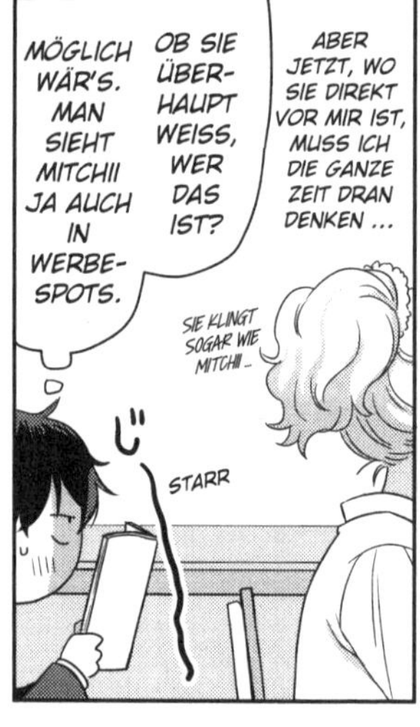
ABER JETZT, WO SIE DIREKT VOR MIR IST, MUSS ICH DIE GANZE ZEIT DRAN DENKEN ...
OB SIE ÜBERHAUPT WEISS, WER DAS IST?
MÖGLICH WÄR'S. MAN SIEHT MITCHII JA AUCH IN WERBESPOTS.
SIE KLINGT SOGAR WIE MITCHII ...
STARR

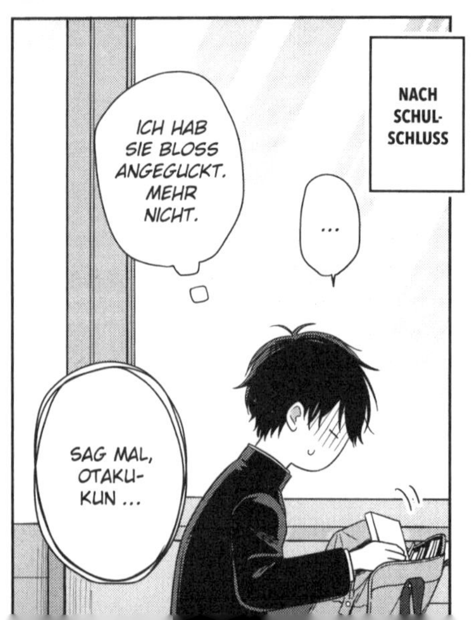
NACH SCHULSCHLUSS
ICH HAB SIE BLOSS ANGEGUCKT. MEHR NICHT.
...
SAG MAL, OTAKU-KUN ...

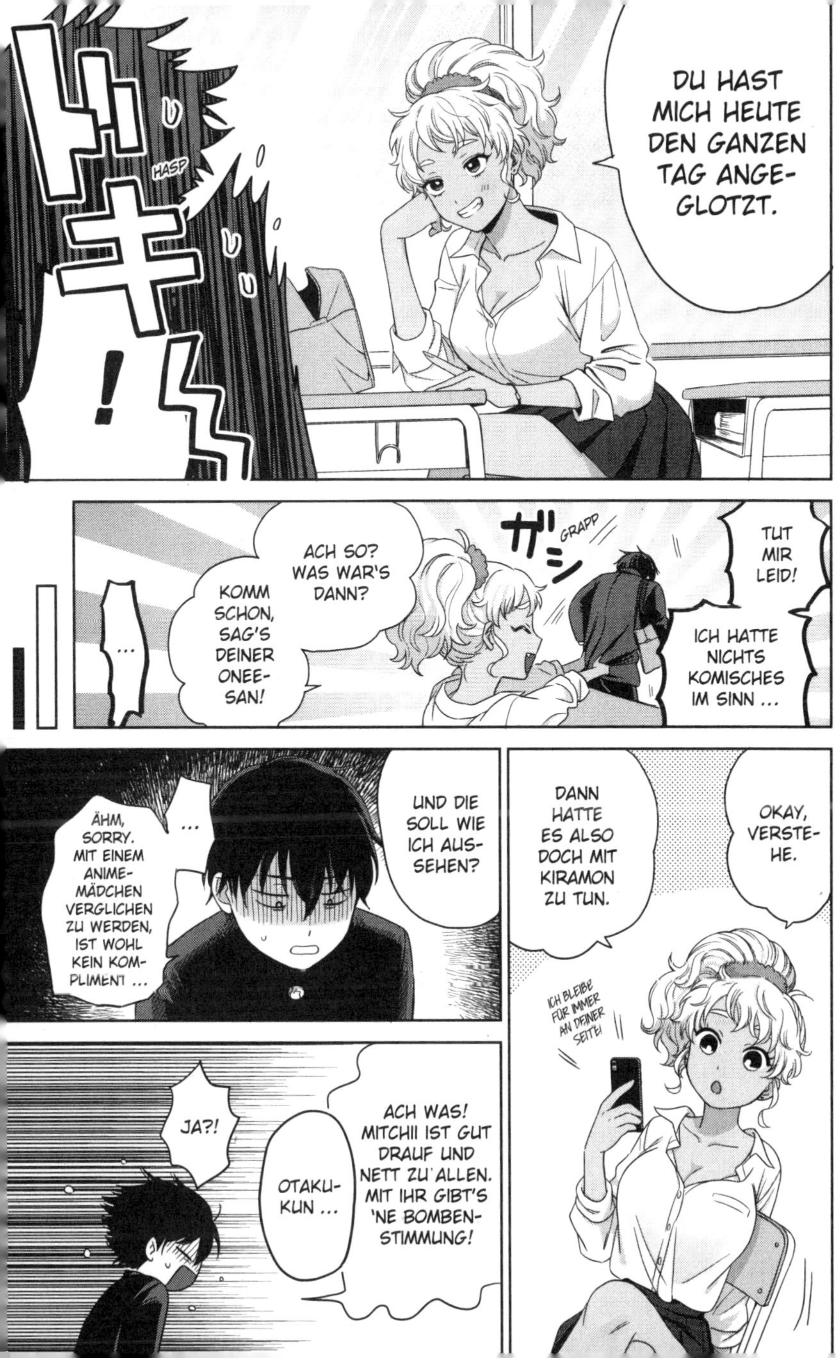

DU HAST MICH HEUTE DEN GANZEN TAG ANGE-GLOTZT.
HASP

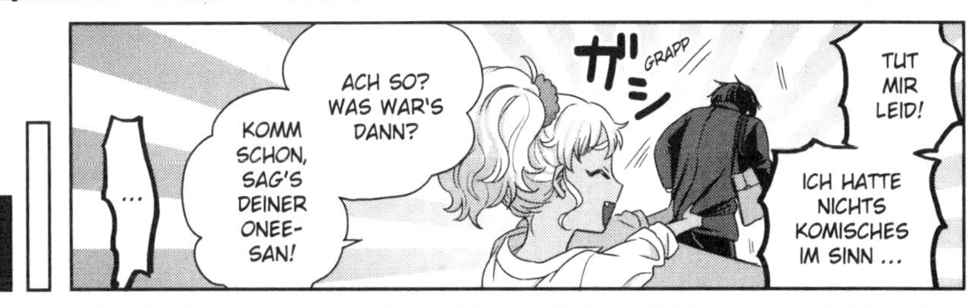

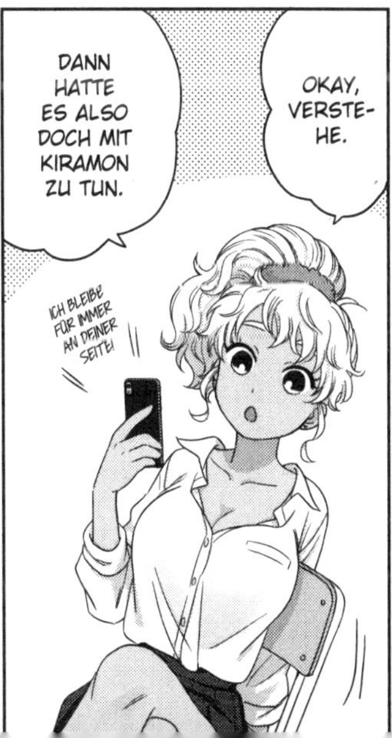

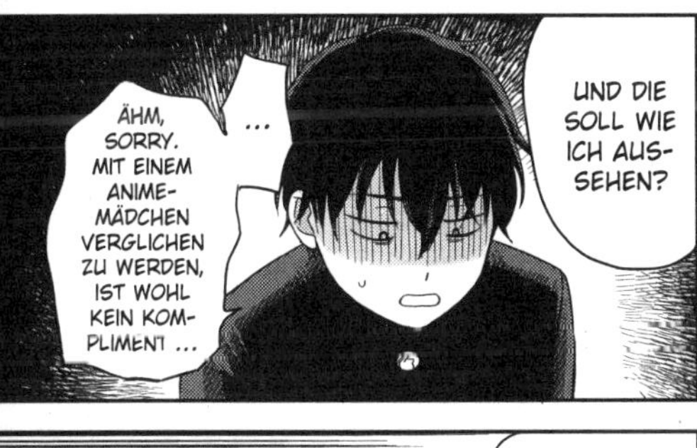

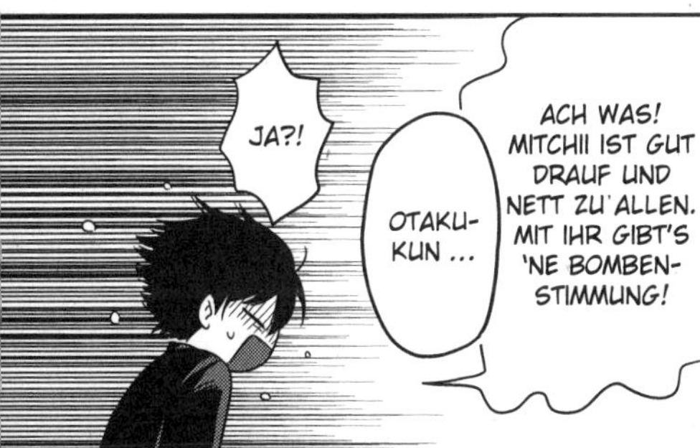

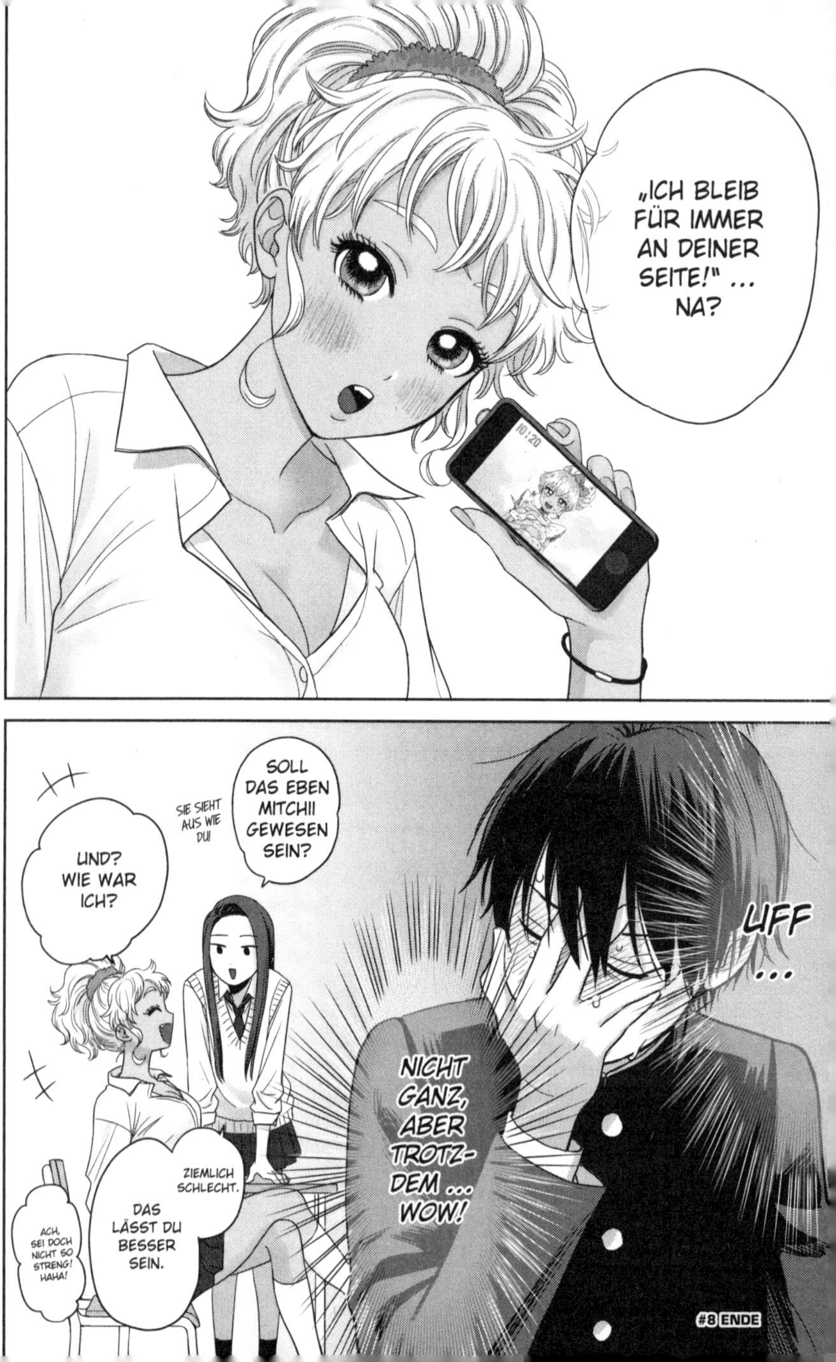

„ICH BLEIB FÜR IMMER AN DEINER SEITE!" ... NA?

UFF ...

NICHT GANZ, ABER TROTZ-DEM ... WOW!

SOLL DAS EBEN MITCHII GEWESEN SEIN?

SIE SIEHT AUS WIE DU!

UND? WIE WAR ICH?

ZIEMLICH SCHLECHT.

DAS LÄSST DU BESSER SEIN.

ACH, SEI DOCH NICHT SO STRENG! HAHA!

#8 ENDE

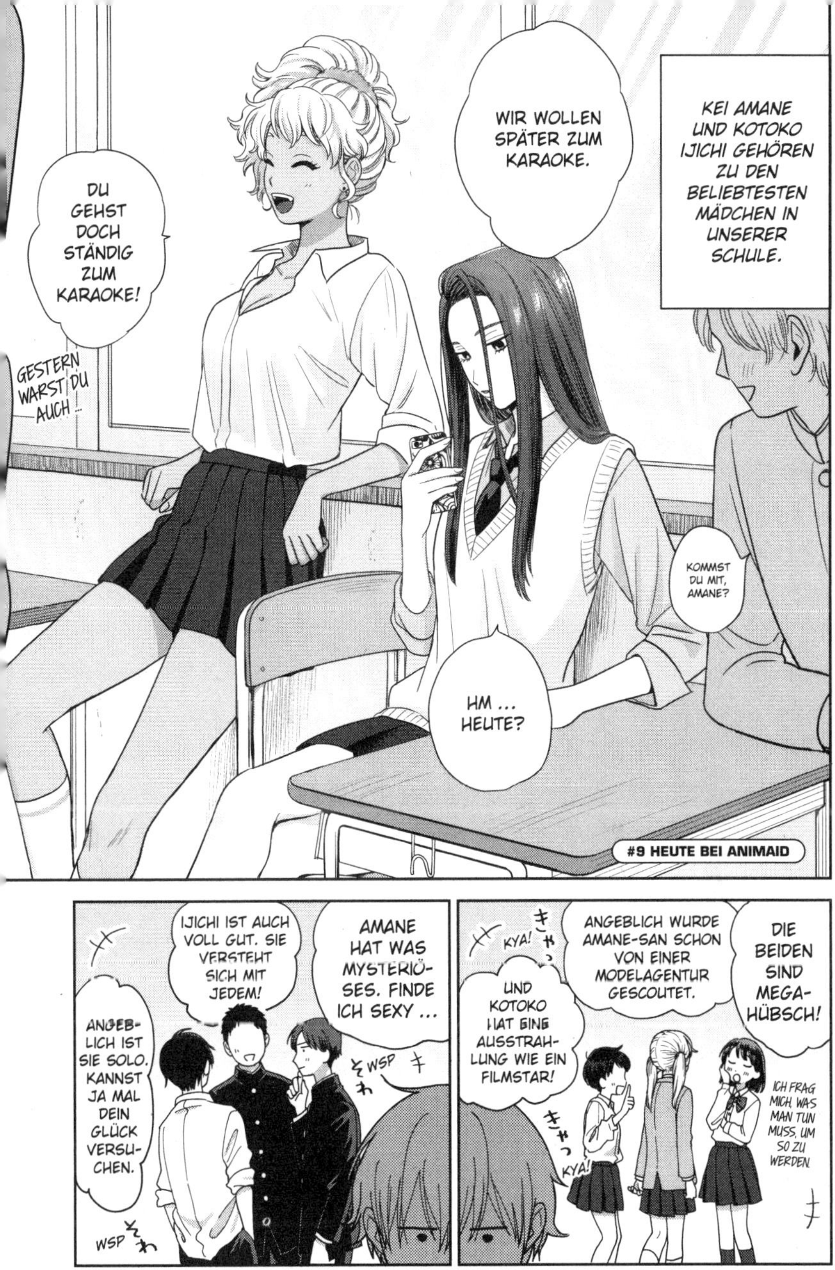

KEI AMANE UND KOTOKO IJICHI GEHÖREN ZU DEN BELIEBTESTEN MÄDCHEN IN UNSERER SCHULE.

WIR WOLLEN SPÄTER ZUM KARAOKE.

KOMMST DU MIT, AMANE?

DU GEHST DOCH STÄNDIG ZUM KARAOKE!

GESTERN WARST DU AUCH ...

HM ... HEUTE?

#9 HEUTE BEI ANIMAID

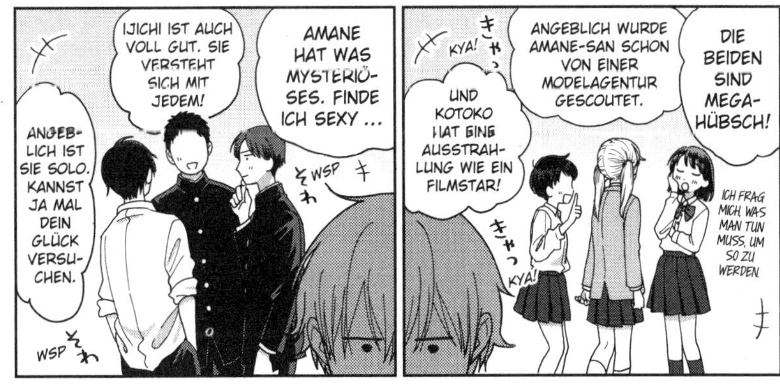

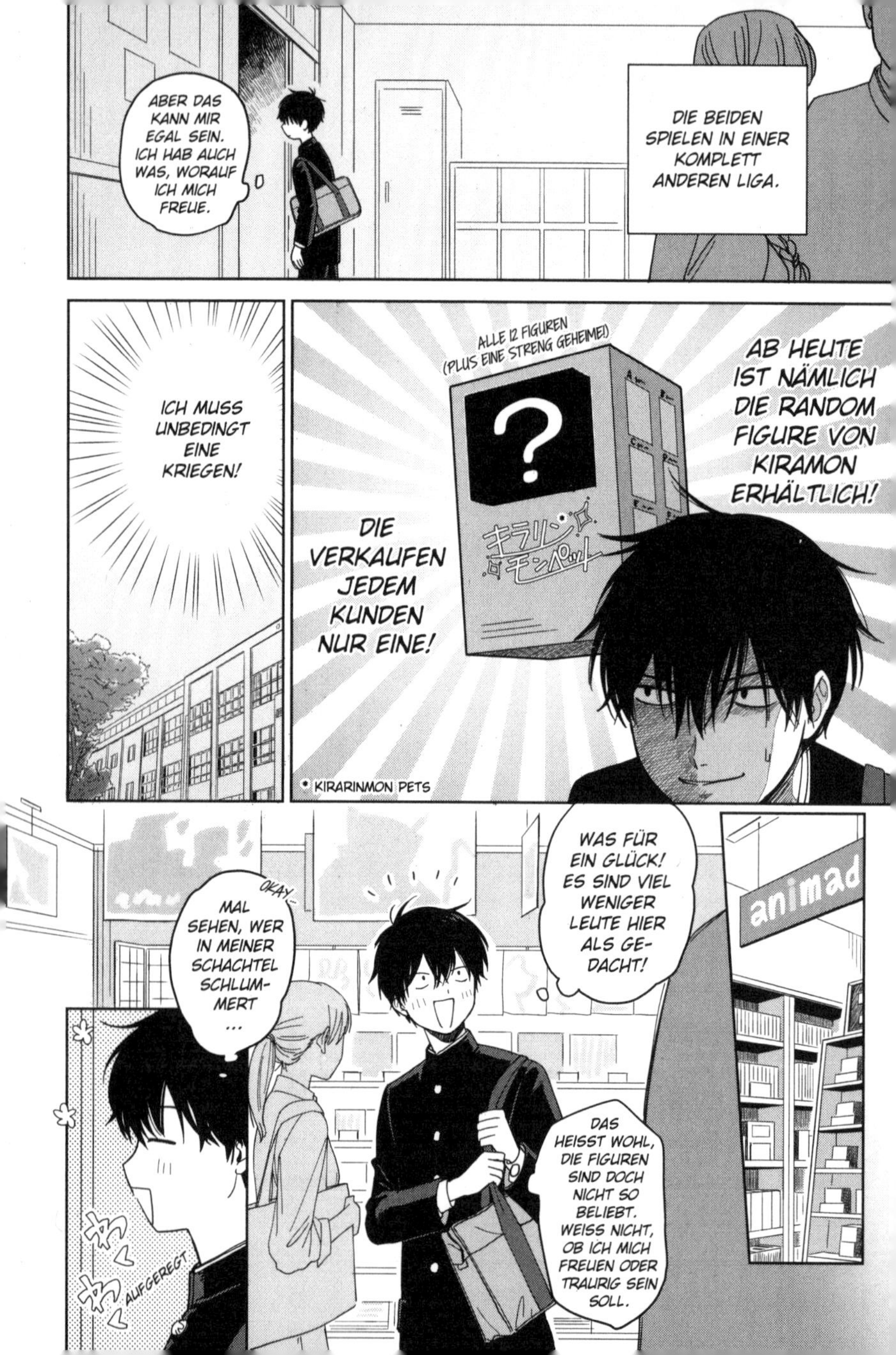

DIE BEIDEN SPIELEN IN EINER KOMPLETT ANDEREN LIGA.

ABER DAS KANN MIR EGAL SEIN. ICH HAB AUCH WAS, WORAUF ICH MICH FREUE.

AB HEUTE IST NÄMLICH DIE RANDOM FIGURE VON KIRAMON ERHÄLTLICH!

ALLE 12 FIGUREN (PLUS EINE STRENG GEHEIME!)

キラリン*モンペット

DIE VERKAUFEN JEDEM KUNDEN NUR EINE!

* KIRARINMON PETS

ICH MUSS UNBEDINGT EINE KRIEGEN!

animad

WAS FÜR EIN GLÜCK! ES SIND VIEL WENIGER LEUTE HIER ALS GEDACHT!

OKAY...

MAL SEHEN, WER IN MEINER SCHACHTEL SCHLUMMERT ...

DAS HEISST WOHL, DIE FIGUREN SIND DOCH NICHT SO BELIEBT. WEISS NICHT, OB ICH MICH FREUEN ODER TRAURIG SEIN SOLL.

わくわく

AUFGEREGT

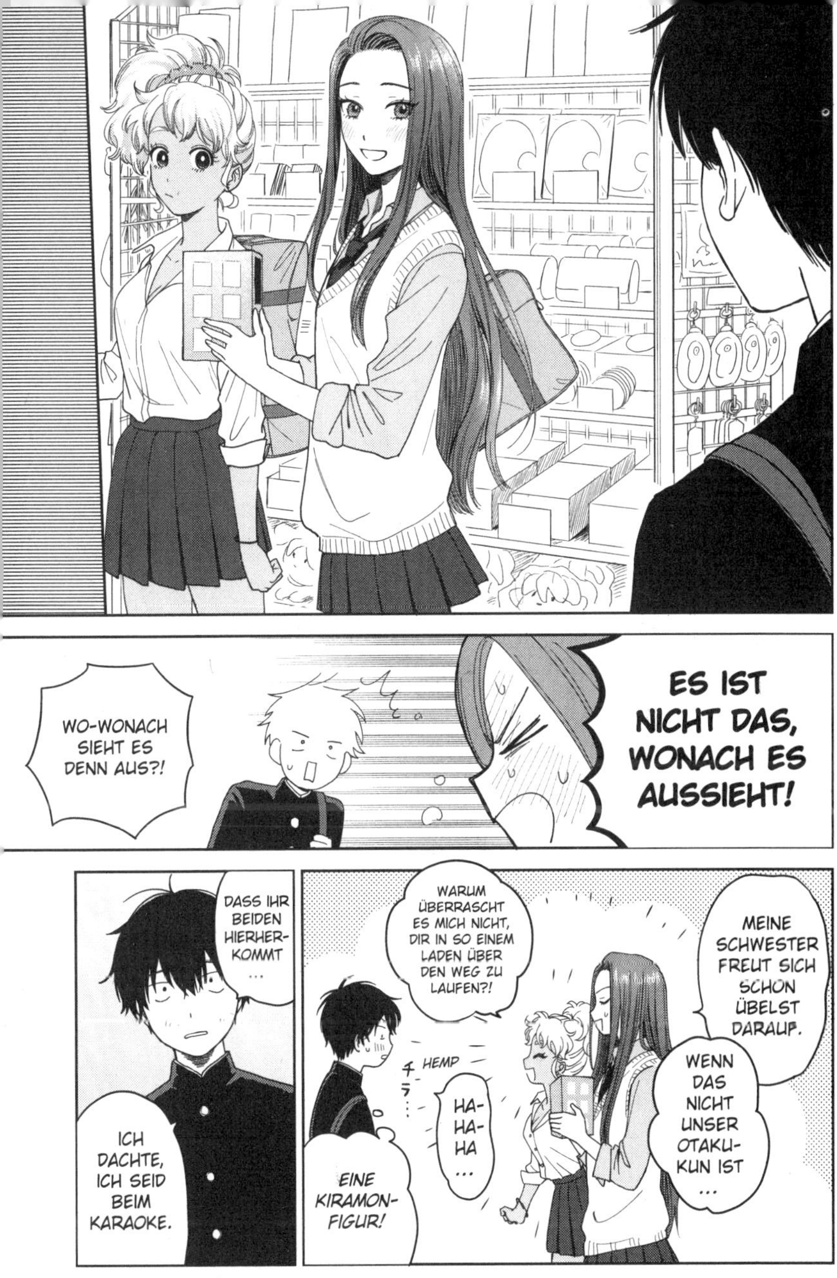

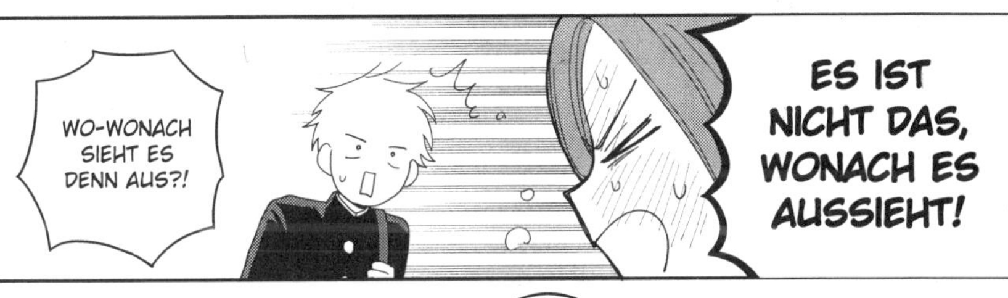
ES IST NICHT DAS, WONACH ES AUSSIEHT!
WO-WONACH SIEHT ES DENN AUS?!

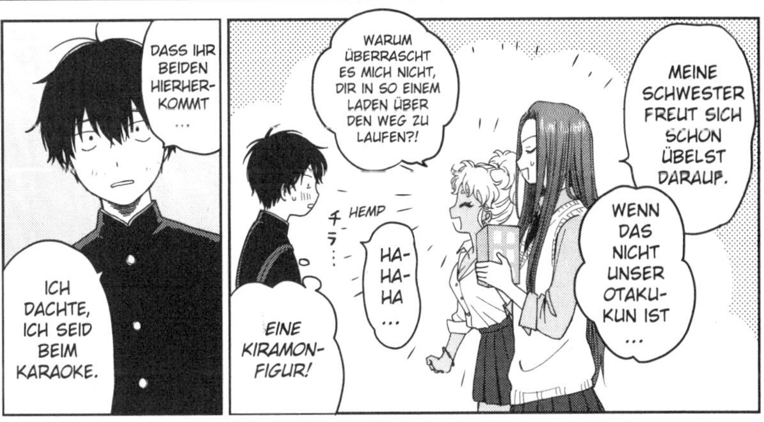
MEINE SCHWESTER FREUT SICH SCHON ÜBELST DARAUF.
WENN DAS NICHT UNSER OTAKU-KUN IST ...
WARUM ÜBERRASCHT ES MICH NICHT, DIR IN SO EINEM LADEN ÜBER DEN WEG ZU LAUFEN?!
HEMP
チラ…
HA-HA-HA ...
EINE KIRAMON-FIGUR!
DASS IHR BEIDEN HIERHER-KOMMT ...
ICH DACHTE, ICH SEID BEIM KARAOKE.

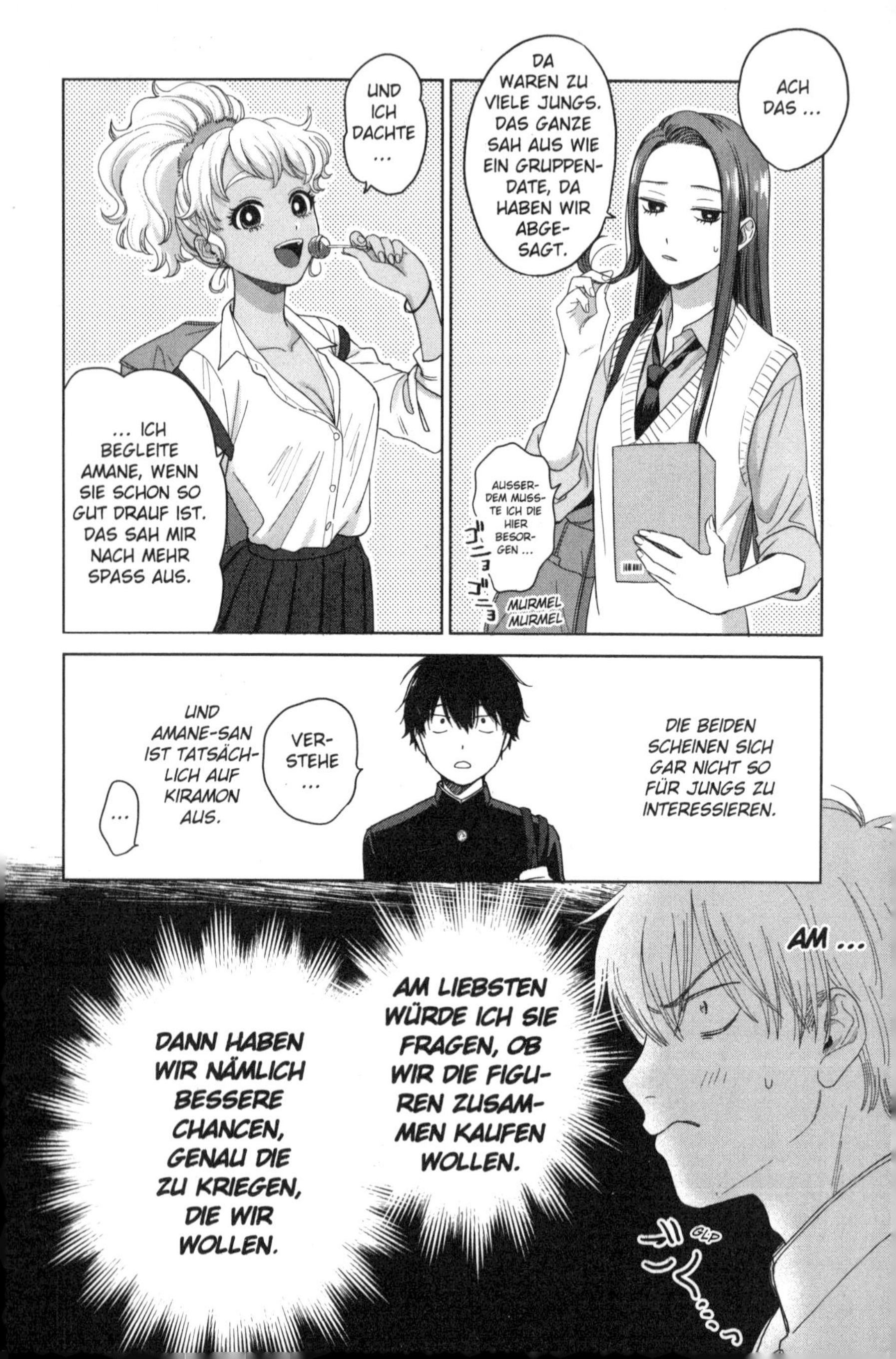

ACH DAS …
DA WAREN ZU VIELE JUNGS. DAS GANZE SAH AUS WIE EIN GRUPPENDATE, DA HABEN WIR ABGESAGT.
AUSSERDEM MUSSTE ICH DIE HIER BESORGEN …
MURMEL MURMEL
UND ICH DACHTE …
… ICH BEGLEITE AMANE, WENN SIE SCHON SO GUT DRAUF IST. DAS SAH MIR NACH MEHR SPASS AUS.
DIE BEIDEN SCHEINEN SICH GAR NICHT SO FÜR JUNGS ZU INTERESSIEREN.
VERSTEHE …
UND AMANE-SAN IST TATSÄCHLICH AUF KIRAMON AUS.
…
AM …
AM LIEBSTEN WÜRDE ICH SIE FRAGEN, OB WIR DIE FIGUREN ZUSAMMEN KAUFEN WOLLEN.
DANN HABEN WIR NÄMLICH BESSERE CHANCEN, GENAU DIE ZU KRIEGEN, DIE WIR WOLLEN.
GLP

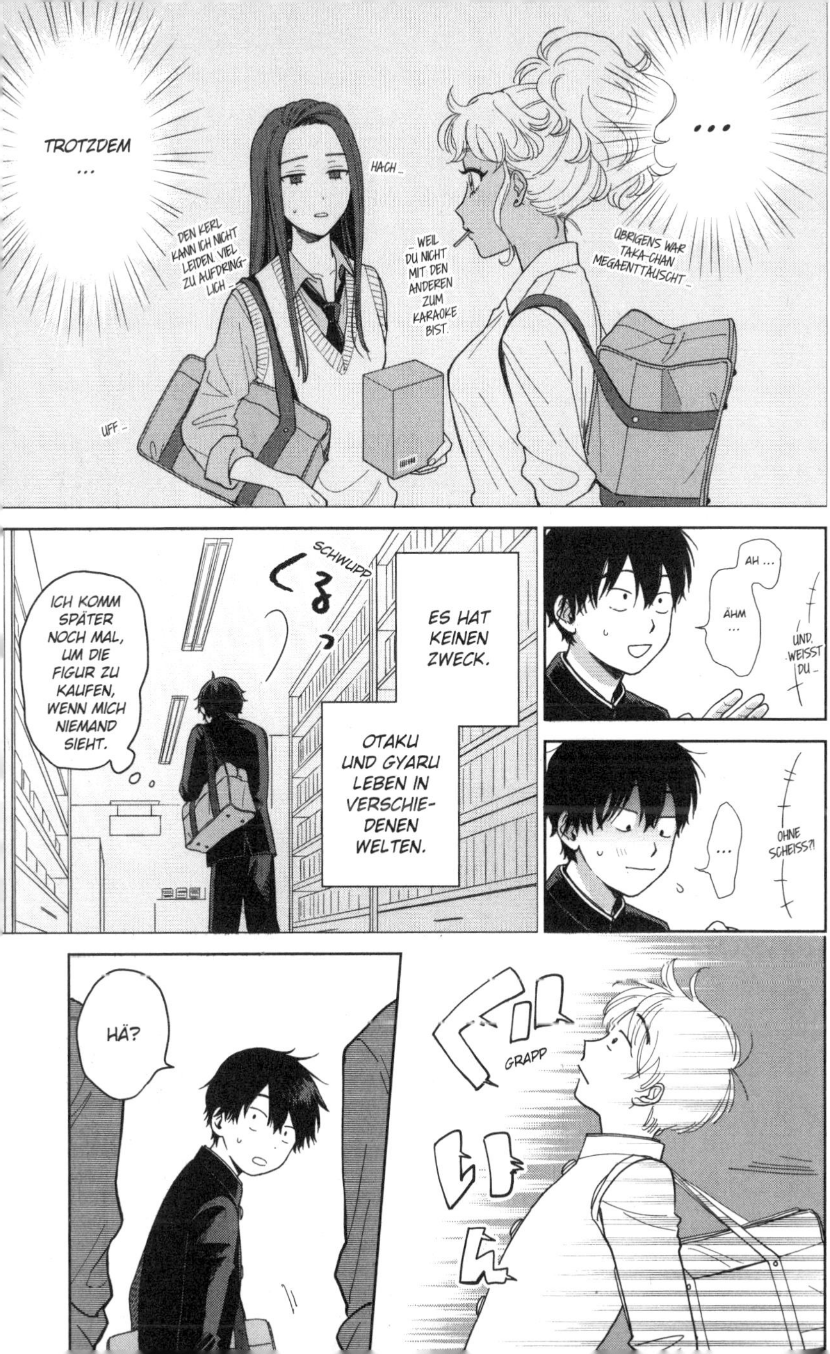

...

ÜBRIGENS WAR TAKA-CHAN MEGAENTTÄUSCHT ...

... WEIL DU NICHT MIT DEN ANDEREN ZUM KARAOKE BIST.

HACH ...

DEN KERL KANN ICH NICHT LEIDEN. VIEL ZU AUFDRING-LICH ...

UFF ...

TROTZDEM ...

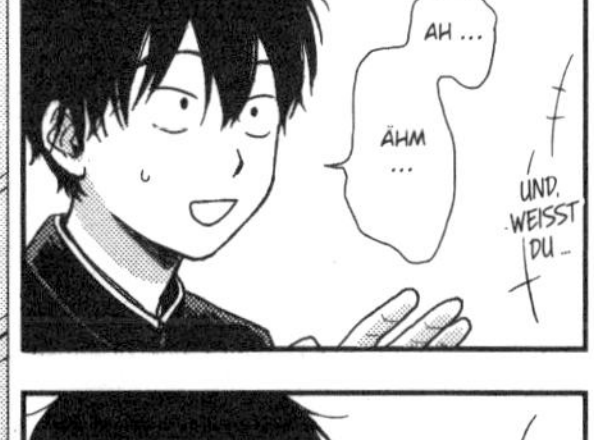

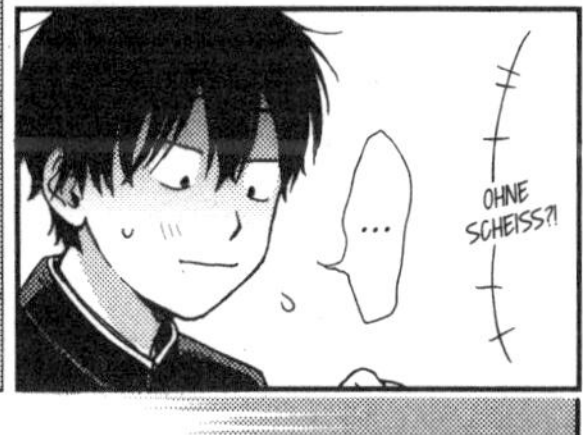

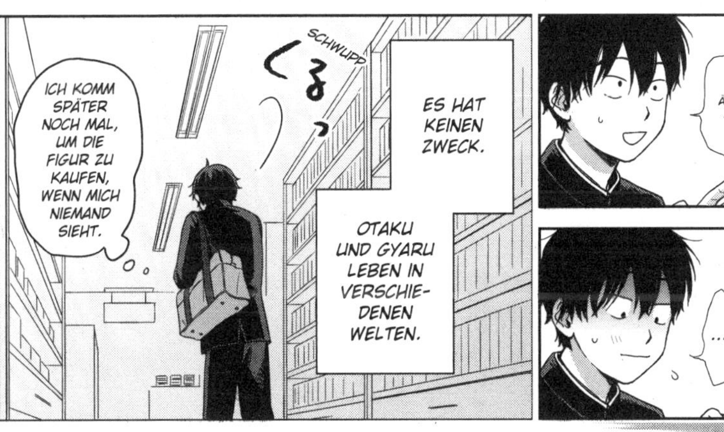

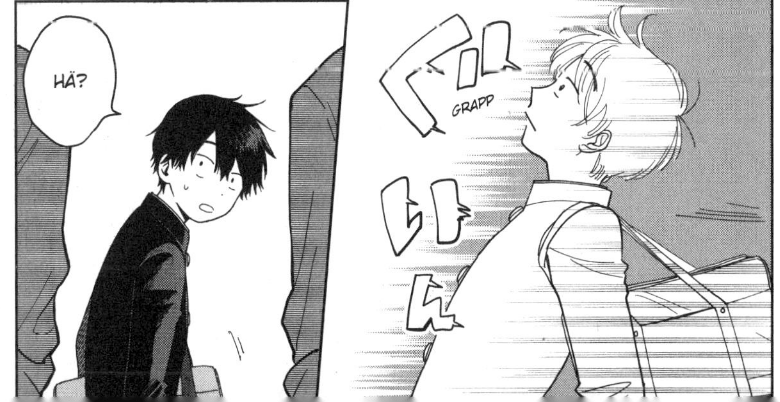

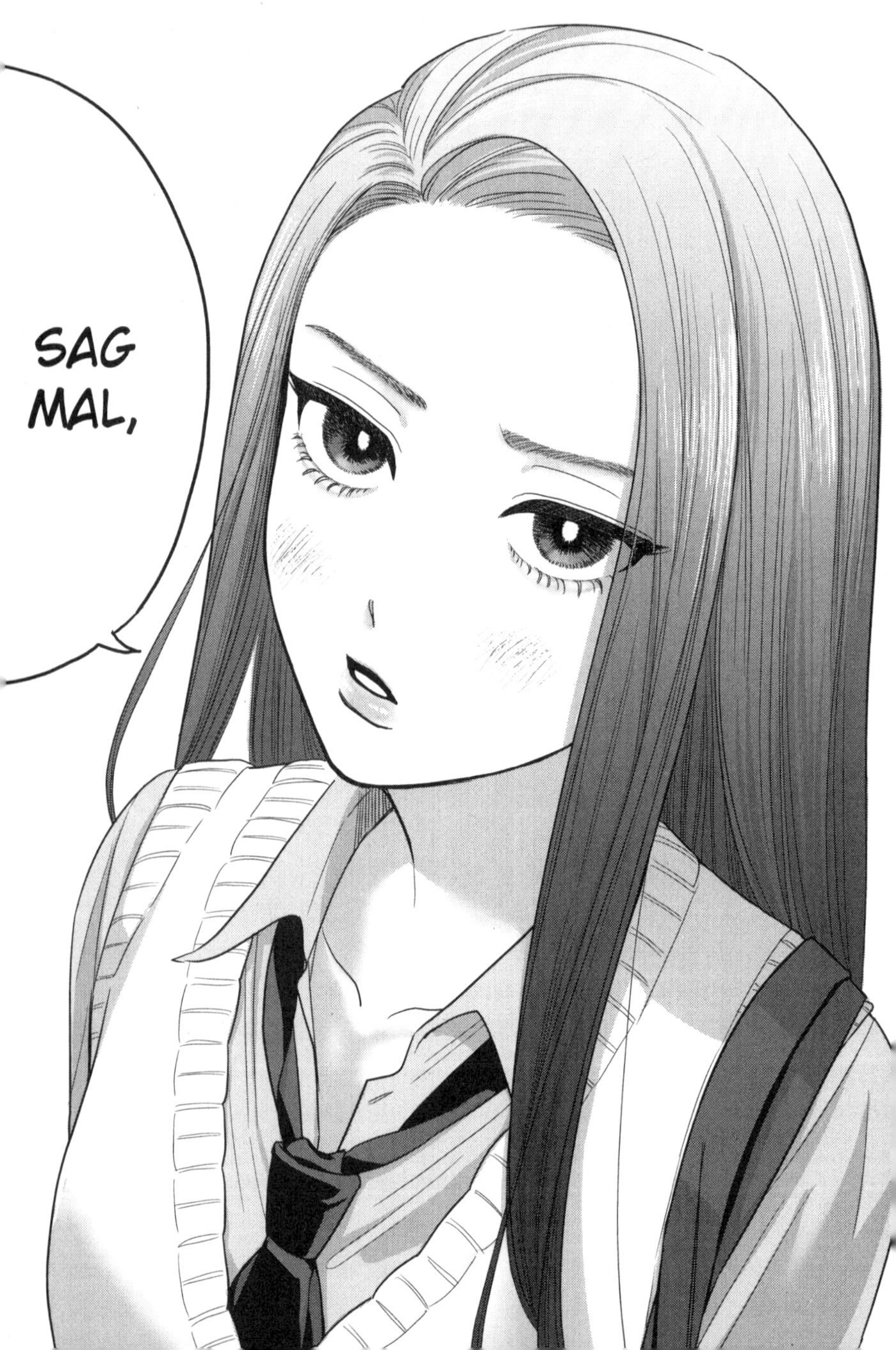
SAG MAL,

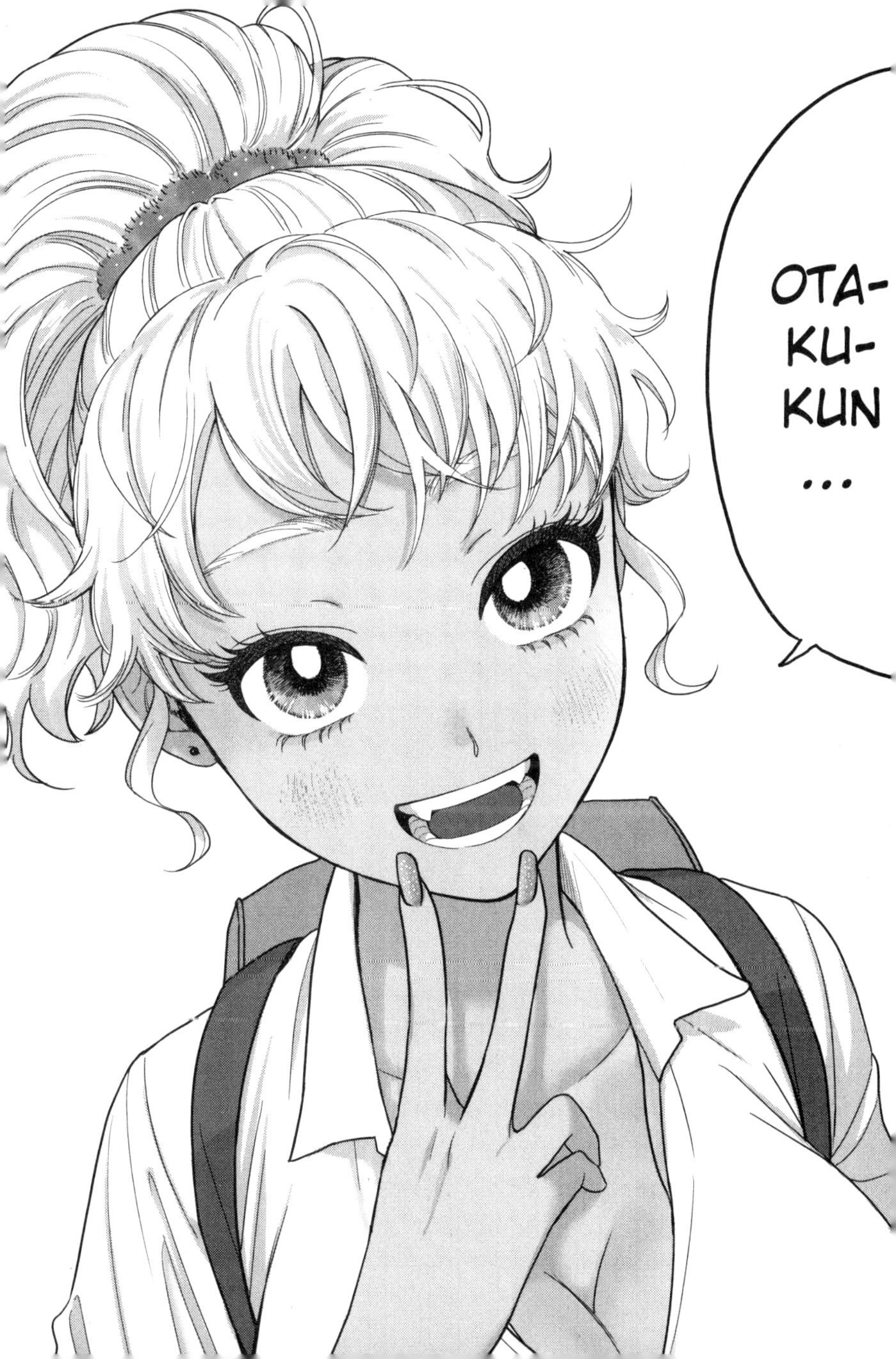
OTA-
KU-
KUN
...

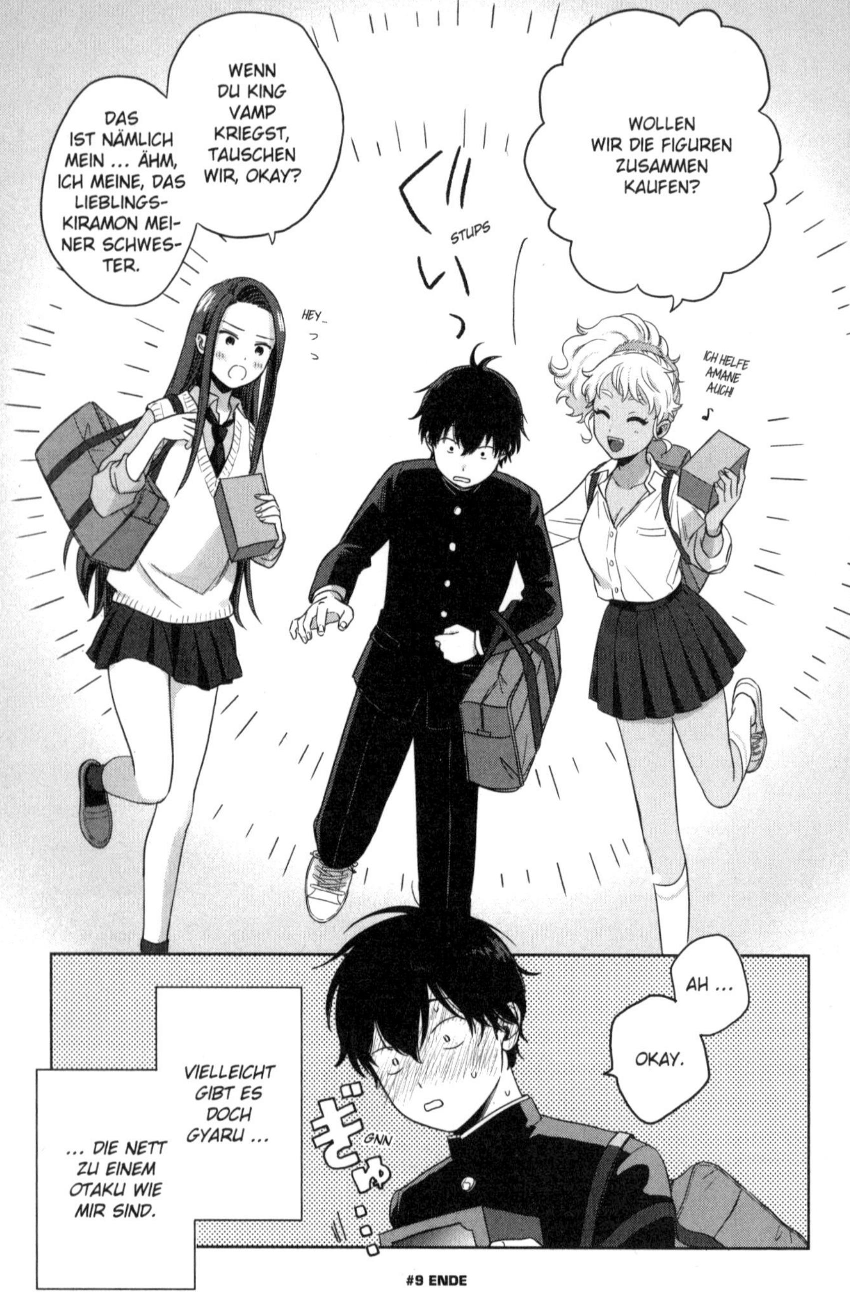
WOLLEN WIR DIE FIGUREN ZUSAMMEN KAUFEN?
STUPS
ICH HELFE AMANE AUCH!
WENN DU KING VAMP KRIEGST, TAUSCHEN WIR, OKAY?
DAS IST NÄMLICH MEIN … ÄHM, ICH MEINE, DAS LIEBLINGS-KIRAMON MEINER SCHWESTER.
HEY…
AH …
OKAY.
GNN
VIELLEICHT GIBT ES DOCH GYARU …
… DIE NETT ZU EINEM OTAKU WIE MIR SIND.

#9 ENDE

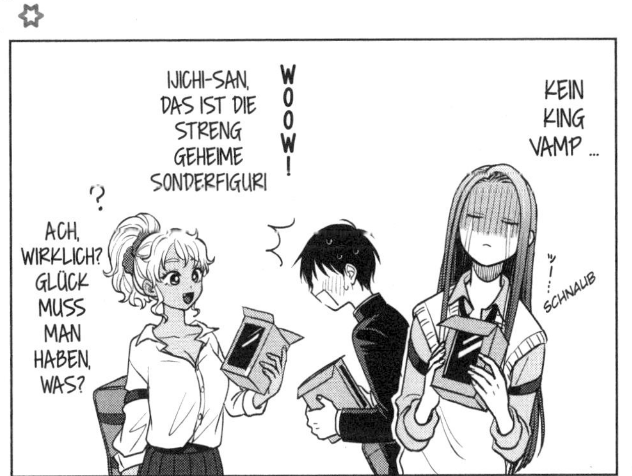
KEIN KING VAMP ...
SCHNAUB
WOOOW!
IJICHI-SAN, DAS IST DIE STRENG GEHEIME SONDERFIGUR!
?
ACH, WIRKLICH? GLÜCK MUSS MAN HABEN, WAS?

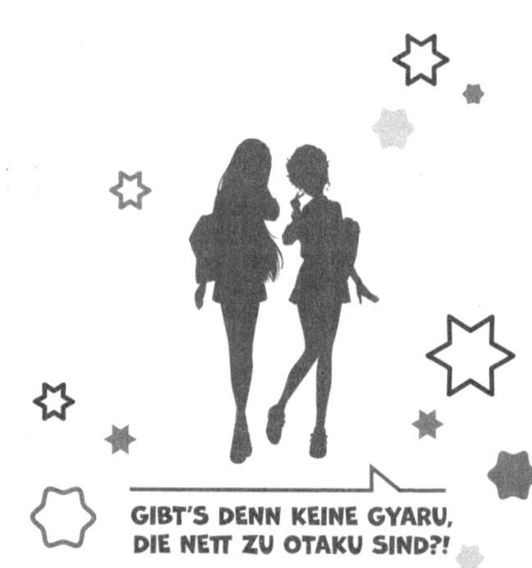
GIBT'S DENN KEINE GYARU, DIE NETT ZU OTAKU SIND?!

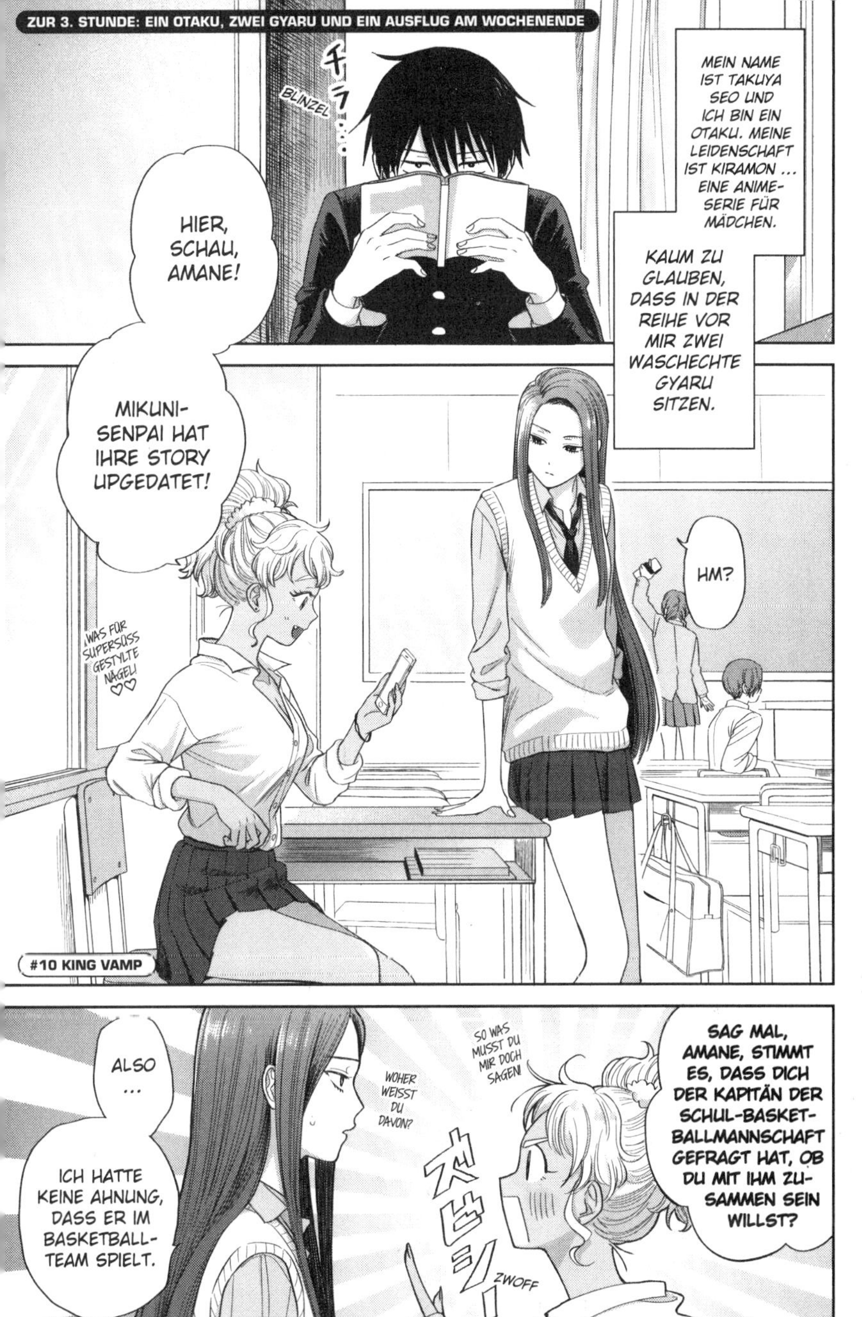
MEIN NAME IST TAKUYA SEO UND ICH BIN EIN OTAKU. MEINE LEIDENSCHAFT IST KIRAMON ... EINE ANIME-SERIE FÜR MÄDCHEN.
BLINZEL
KAUM ZU GLAUBEN, DASS IN DER REIHE VOR MIR ZWEI WASCHECHTE GYARU SITZEN.
HIER, SCHAU, AMANE!
MIKUNI-SENPAI HAT IHRE STORY UPGEDATET!
HM?
WAS FÜR SUPERSÜSS GESTYLTE NÄGEL! ♡♡
#10 KING VAMP
SAG MAL, AMANE, STIMMT ES, DASS DICH DER KAPITÄN DER SCHUL-BASKETBALLMANNSCHAFT GEFRAGT HAT, OB DU MIT IHM ZUSAMMEN SEIN WILLST?
SO WAS MUSST DU MIR DOCH SAGEN!
WOHER WEISST DU DAVON?
ZWOFF
ALSO ...
ICH HATTE KEINE AHNUNG, DASS ER IM BASKETBALL-TEAM SPIELT.

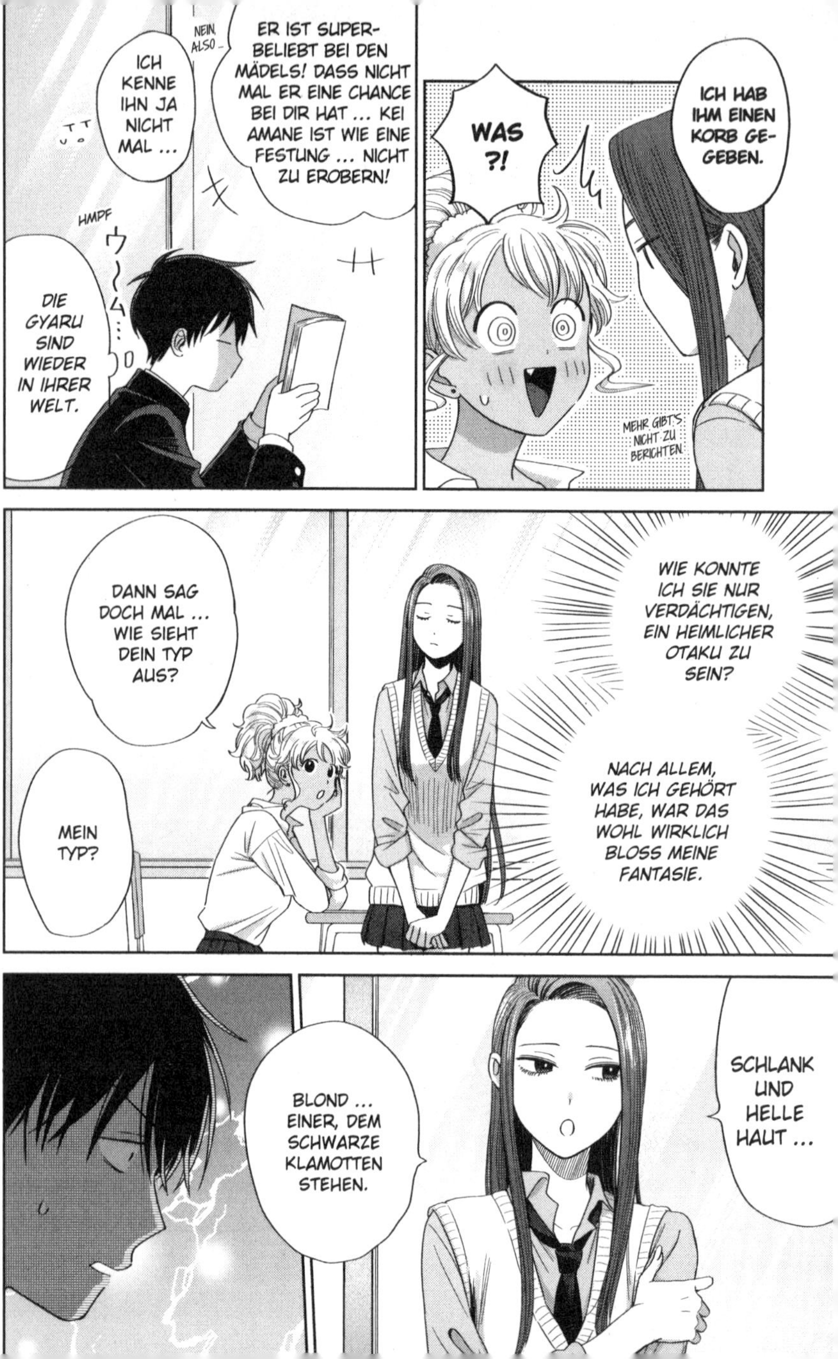

ICH HAB IHM EINEN KORB GEGEBEN.
WAS ?!
MEHR GIBT'S NICHT ZU BERICHTEN.
NEIN, ALSO ...
ER IST SUPER-BELIEBT BEI DEN MÄDELS! DASS NICHT MAL ER EINE CHANCE BEI DIR HAT ... KEI AMANE IST WIE EINE FESTUNG ... NICHT ZU EROBERN!
ICH KENNE IHN JA NICHT MAL ...
HMPF
DIE GYARU SIND WIEDER IN IHRER WELT.

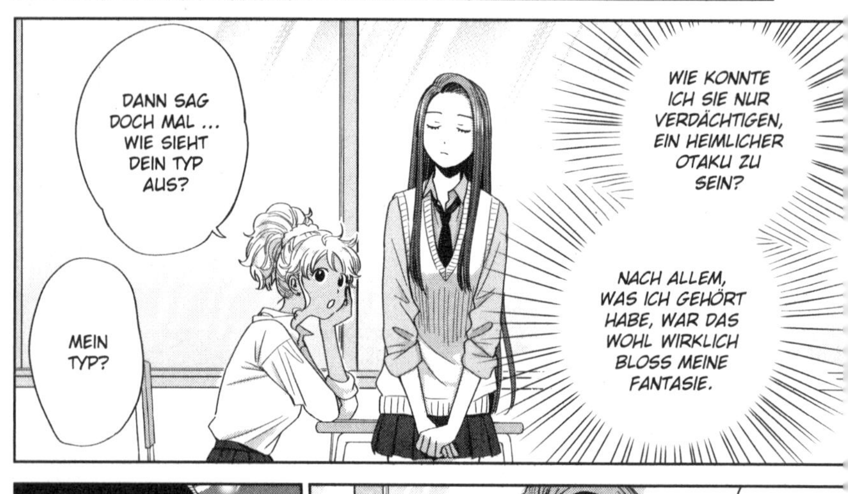

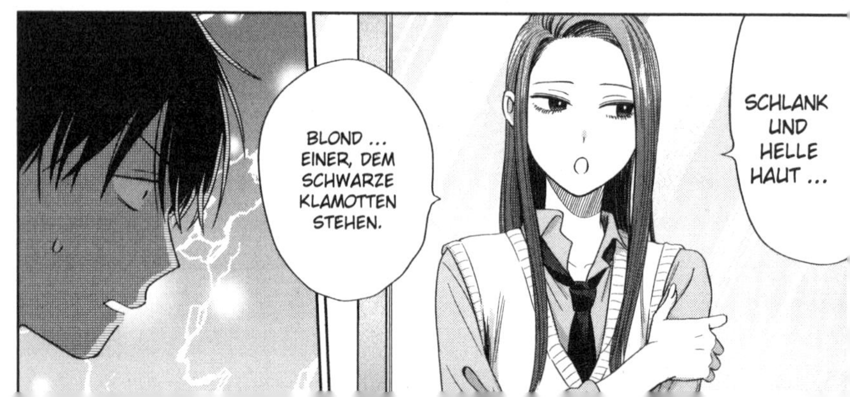

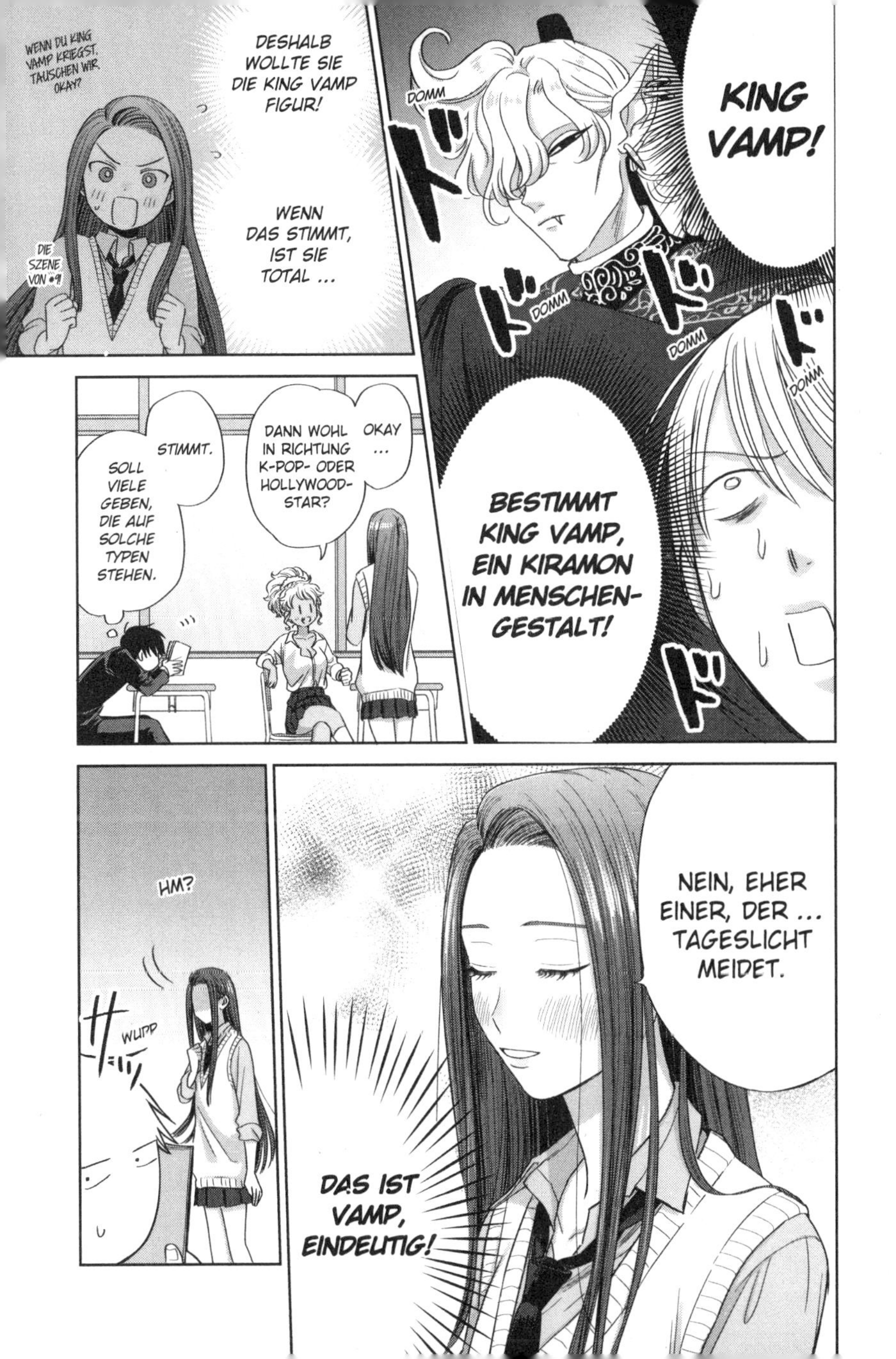

KING VAMP!
DOMM
DOMM
DOMM
DOMM
BESTIMMT KING VAMP, EIN KIRAMON IN MENSCHEN-GESTALT!
DESHALB WOLLTE SIE DIE KING VAMP FIGUR!
WENN DU KING VAMP KRIEGST, TAUSCHEN WIR, OKAY?
DIE SZENE VON #9!
WENN DAS STIMMT, IST SIE TOTAL …
OKAY …
DANN WOHL IN RICHTUNG K-POP- ODER HOLLYWOOD-STAR?
STIMMT.
SOLL VIELE GEBEN, DIE AUF SOLCHE TYPEN STEHEN.
NEIN, EHER EINER, DER … TAGESLICHT MEIDET.
DAS IST VAMP, EINDEUTIG!
HM?
WUPP

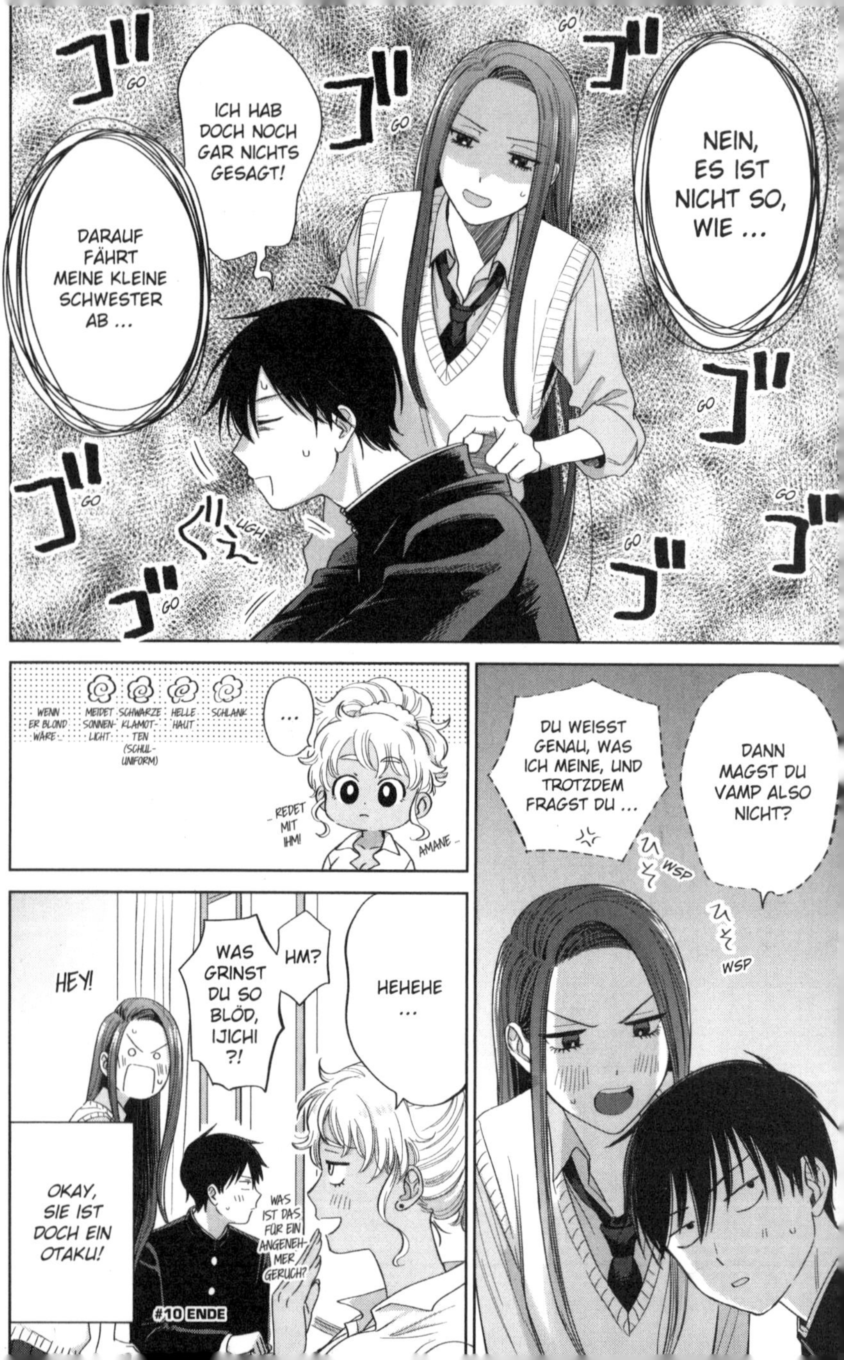

NEIN, ES IST NICHT SO, WIE …

GO GO

ICH HAB DOCH NOCH GAR NICHTS GESAGT!

GO GO

DARAUF FÄHRT MEINE KLEINE SCHWESTER AB …

GO GO GO GO

UGH

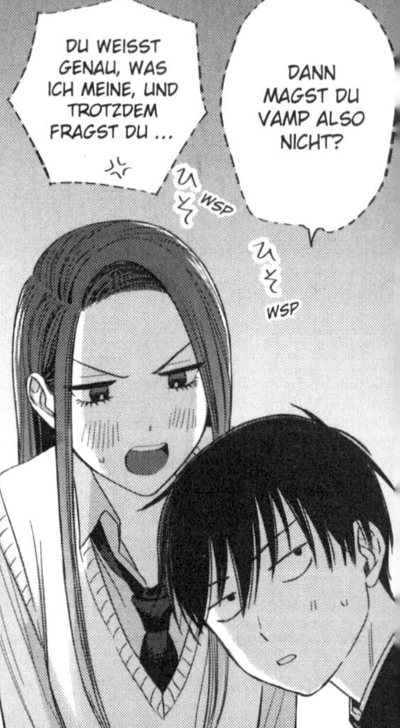

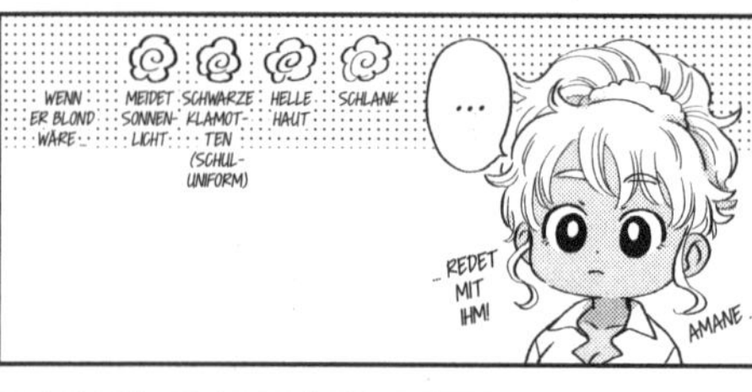

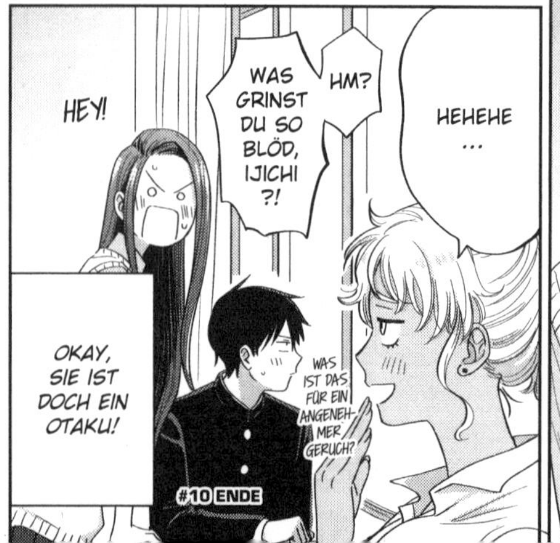

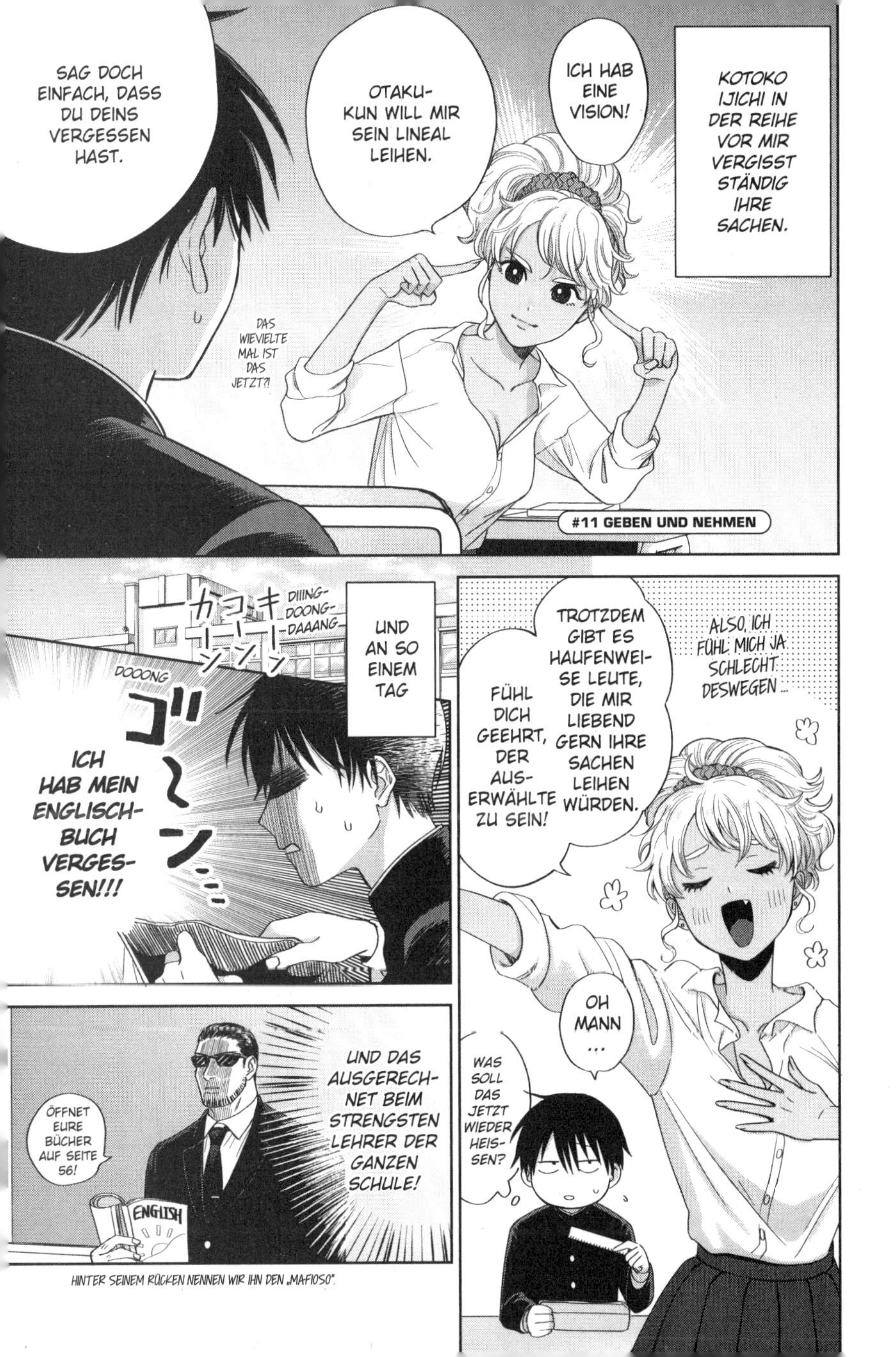

KOTOKO IJICHI IN DER REIHE VOR MIR VERGISST STÄNDIG IHRE SACHEN.

ICH HAB EINE VISION!

OTAKU-KUN WILL MIR SEIN LINEAL LEIHEN.

SAG DOCH EINFACH, DASS DU DEINS VERGESSEN HAST.

DAS WIEVIELTE MAL IST DAS JETZT?!

#11 GEBEN UND NEHMEN

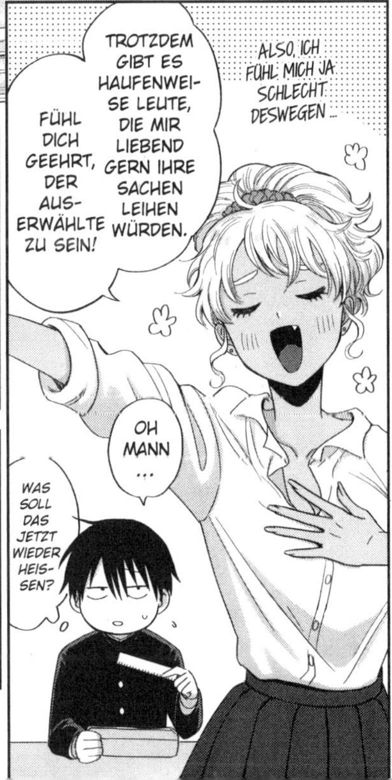

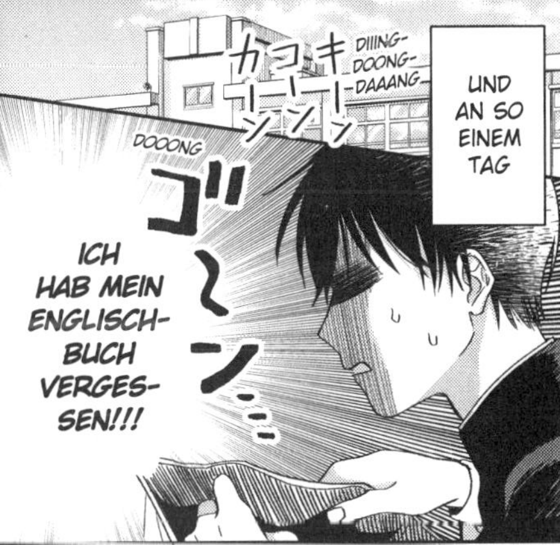

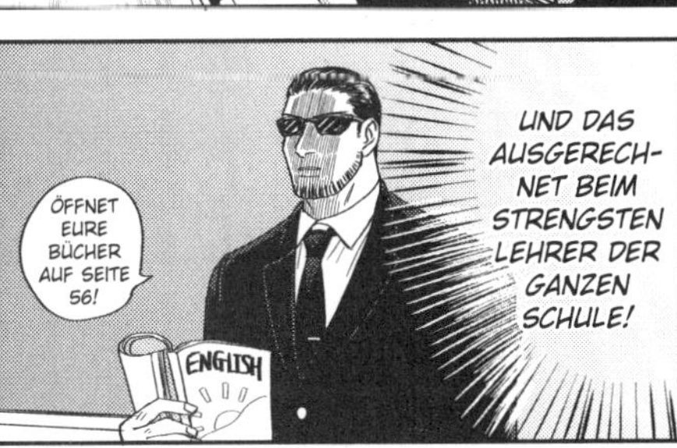

HINTER SEINEM RÜCKEN NENNEN WIR IHN DEN „MAFIOSO“.

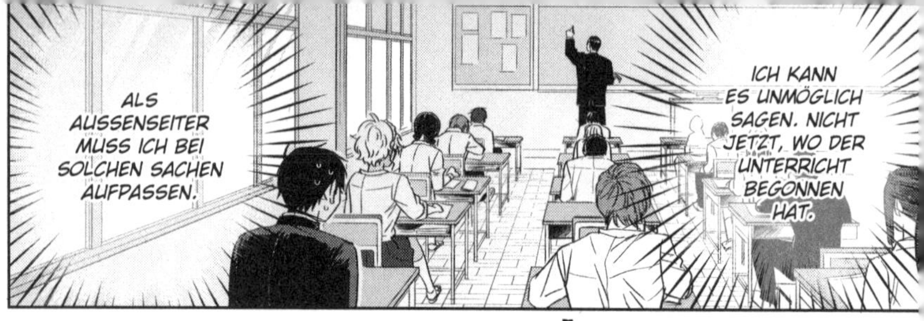

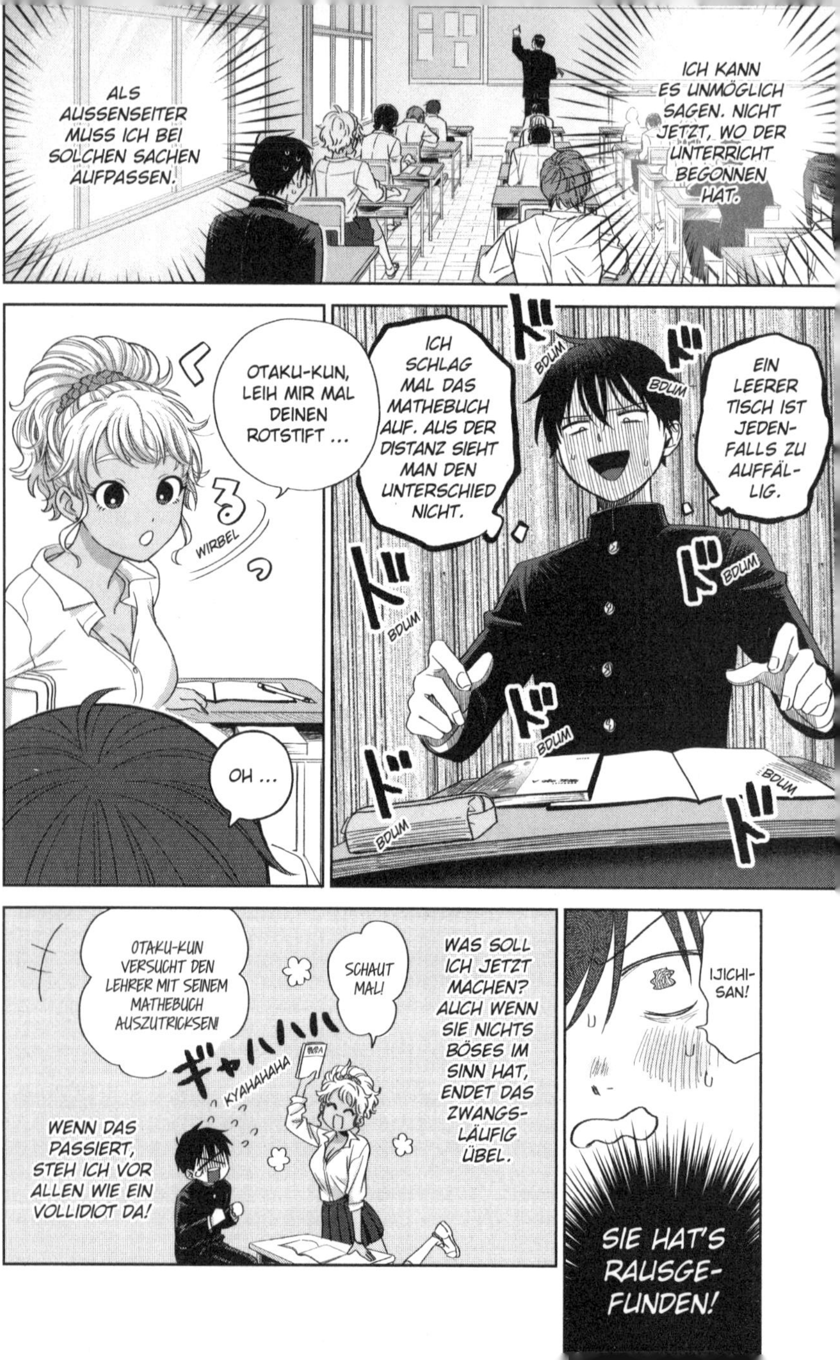

EIN LEERER TISCH IST JEDENFALLS ZU AUFFÄLLIG.

ICH SCHLAG MAL DAS MATHEBUCH AUF. AUS DER DISTANZ SIEHT MAN DEN UNTERSCHIED NICHT.

BDUM BDUM BDUM BDUM BDUM BDUM BDUM

OTAKU-KUN, LEIH MIR MAL DEINEN ROTSTIFT …

WIRBEL

OH …

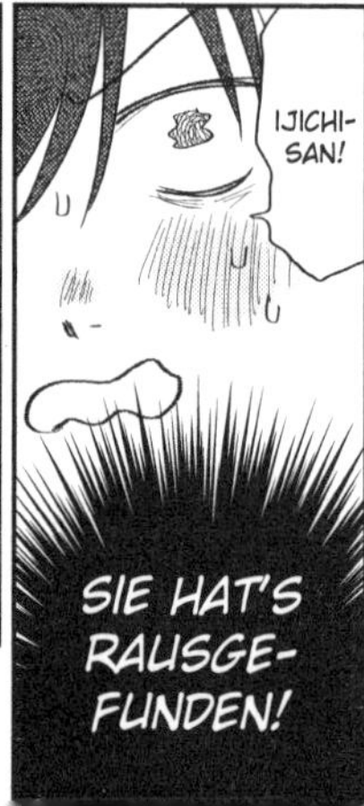

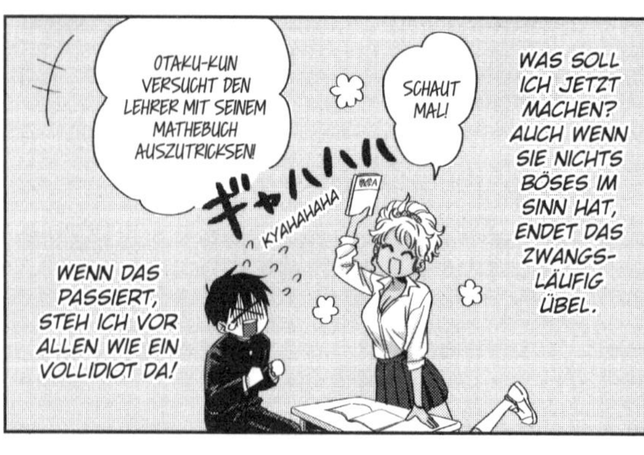

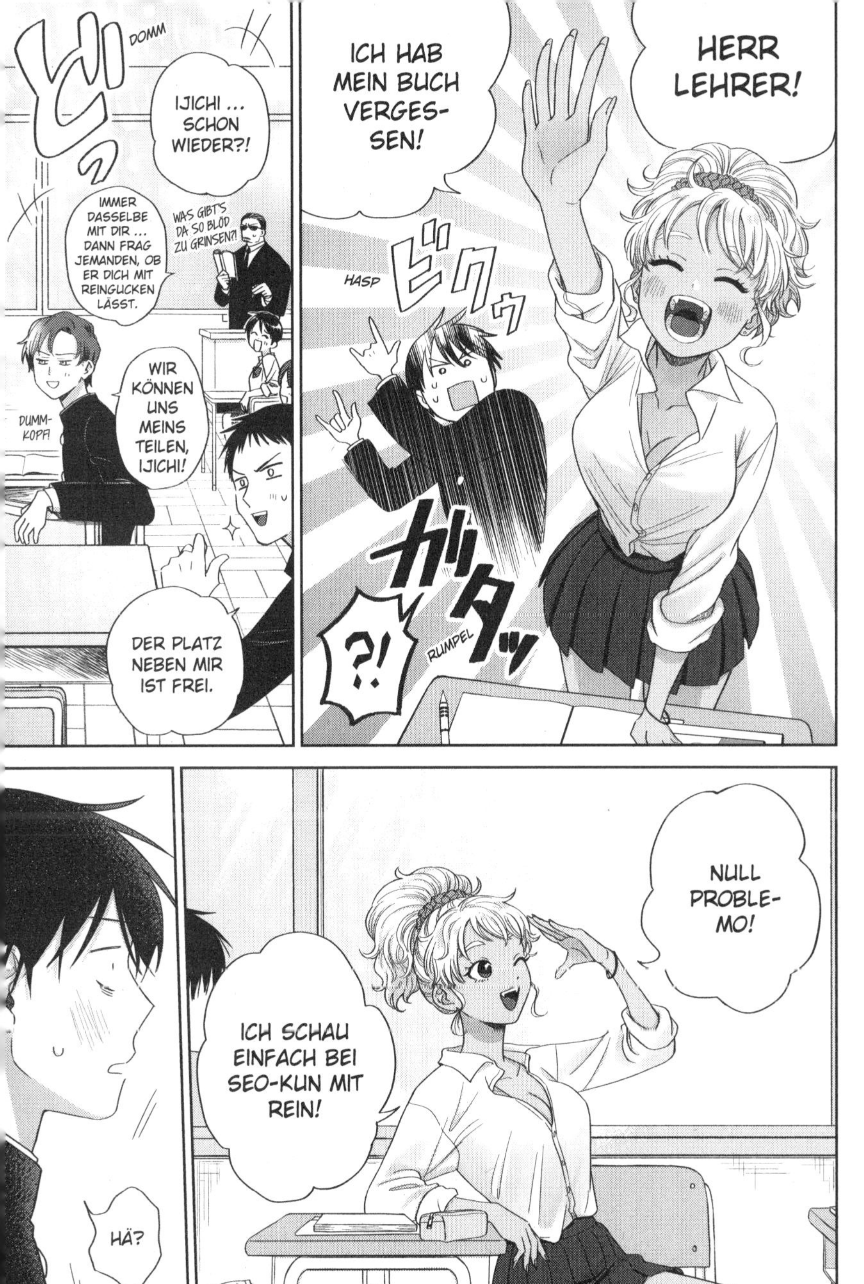
HERR LEHRER!
ICH HAB MEIN BUCH VERGES-SEN!
HASP
RUMPEL
?!
DOMM
IJICHI … SCHON WIEDER?!
IMMER DASSELBE MIT DIR … DANN FRAG JEMANDEN, OB ER DICH MIT REINGUCKEN LÄSST.
WAS GIBT'S DA SO BLÖD ZU GRINSEN?!
WIR KÖNNEN UNS MEINS TEILEN, IJICHI!
DUMM-KOPF!
DER PLATZ NEBEN MIR IST FREI.
NULL PROBLE-MO!
ICH SCHAU EINFACH BEI SEO-KUN MIT REIN!
HÄ?

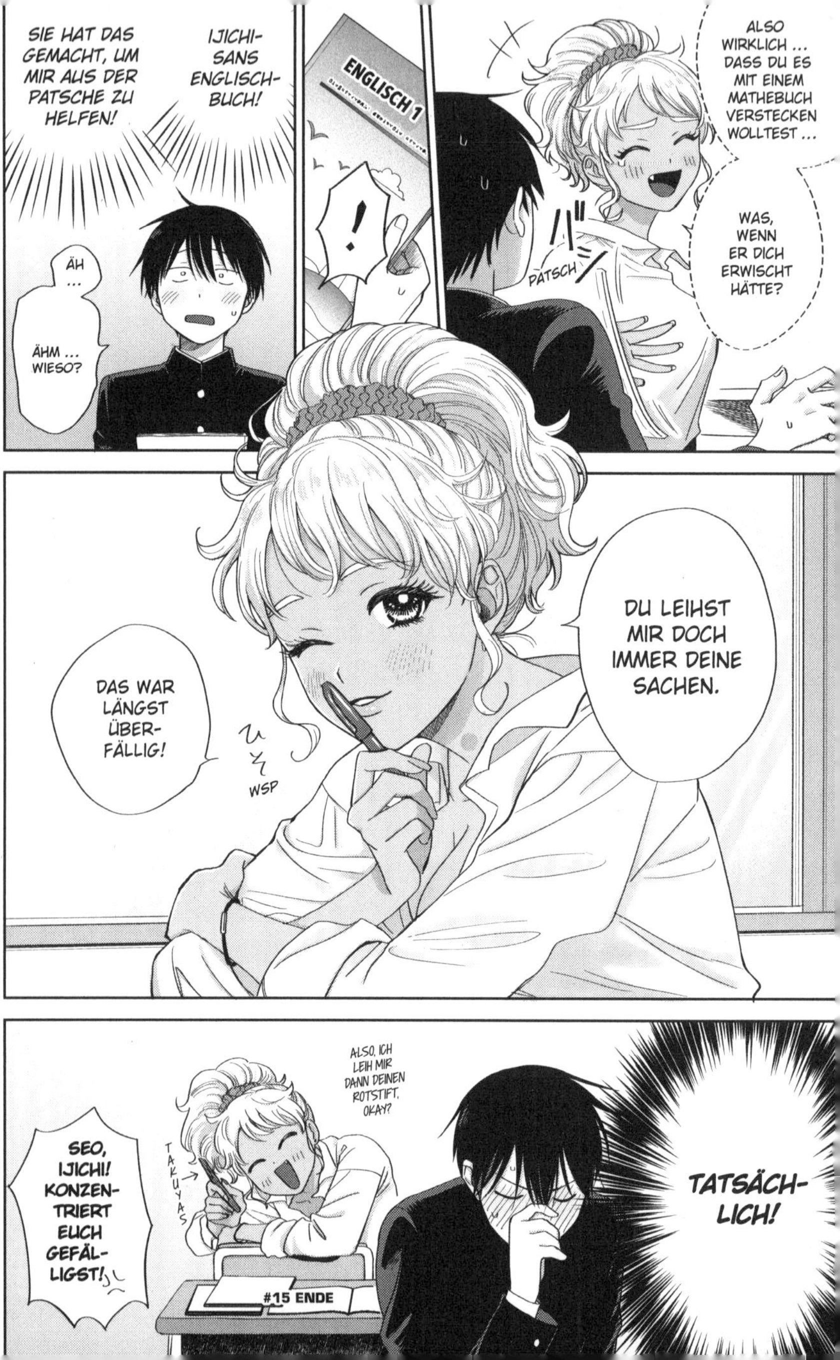

ALSO WIRKLICH … DASS DU ES MIT EINEM MATHEBUCH VERSTECKEN WOLLTEST …
WAS, WENN ER DICH ERWISCHT HÄTTE?
PATSCH
ENGLISCH 1
!
IJICHI-SANS ENGLISCHBUCH!
SIE HAT DAS GEMACHT, UM MIR AUS DER PATSCHE ZU HELFEN!
ÄH …
ÄHM … WIESO?
DU LEIHST MIR DOCH IMMER DEINE SACHEN.
DAS WAR LÄNGST ÜBERFÄLLIG!
WSP

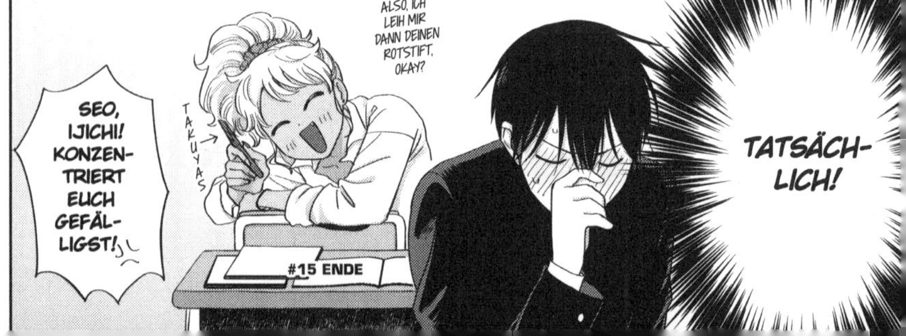

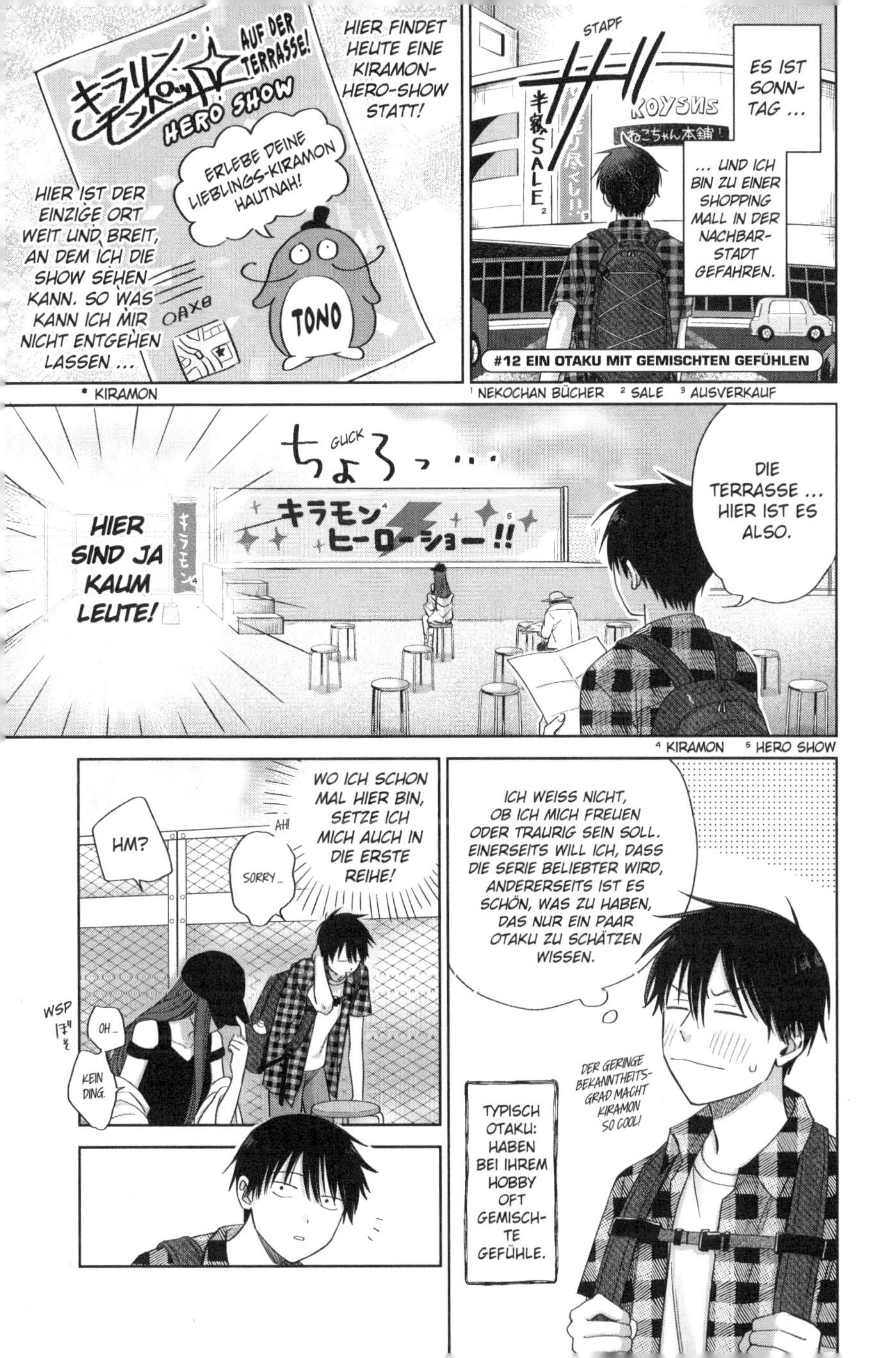

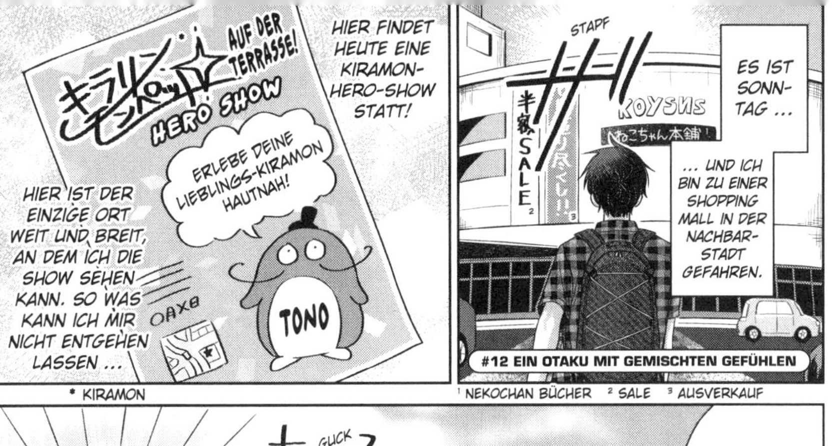

* KIRAMON

[1] NEKOCHAN BÜCHER [2] SALE [3] AUSVERKAUF

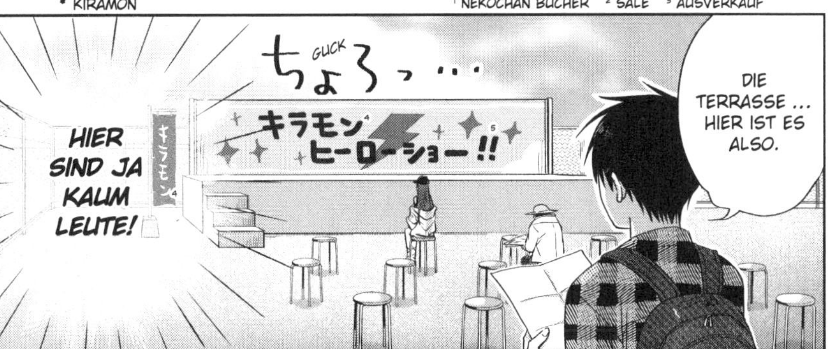

[4] KIRAMON [5] HERO SHOW

ICH WEISS NICHT, OB ICH MICH FREUEN ODER TRAURIG SEIN SOLL. EINERSEITS WILL ICH, DASS DIE SERIE BELIEBTER WIRD, ANDERERSEITS IST ES SCHÖN, WAS ZU HABEN, DAS NUR EIN PAAR OTAKU ZU SCHÄTZEN WISSEN.

DER GERINGE BEKANNTHEITSGRAD MACHT KIRAMON SO COOL!

TYPISCH OTAKU: HABEN BEI IHREM HOBBY OFT GEMISCHTE GEFÜHLE.

WO ICH SCHON MAL HIER BIN, SETZE ICH MICH AUCH IN DIE ERSTE REIHE!

AH!

SORRY …

HM?

WSP

OH …

KEIN DING.

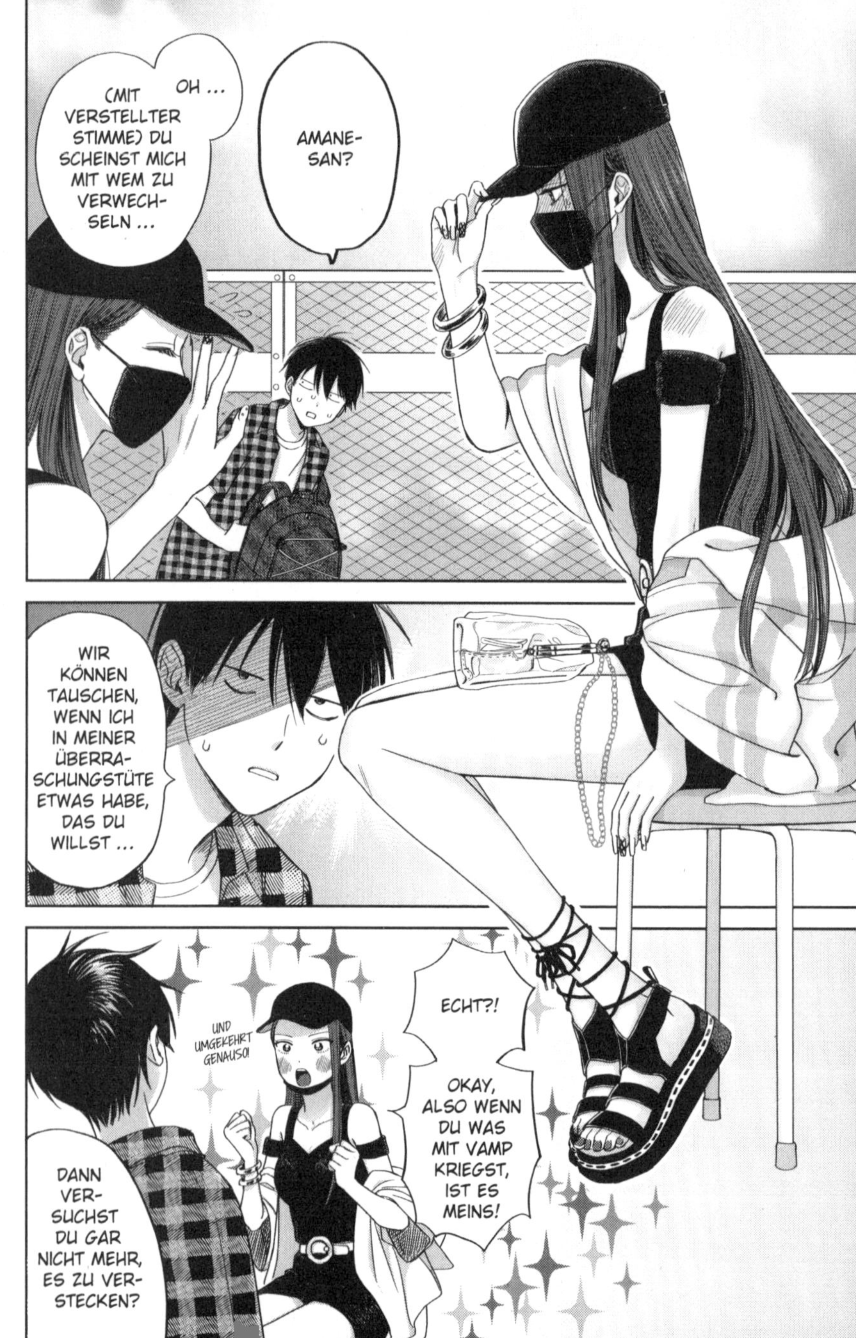
AMANE-SAN?
OH ...
(MIT VERSTELLTER STIMME) DU SCHEINST MICH MIT WEM ZU VERWECHSELN ...
WIR KÖNNEN TAUSCHEN, WENN ICH IN MEINER ÜBERRASCHUNGSTÜTE ETWAS HABE, DAS DU WILLST ...
ECHT?!
OKAY, ALSO WENN DU WAS MIT VAMP KRIEGST, IST ES MEINS!
UND UMGEKEHRT GENAUSO!
DANN VERSUCHST DU GAR NICHT MEHR, ES ZU VERSTECKEN?

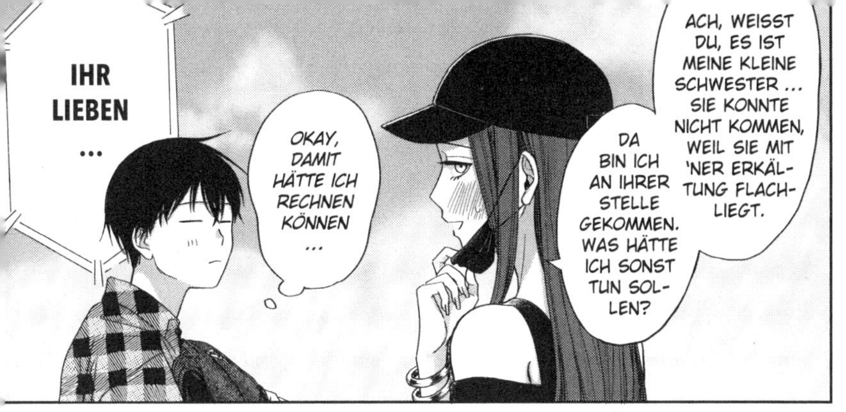
ACH, WEISST DU, ES IST MEINE KLEINE SCHWESTER … SIE KONNTE NICHT KOMMEN, WEIL SIE MIT 'NER ERKÄLTUNG FLACHLIEGT.
DA BIN ICH AN IHRER STELLE GEKOMMEN. WAS HÄTTE ICH SONST TUN SOLLEN?
OKAY, DAMIT HÄTTE ICH RECHNEN KÖNNEN …
IHR LIEBEN …

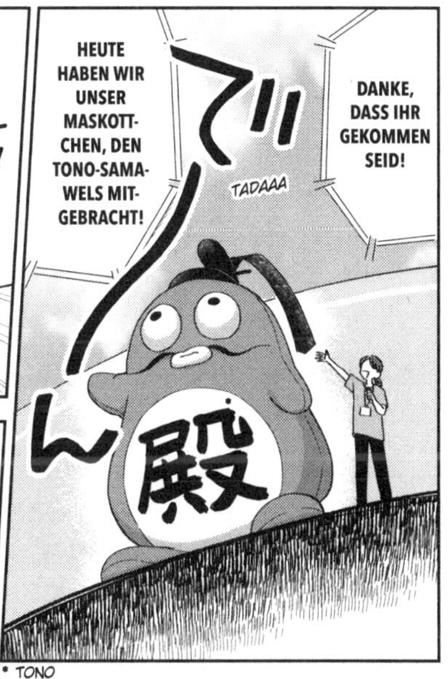
DANKE, DASS IHR GEKOMMEN SEID!
TADAAA
HEUTE HABEN WIR UNSER MASKOTTCHEN, DEN TONO-SAMA-WELS MITGEBRACHT!
殿*

* TONO

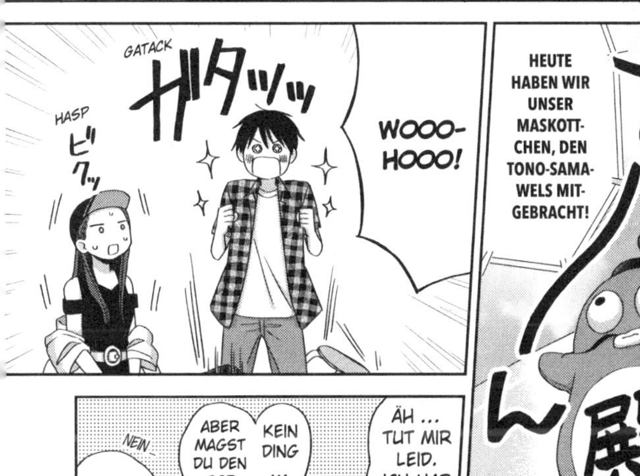
WOOO-HOOO!
GATACK
ガタッッ
HASP
ビクッ

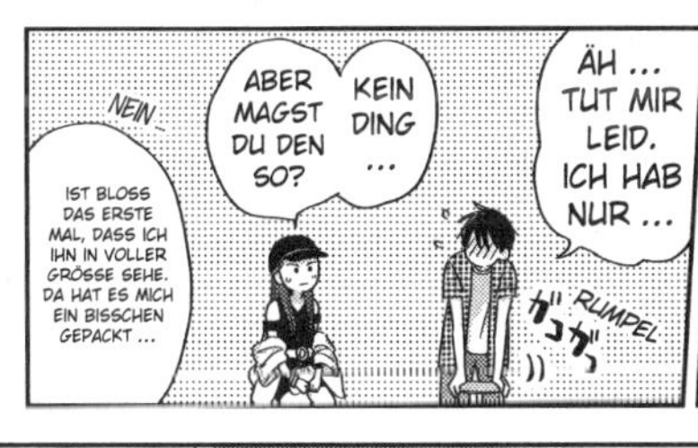
ÄH … TUT MIR LEID. ICH HAB NUR …
KEIN DING …
ABER MAGST DU DEN SO?
NEIN
IST BLOSS DAS ERSTE MAL, DASS ICH IHN IN VOLLER GRÖSSE SEHE. DA HAT ES MICH EIN BISSCHEN GEPACKT …
RUMPEL

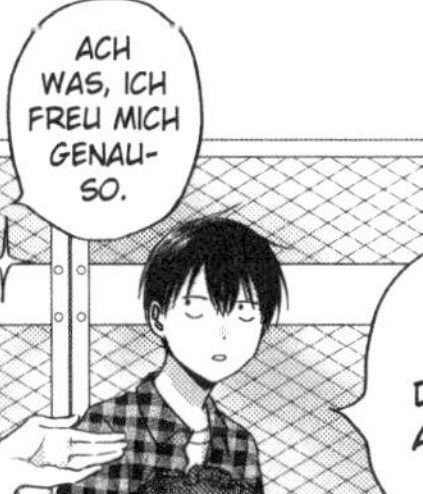
DASS DU SO GELASSEN BLEIBST …
DABEI HAST DU TONO-SAMA AUCH NOCH NIE LIVE ERLEBT.
ACH WAS, ICH FREU MICH GENAUSO.
BIN HALT NICHT DER TYP, DER SO ÜBERTRIEBEN REAGIERT.

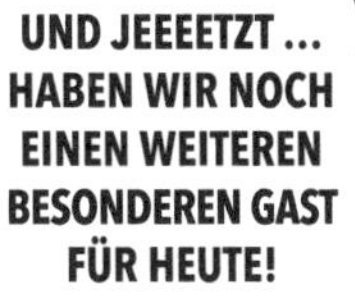
UND JEEEETZT … HABEN WIR NOCH EINEN WEITEREN BESONDEREN GAST FÜR HEUTE!

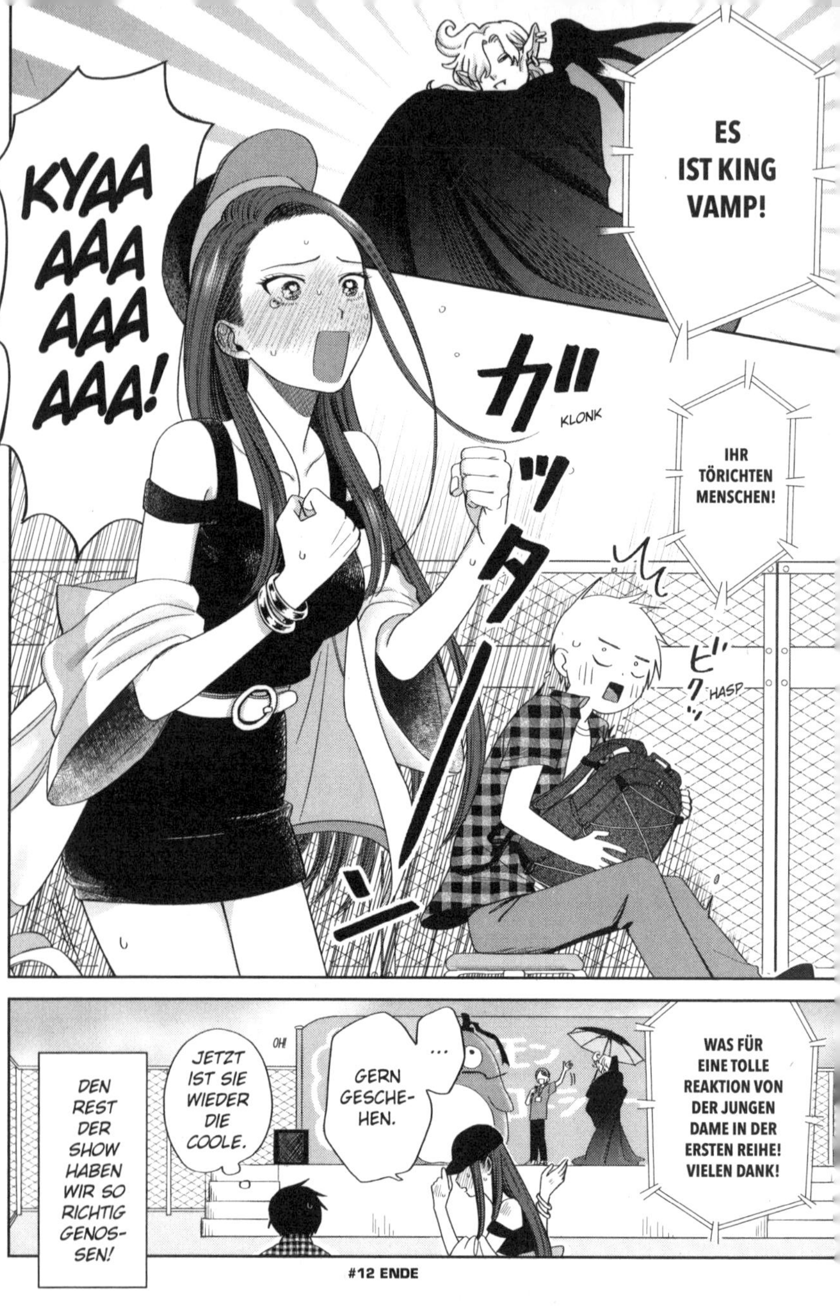

ES IST KING VAMP!

IHR TÖRICHTEN MENSCHEN!

KLONK

HASP

KYAAAAAAAAAAAAA!

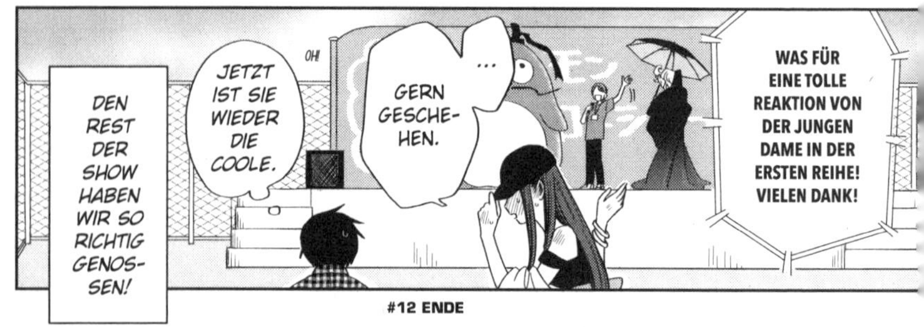

#12 ENDE

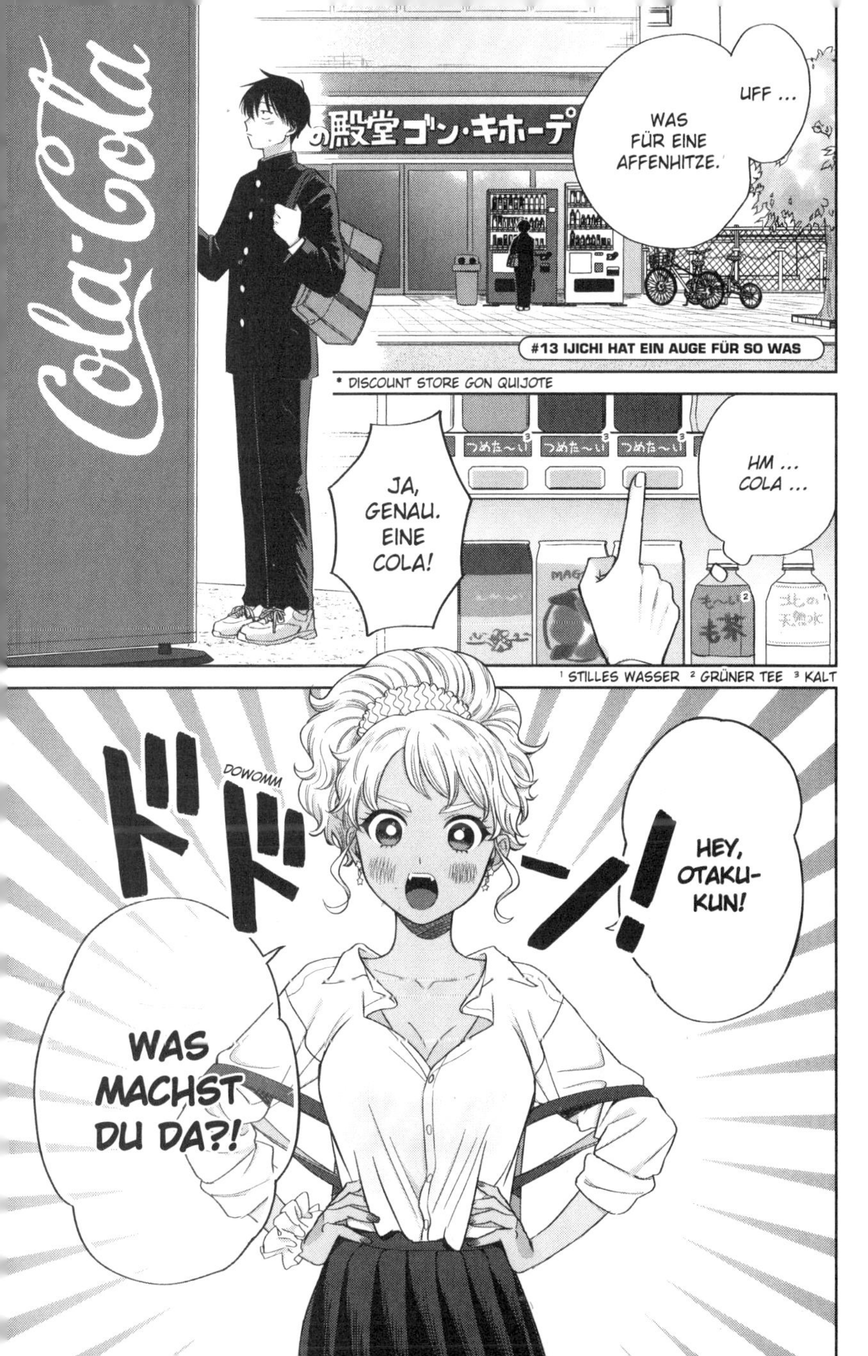
Coca-Cola
の殿堂ゴン・キホーテ
UFF …
WAS FÜR EINE AFFENHITZE.
#13 IJICHI HAT EIN AUGE FÜR SO WAS
* DISCOUNT STORE GON QUIJOTE
HM … COLA …
JA, GENAU. EINE COLA!
つめた～い[3]
つめた～い[3]
つめた～い[3]
も茶
[1] STILLES WASSER [2] GRÜNER TEE [3] KALT
ドドーン!
DOWOMM
HEY, OTAKU-KUN!
WAS MACHST DU DA?!

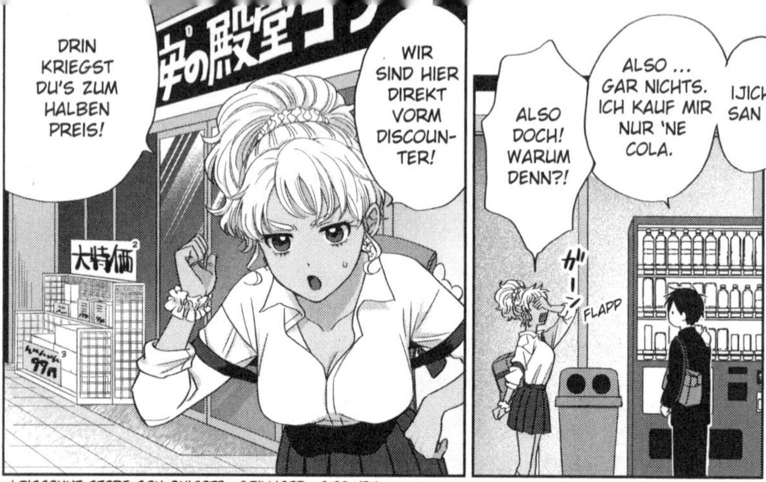

IJICHI-SAN ...

ALSO ... GAR NICHTS. ICH KAUF MIR NUR 'NE COLA.

ALSO DOCH! WARUM DENN?!

ガーン

FLAPP

WIR SIND HIER DIREKT VORM DISCOUNTER!

DRIN KRIEGST DU'S ZUM HALBEN PREIS!

[1] DISCOUNT STORE GON QUIJOTE [2] BILLIGER [3] 99 YEN

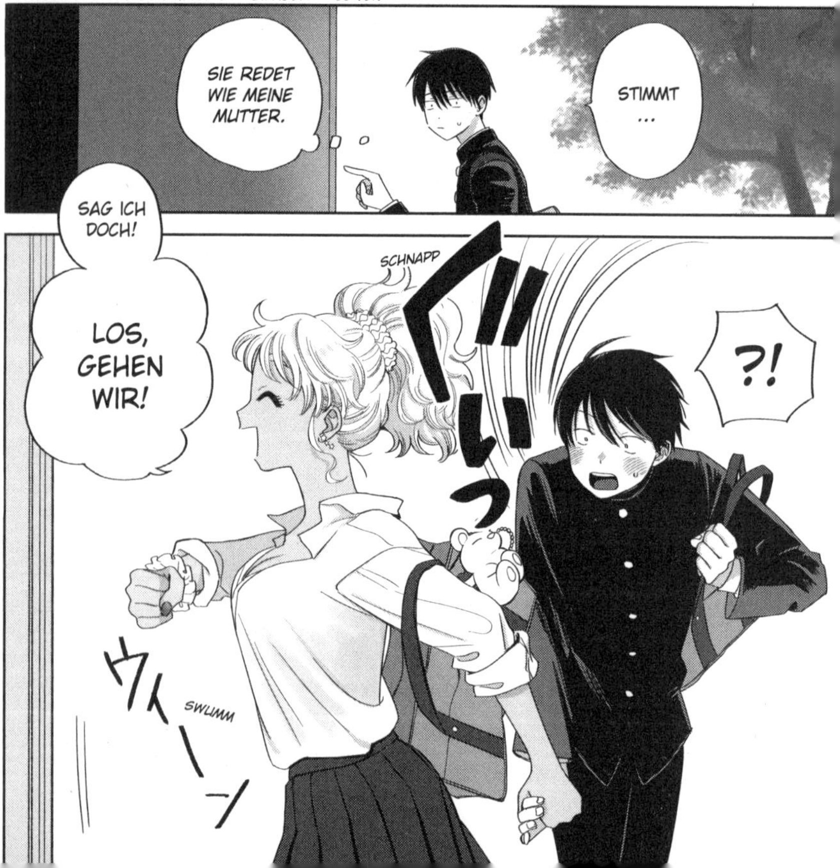

STIMMT ...

SIE REDET WIE MEINE MUTTER.

?!

SAG ICH DOCH!

LOS, GEHEN WIR!

ぐいっ

SCHNAPP

ウィーン

SWUMM

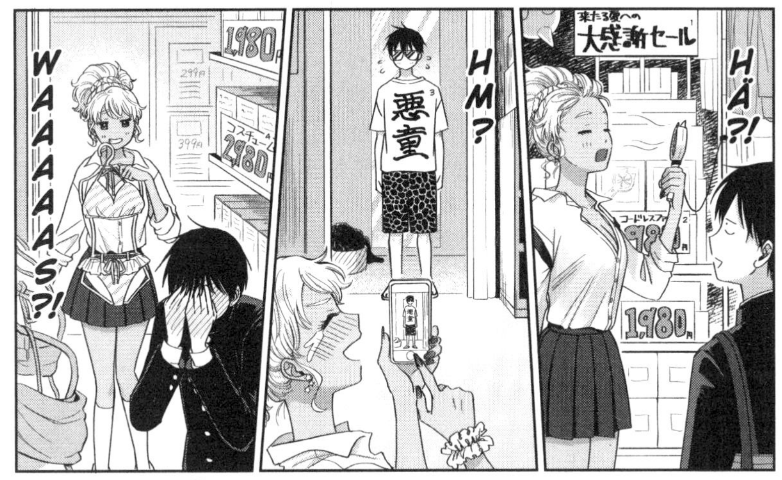

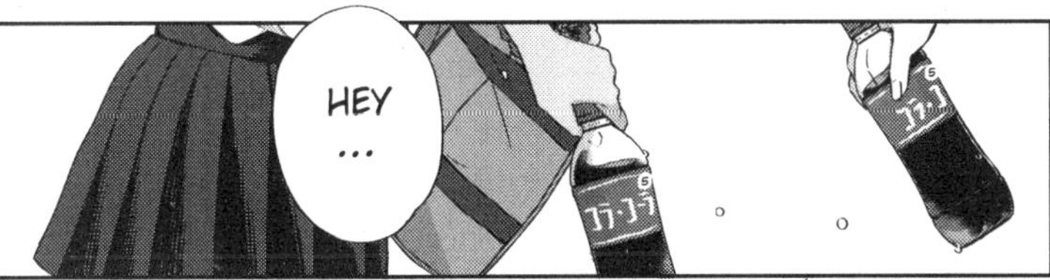

[1] AUSVERKAUF
[2] WIRELESS
[3] BAD KID
[4] KOSTÜME
[5] COLA

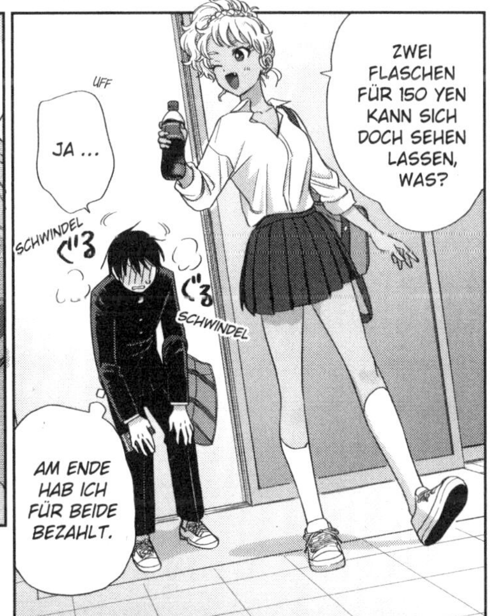

AH!
HEY, MAYU?
BIST DU FERTIG MIT PUTZEN?
OKAY!
ICH BIN SCHON AUF DEM WEG ZUM KARAOKE.
SIE HAT BLOSS AUF IHRE FREUNDIN GEWARTET …

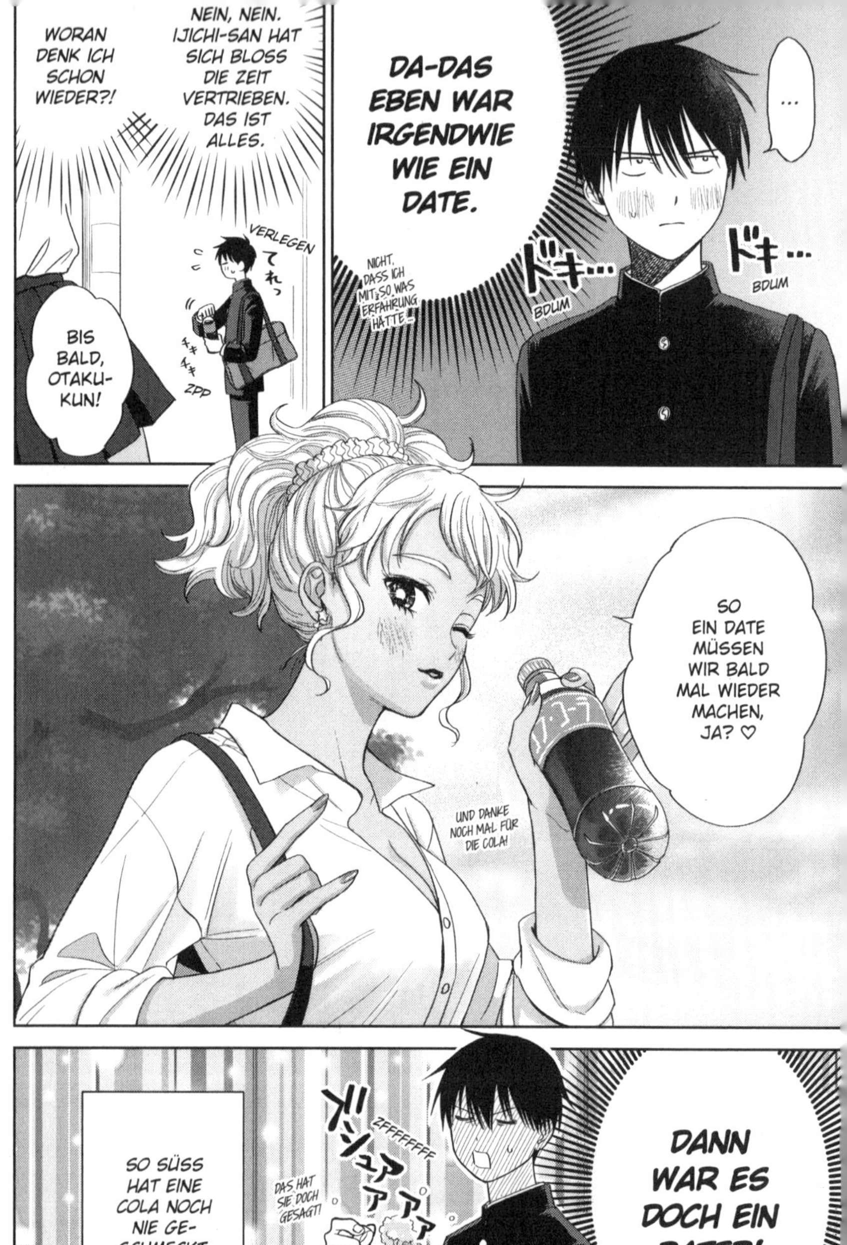
…
DA-DAS EBEN WAR IRGENDWIE WIE EIN DATE.
NICHT, DASS ICH MIT SO WAS ERFAHRUNG HÄTTE …
ドキ… BDUM
ドキ… BDUM
NEIN, NEIN. IJICHI-SAN HAT SICH BLOSS DIE ZEIT VERTRIEBEN. DAS IST ALLES.
WORAN DENK ICH SCHON WIEDER?!
てれっ VERLEGEN
チキ チキ ZPP
BIS BALD, OTAKU-KUN!
SO EIN DATE MÜSSEN WIR BALD MAL WIEDER MACHEN, JA? ♡
UND DANKE NOCH MAL FÜR DIE COLA!
DANN WAR ES DOCH EIN DATE?!
ドシュアアア ZFFFFFFFF
DAS HAT SIE DOCH GESAGT!
SO SÜSS HAT EINE COLA NOCH NIE GE-SCHMECKT.
#13 ENDE

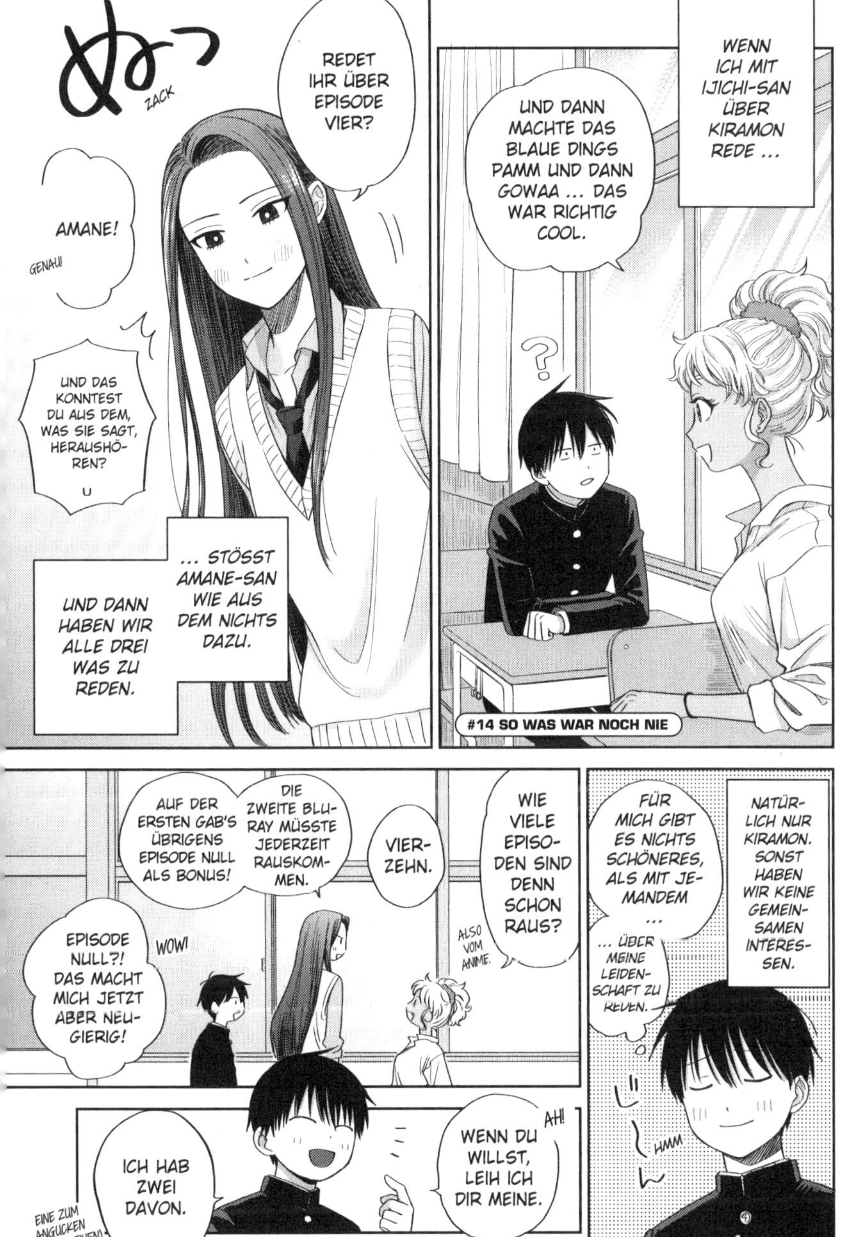

WENN ICH MIT IJICHI-SAN ÜBER KIRAMON REDE …
UND DANN MACHTE DAS BLAUE DINGS PAMM UND DANN GOWAA … DAS WAR RICHTIG COOL.
#14 SO WAS WAR NOCH NIE
ZACK
REDET IHR ÜBER EPISODE VIER?
AMANE!
GENAU!
UND DAS KONNTEST DU AUS DEM, WAS SIE SAGT, HERAUSHÖREN?
… STÖSST AMANE-SAN WIE AUS DEM NICHTS DAZU.
UND DANN HABEN WIR ALLE DREI WAS ZU REDEN.
NATÜRLICH NUR KIRAMON. SONST HABEN WIR KEINE GEMEINSAMEN INTERESSEN.
FÜR MICH GIBT ES NICHTS SCHÖNERES, ALS MIT JEMANDEM …
… ÜBER MEINE LEIDENSCHAFT ZU REDEN.
HMM
WIE VIELE EPISODEN SIND DENN SCHON RAUS?
ALSO VOM ANIME.
VIERZEHN.
DIE ZWEITE BLURAY MÜSSTE JEDERZEIT RAUSKOMMEN.
AUF DER ERSTEN GAB'S ÜBRIGENS EPISODE NULL ALS BONUS!
EPISODE NULL?! DAS MACHT MICH JETZT ABER NEUGIERIG!
WOW!
AH!
WENN DU WILLST, LEIH ICH DIR MEINE.
ICH HAB ZWEI DAVON.
EINE ZUM ANGUCKEN (UND VERLEIHEN) UND DIE ANDERE ZUM AUFHEBEN!

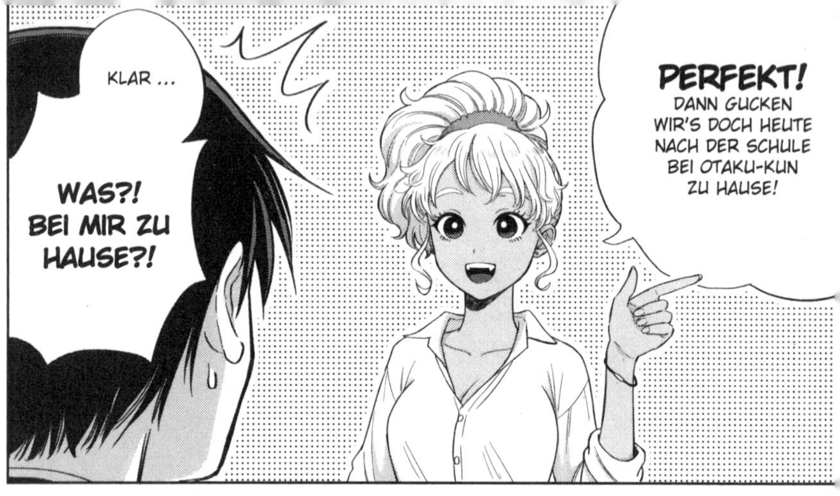

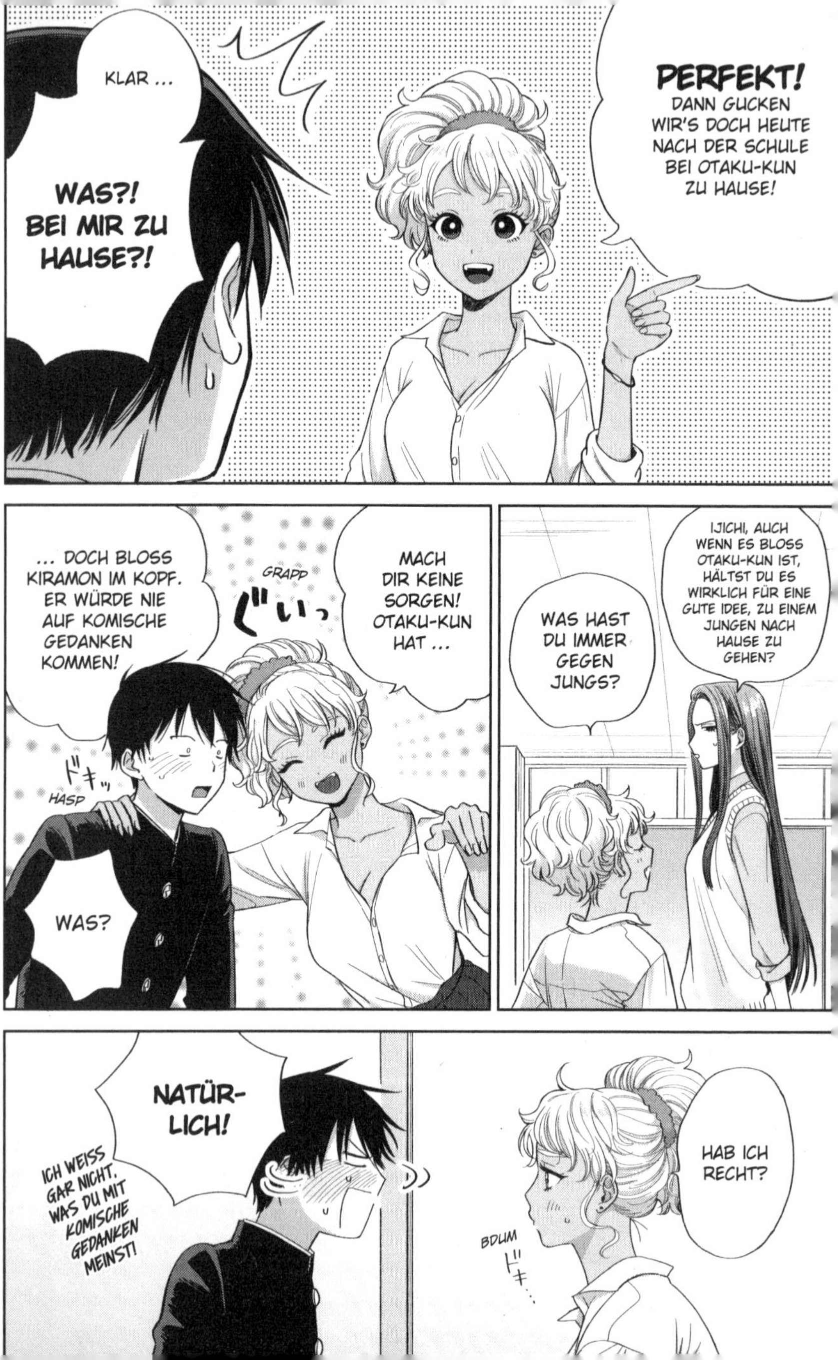

IJICHI, AUCH WENN ES BLOSS OTAKU-KUN IST, HÄLTST DU ES WIRKLICH FÜR EINE GUTE IDEE, ZU EINEM JUNGEN NACH HAUSE ZU GEHEN?

WAS HAST DU IMMER GEGEN JUNGS?

MACH DIR KEINE SORGEN! OTAKU-KUN HAT ...

GRAPP ぐいっ

... DOCH BLOSS KIRAMON IM KOPF. ER WÜRDE NIE AUF KOMISCHE GEDANKEN KOMMEN!

ドキッ HASP

WAS?

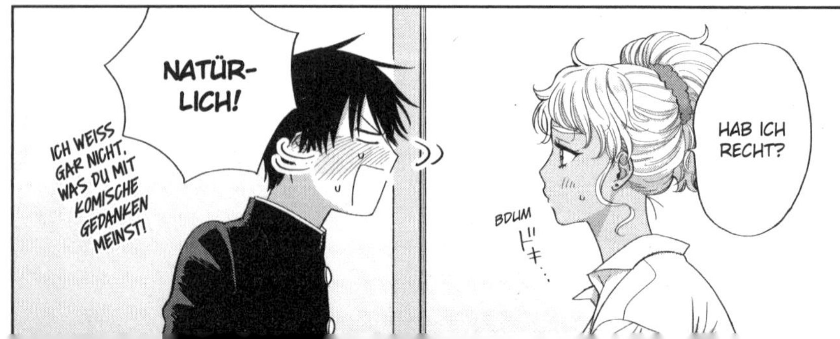

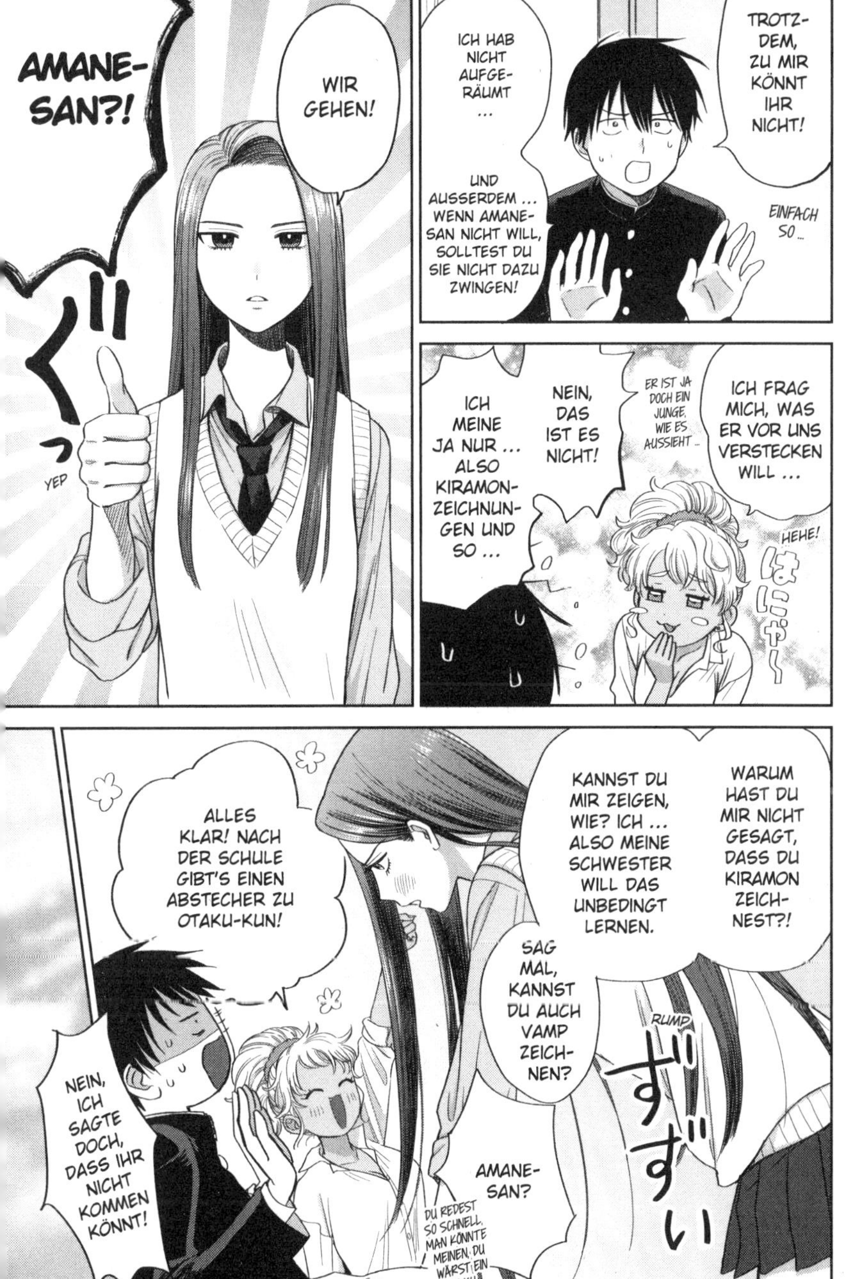

TROTZDEM, ZU MIR KÖNNT IHR NICHT!
EINFACH SO …
ICH HAB NICHT AUFGERÄUMT …
UND AUSSERDEM … WENN AMANE-SAN NICHT WILL, SOLLTEST DU SIE NICHT DAZU ZWINGEN!
WIR GEHEN!
AMANE-SAN?!
YEP
ICH FRAG MICH, WAS ER VOR UNS VERSTECKEN WILL …
HEHE!
ER IST JA DOCH EIN JUNGE, WIE ES AUSSIEHT …
NEIN, DAS IST ES NICHT!
ICH MEINE JA NUR … ALSO KIRAMON-ZEICHNUNGEN UND SO …
WARUM HAST DU MIR NICHT GESAGT, DASS DU KIRAMON ZEICHNEST?!
KANNST DU MIR ZEIGEN, WIE? ICH … ALSO MEINE SCHWESTER WILL DAS UNBEDINGT LERNEN.
SAG MAL, KANNST DU AUCH VAMP ZEICHNEN?
RUMP
AMANE-SAN?
DU REDEST SO SCHNELL, MAN KÖNNTE MEINEN, DU WÄRST EIN OTAKU …!
ALLES KLAR! NACH DER SCHULE GIBT'S EINEN ABSTECHER ZU OTAKU-KUN!
NEIN, ICH SAGTE DOCH, DASS IHR NICHT KOMMEN KÖNNT!

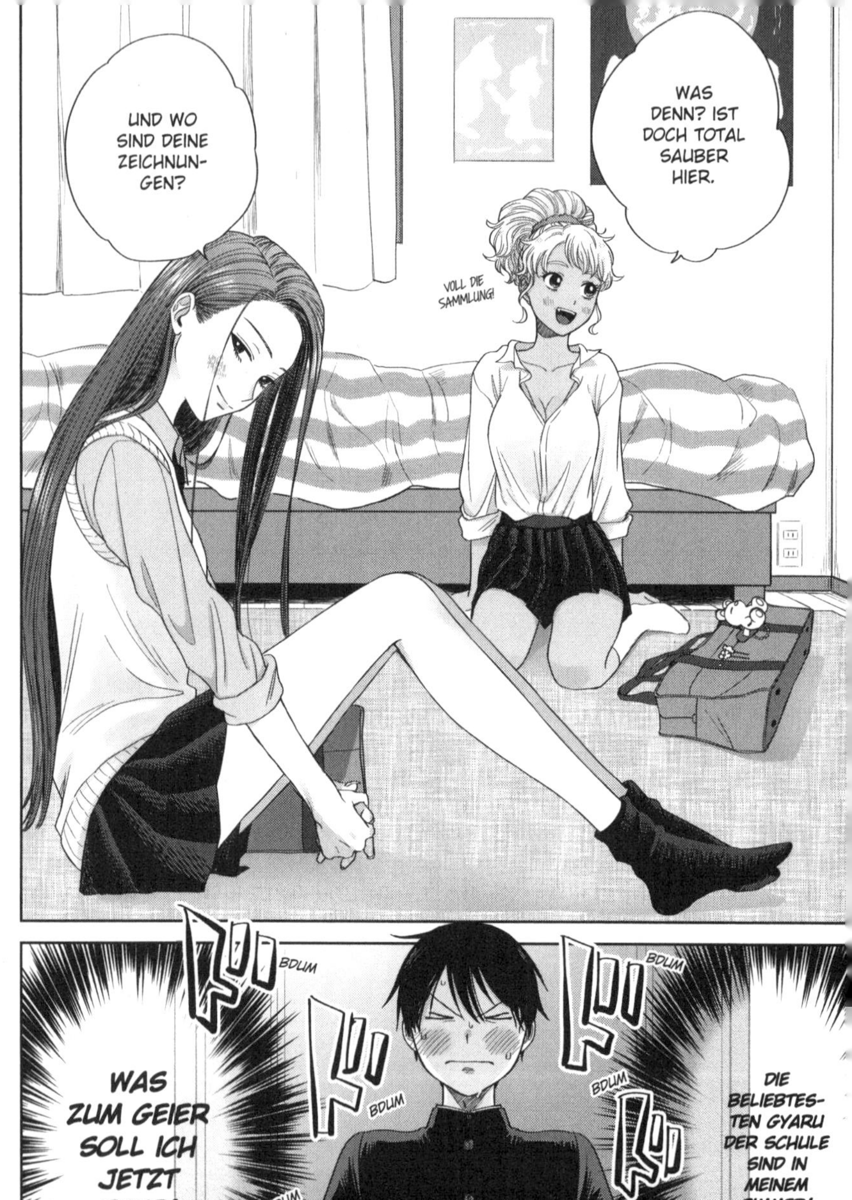
WAS DENN? IST DOCH TOTAL SAUBER HIER.
VOLL DIE SAMMLUNG!
UND WO SIND DEINE ZEICHNUN-GEN?
BDUM
BDUM
BDUM
BDUM
BDUM
BDUM
DIE BELIEBTES-TEN GYARU DER SCHULE SIND IN MEINEM ZIMMER!
WAS ZUM GEIER SOLL ICH JETZT TUN?!
#14 ENDE

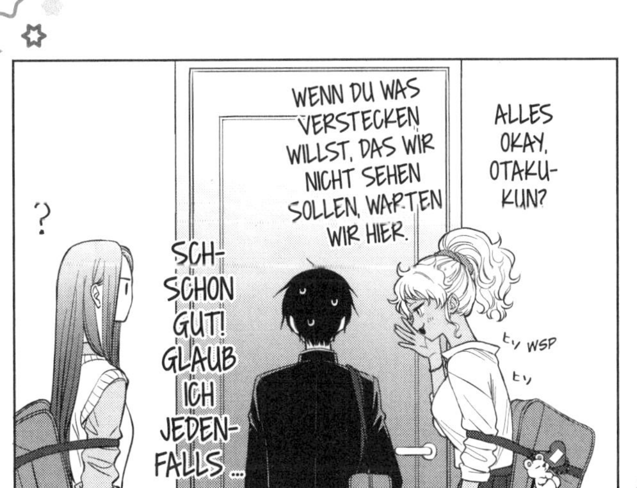
ALLES OKAY, OTAKU-KUN?
WENN DU WAS VERSTECKEN WILLST, DAS WIR NICHT SEHEN SOLLEN, WARTEN WIR HIER.
ヒソ WSP
ヒソ
SCH-SCHON GUT! GLAUB ICH JEDENFALLS …
?

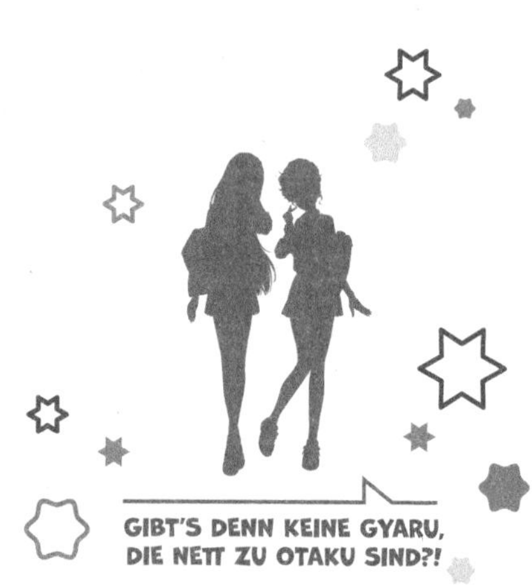
GIBT'S DENN KEINE GYARU,
DIE NETT ZU OTAKU SIND?!

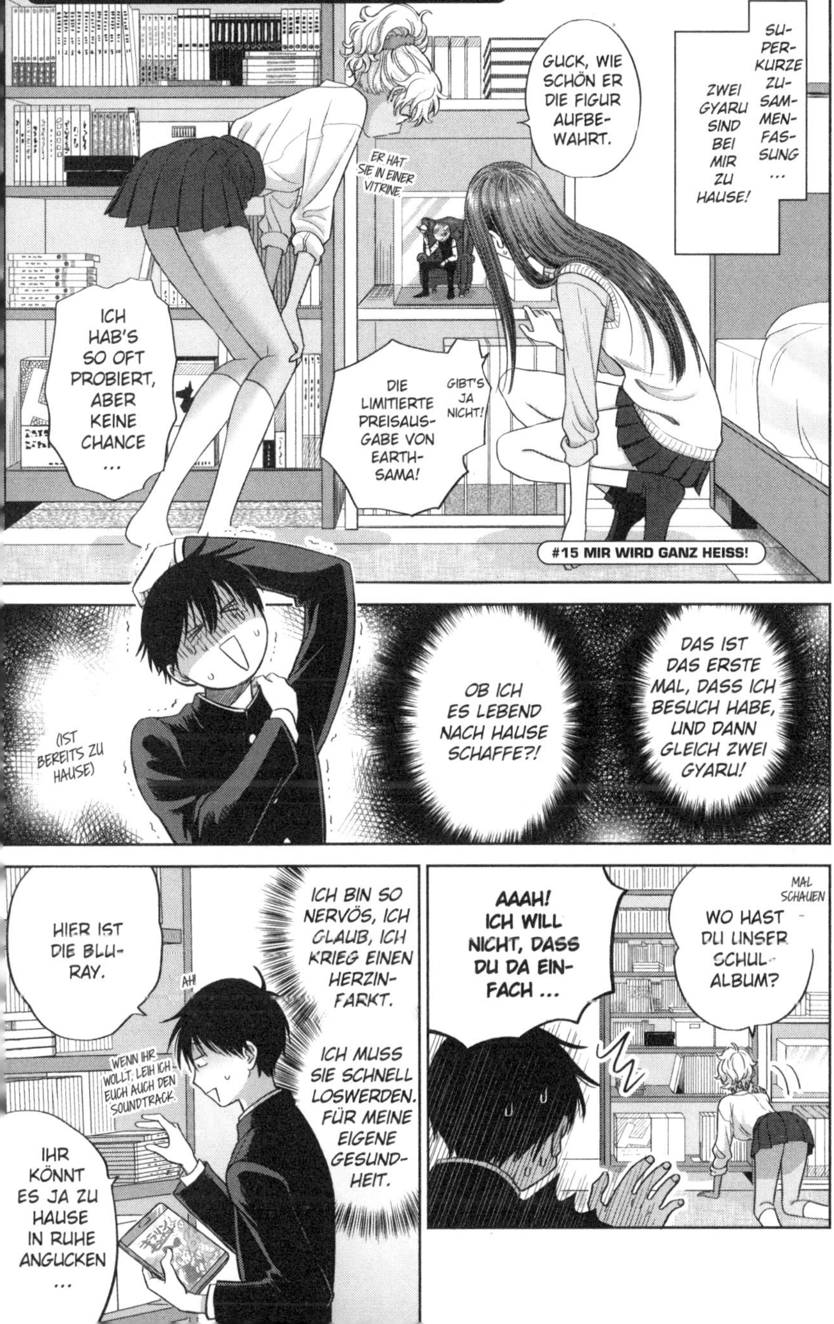

SUPERKURZE ZUSAMMENFASSUNG …
ZWEI GYARU SIND BEI MIR ZU HAUSE!
GUCK, WIE SCHÖN ER DIE FIGUR AUFBEWAHRT.
ER HAT SIE IN EINER VITRINE
GIBT'S JA NICHT!
DIE LIMITIERTE PREISAUSGABE VON EARTH-SAMA!
ICH HAB'S SO OFT PROBIERT, ABER KEINE CHANCE …

#15 MIR WIRD GANZ HEISS!

DAS IST DAS ERSTE MAL, DASS ICH BESUCH HABE, UND DANN GLEICH ZWEI GYARU!
OB ICH ES LEBEND NACH HAUSE SCHAFFE?!
(IST BEREITS ZU HAUSE)

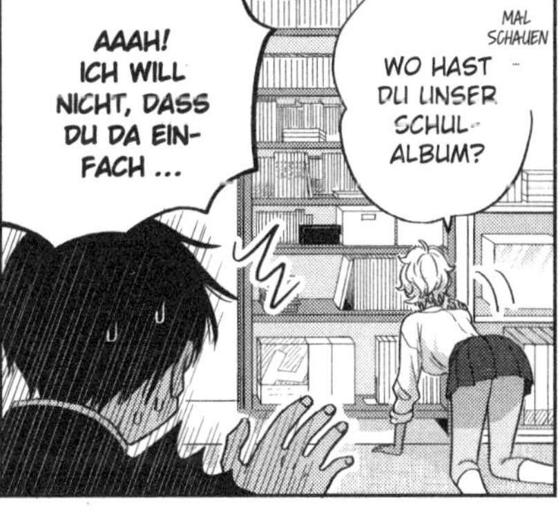

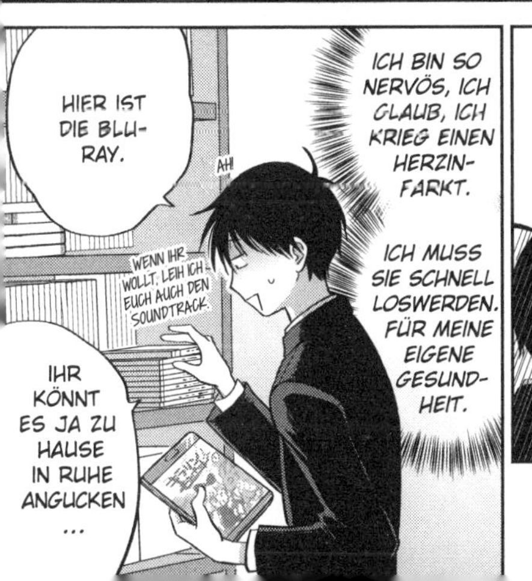

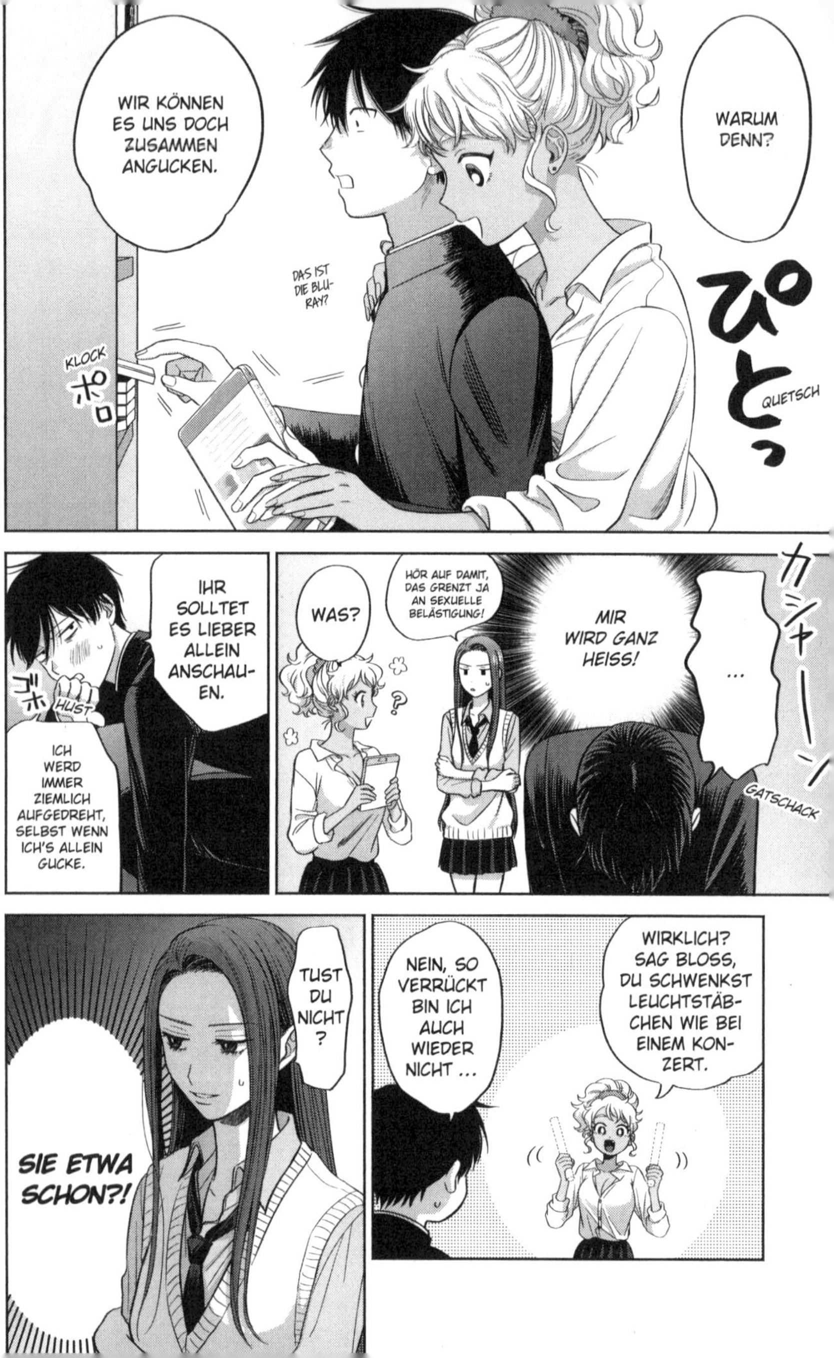

WARUM DENN?
ぴとっ
QUETSCH
WIR KÖNNEN ES UNS DOCH ZUSAMMEN ANGUCKEN.
DAS IST DIE BLU-RAY?
ポロ
KLOCK

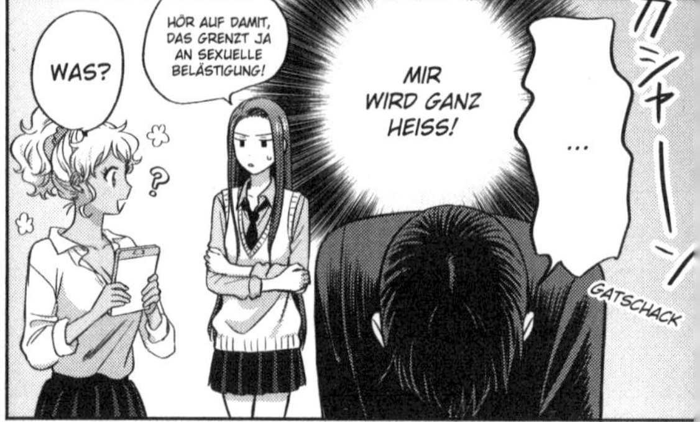

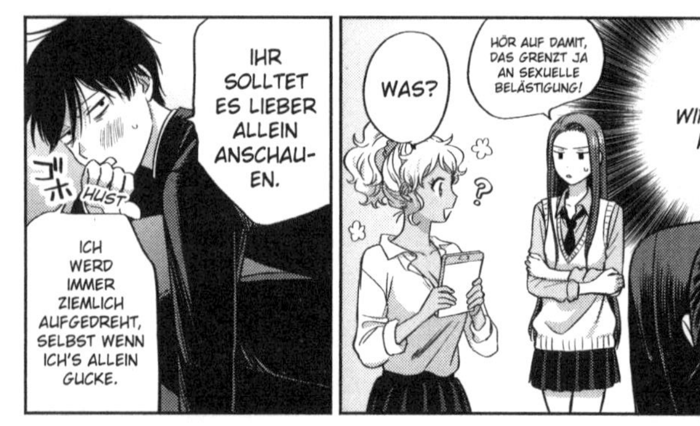

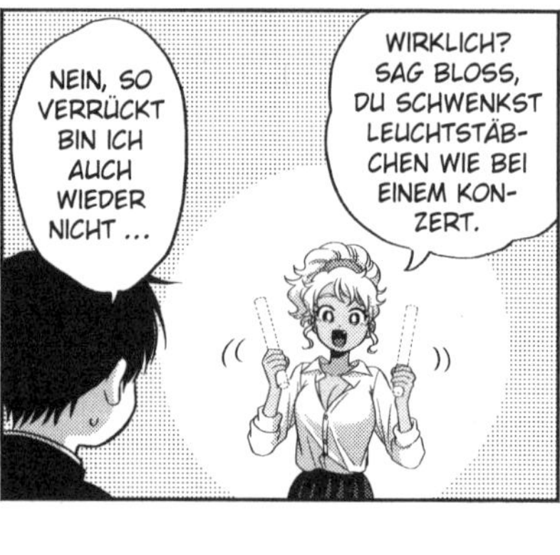

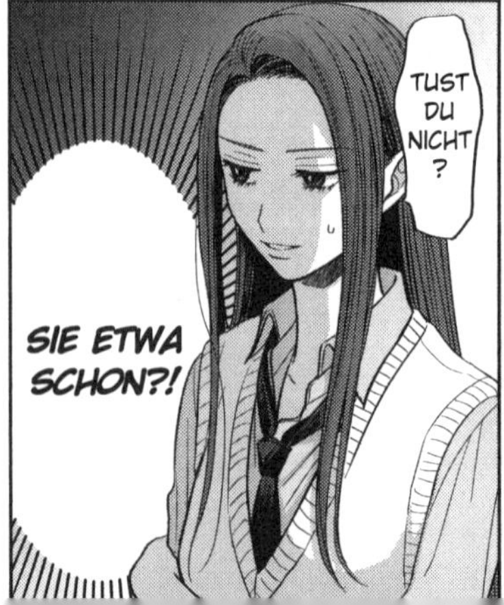

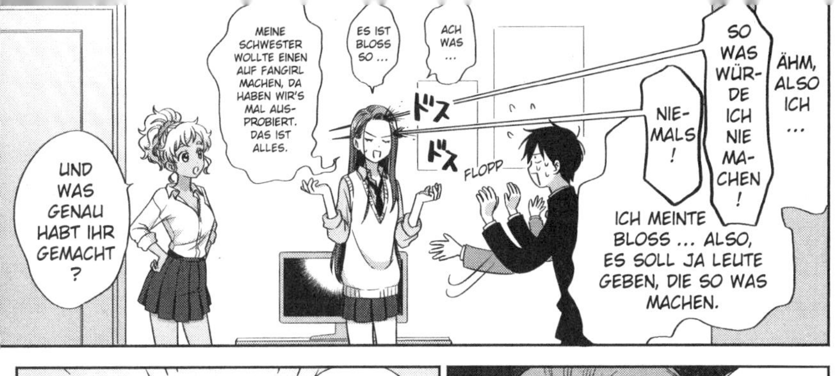
ÄHM, ALSO ICH …
SO WAS WÜRDE ICH NIE MACHEN!
NIEMALS!
ICH MEINTE BLOSS … ALSO, ES SOLL JA LEUTE GEBEN, DIE SO WAS MACHEN.
ドス
ドス
FLOPP
ACH WAS …
ES IST BLOSS SO …
MEINE SCHWESTER WOLLTE EINEN AUF FANGIRL MACHEN, DA HABEN WIR'S MAL AUSPROBIERT. DAS IST ALLES.
UND WAS GENAU HABT IHR GEMACHT?

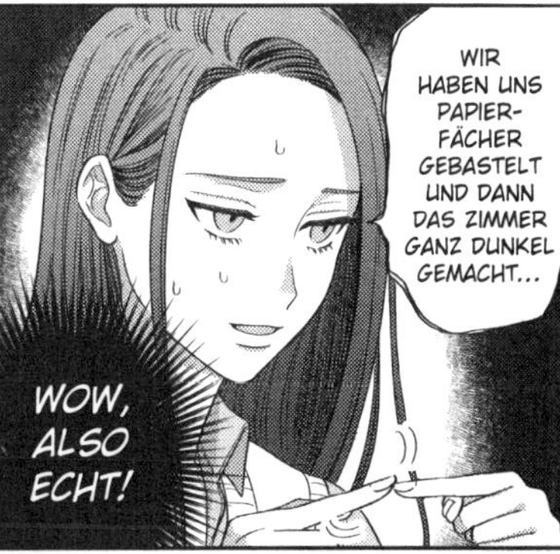
WIR HABEN UNS PAPIERFÄCHER GEBASTELT UND DANN DAS ZIMMER GANZ DUNKEL GEMACHT…
WOW, ALSO ECHT!

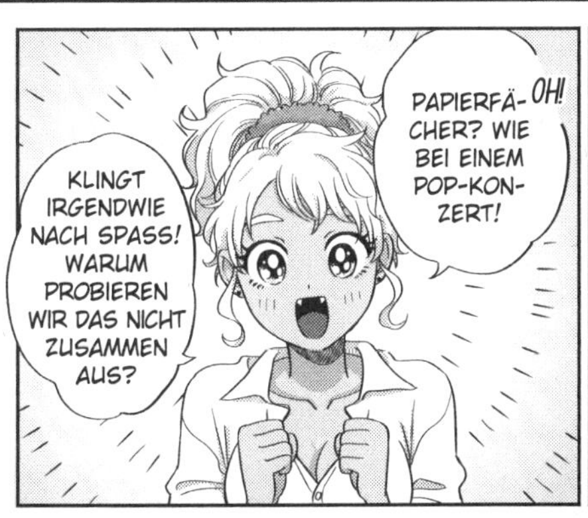
OH!
PAPIERFÄCHER? WIE BEI EINEM POP-KONZERT!
KLINGT IRGENDWIE NACH SPASS! WARUM PROBIEREN WIR DAS NICHT ZUSAMMEN AUS?

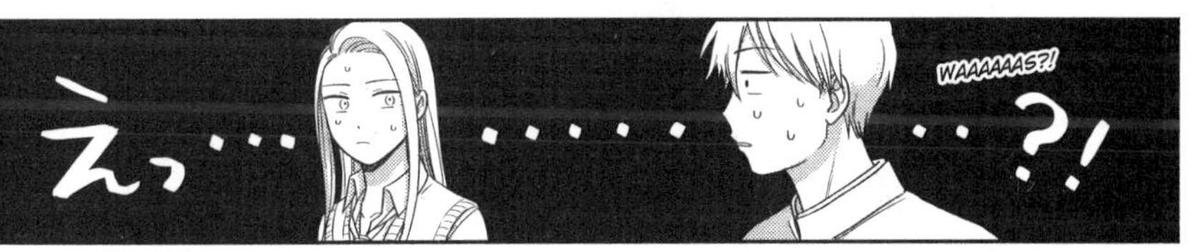
WAAAAAAS?!
えっ……
……?!

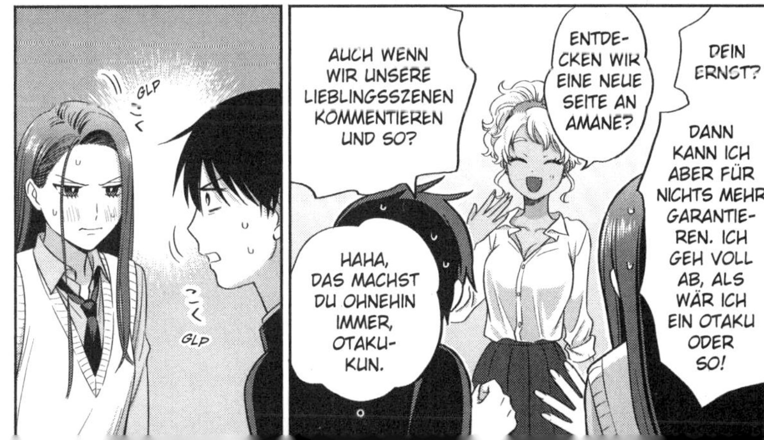
DEIN ERNST?
DANN KANN ICH ABER FÜR NICHTS MEHR GARANTIEREN. ICH GEH VOLL AB, ALS WÄR ICH EIN OTAKU ODER SO!
ENTDECKEN WIR EINE NEUE SEITE AN AMANE?
AUCH WENN WIR UNSERE LIEBLINGSSZENEN KOMMENTIEREN UND SO?
HAHA, DAS MACHST DU OHNEHIN IMMER, OTAKU-KUN.
GLP
GLP

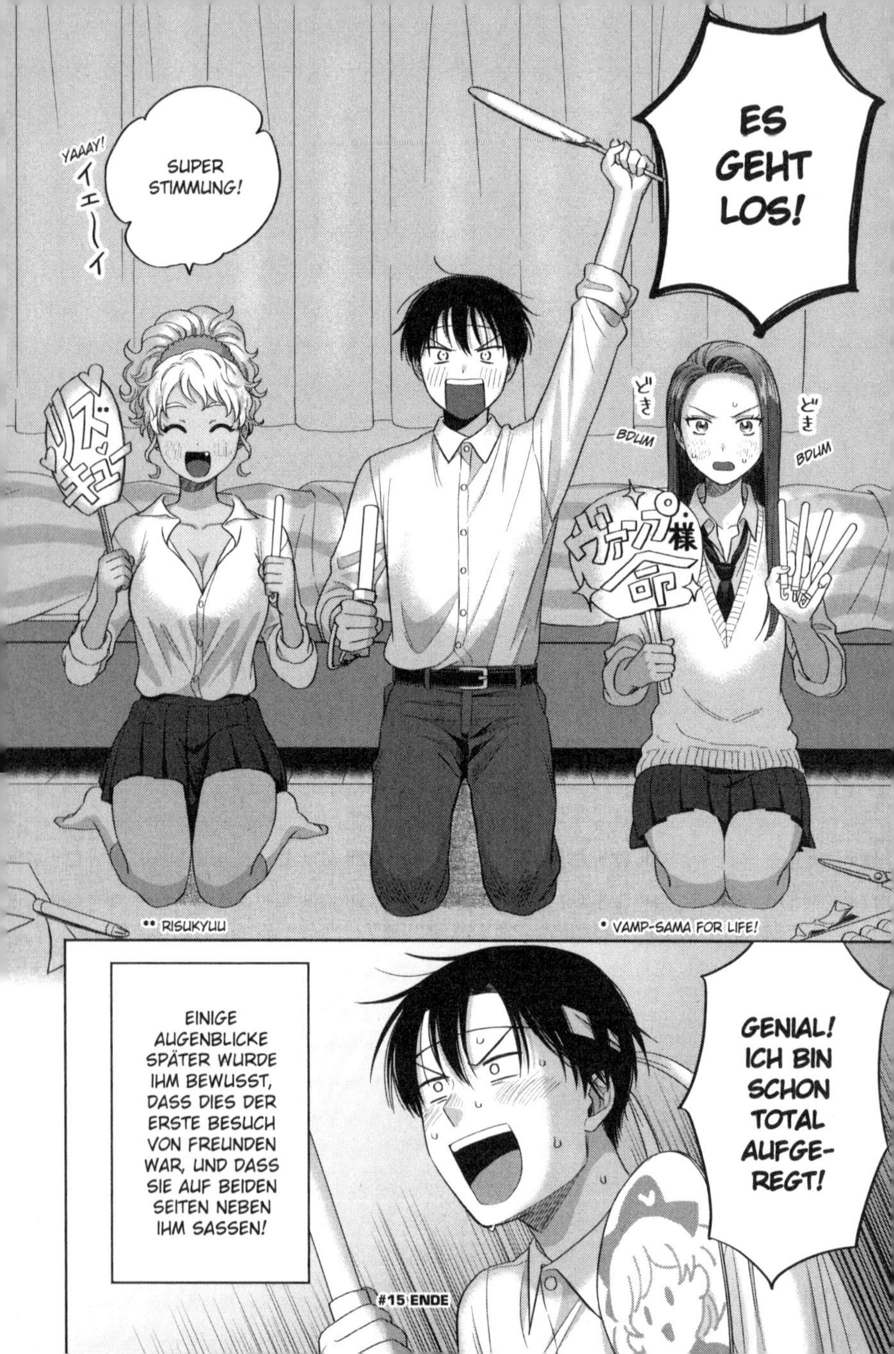
ES GEHT LOS!
YAAAY! イエーーイ
SUPER STIMMUNG!
どき BDUM
どき BDUM
ヴァンプ様命
リズキュー
* VAMP-SAMA FOR LIFE!
** RISUKYUU
GENIAL! ICH BIN SCHON TOTAL AUFGE-REGT!
EINIGE AUGENBLICKE SPÄTER WURDE IHM BEWUSST, DASS DIES DER ERSTE BESUCH VON FREUNDEN WAR, UND DASS SIE AUF BEIDEN SEITEN NEBEN IHM SASSEN!
#15 ENDE

#16 DOUBLE GET!

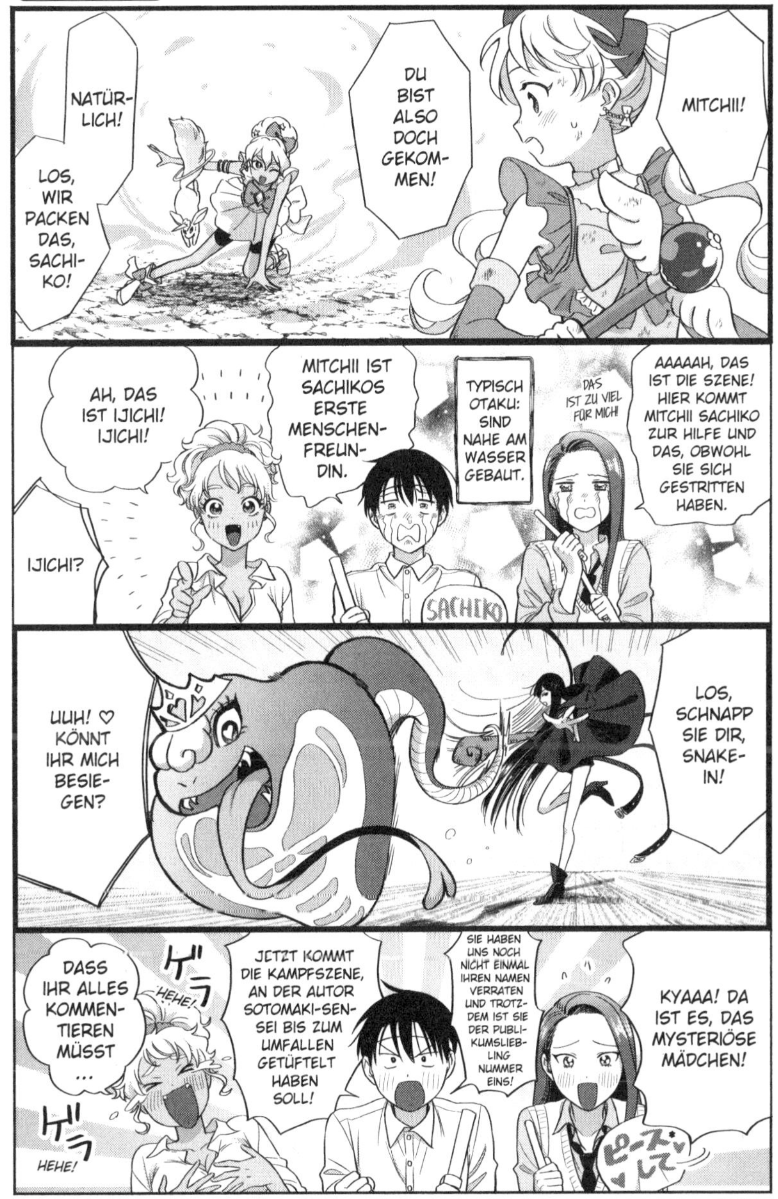

* PEACE

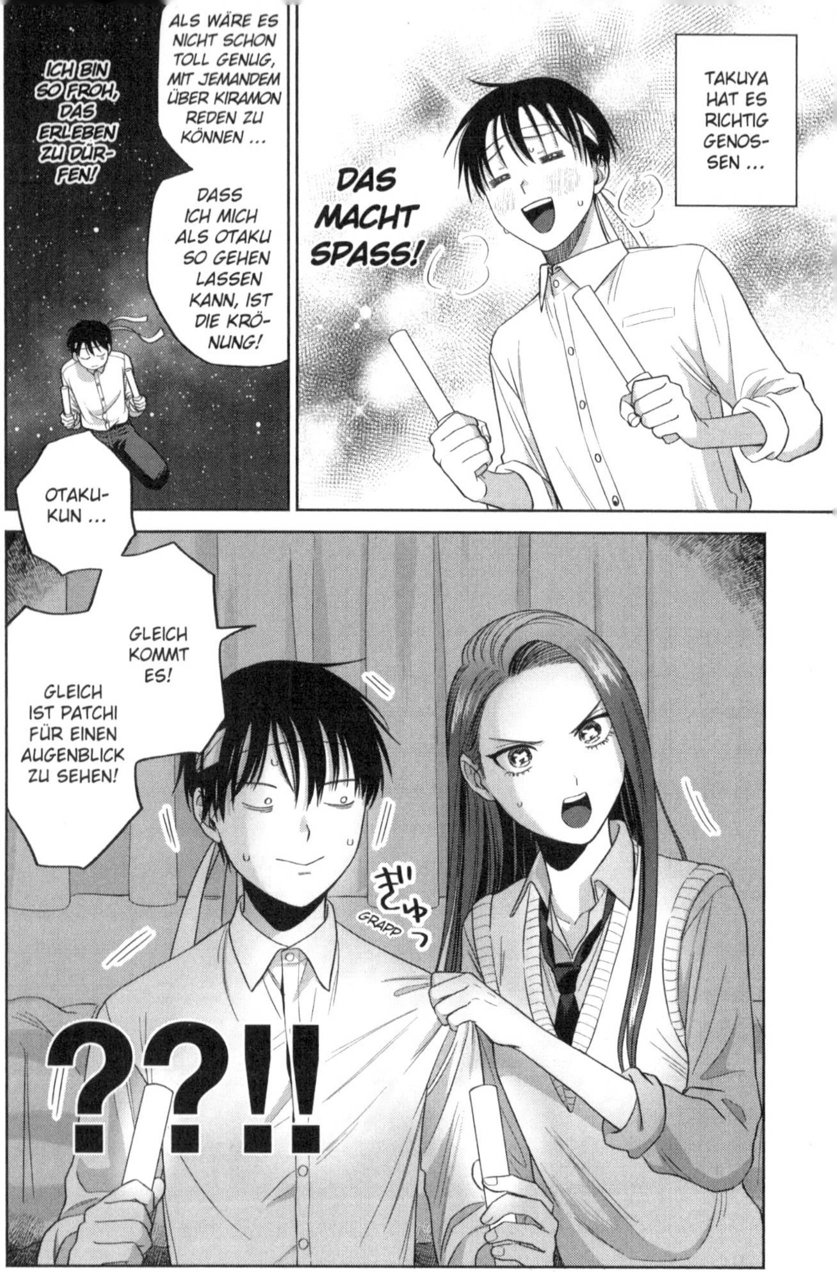

TAKUYA HAT ES RICHTIG GENOSSEN …

DAS MACHT SPASS!

ALS WÄRE ES NICHT SCHON TOLL GENUG, MIT JEMANDEM ÜBER KIRAMON REDEN ZU KÖNNEN …

DASS ICH MICH ALS OTAKU SO GEHEN LASSEN KANN, IST DIE KRÖNUNG!

ICH BIN SO FROH, DAS ERLEBEN ZU DÜRFEN!

OTAKU-KUN …

GLEICH KOMMT ES!

GLEICH IST PATCHI FÜR EINEN AUGENBLICK ZU SEHEN!

ぎゅっ

GRAPP

??!!

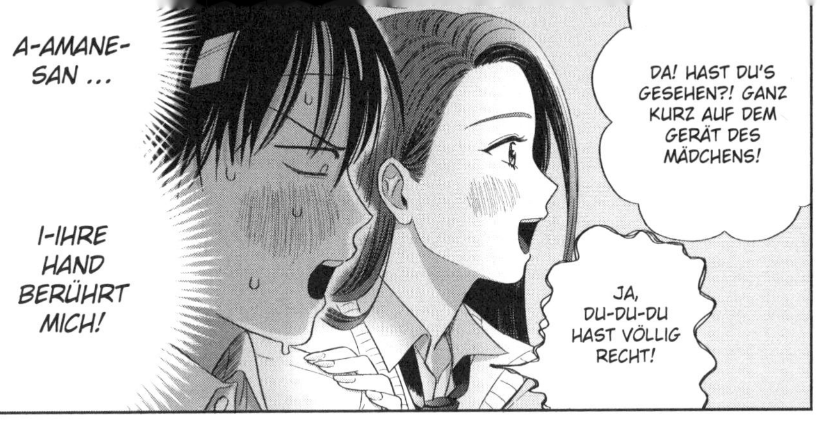
DA! HAST DU'S GESEHEN?! GANZ KURZ AUF DEM GERÄT DES MÄDCHENS!
JA, DU-DU-DU HAST VÖLLIG RECHT!
A-AMANE-SAN ...
I-IHRE HAND BERÜHRT MICH!

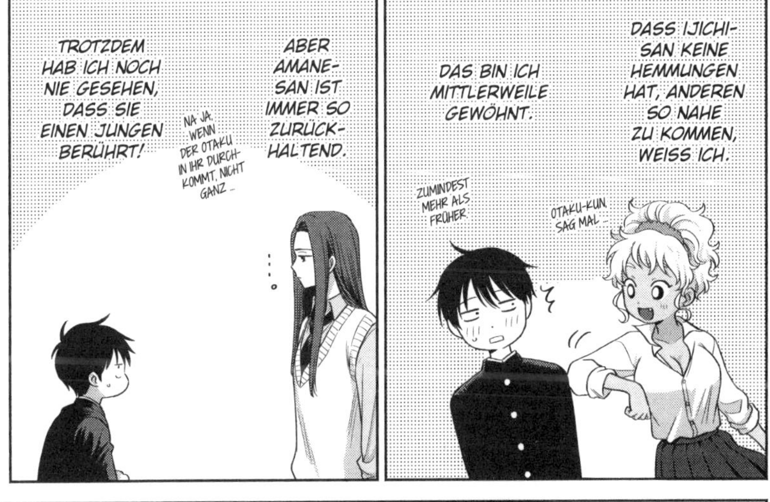
DASS IJICHI-SAN KEINE HEMMUNGEN HAT, ANDEREN SO NAHE ZU KOMMEN, WEISS ICH.
DAS BIN ICH MITTLERWEILE GEWÖHNT.
ZUMINDEST MEHR ALS FRÜHER
OTAKU-KUN, SAG MAL ...
ABER AMANE-SAN IST IMMER SO ZURÜCK-HALTEND.
TROTZDEM HAB ICH NOCH NIE GESEHEN, DASS SIE EINEN JUNGEN BERÜHRT!
NA JA, WENN DER OTAKU IN IHR DURCH-KOMMT, NICHT GANZ ...
...

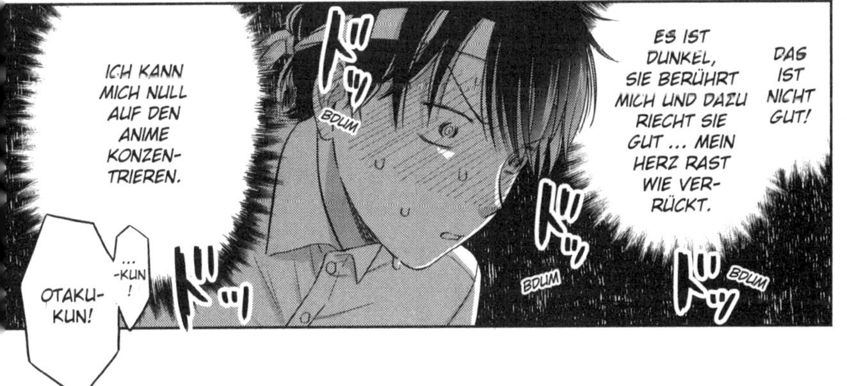
DAS IST NICHT GUT!
ES IST DUNKEL, SIE BERÜHRT MICH UND DAZU RIECHT SIE GUT ... MEIN HERZ RAST WIE VER-RÜCKT.
BDUM
BDUM
BDUM
ICH KANN MICH NULL AUF DEN ANIME KONZEN-TRIEREN.
... -KUN!
OTAKU-KUN!

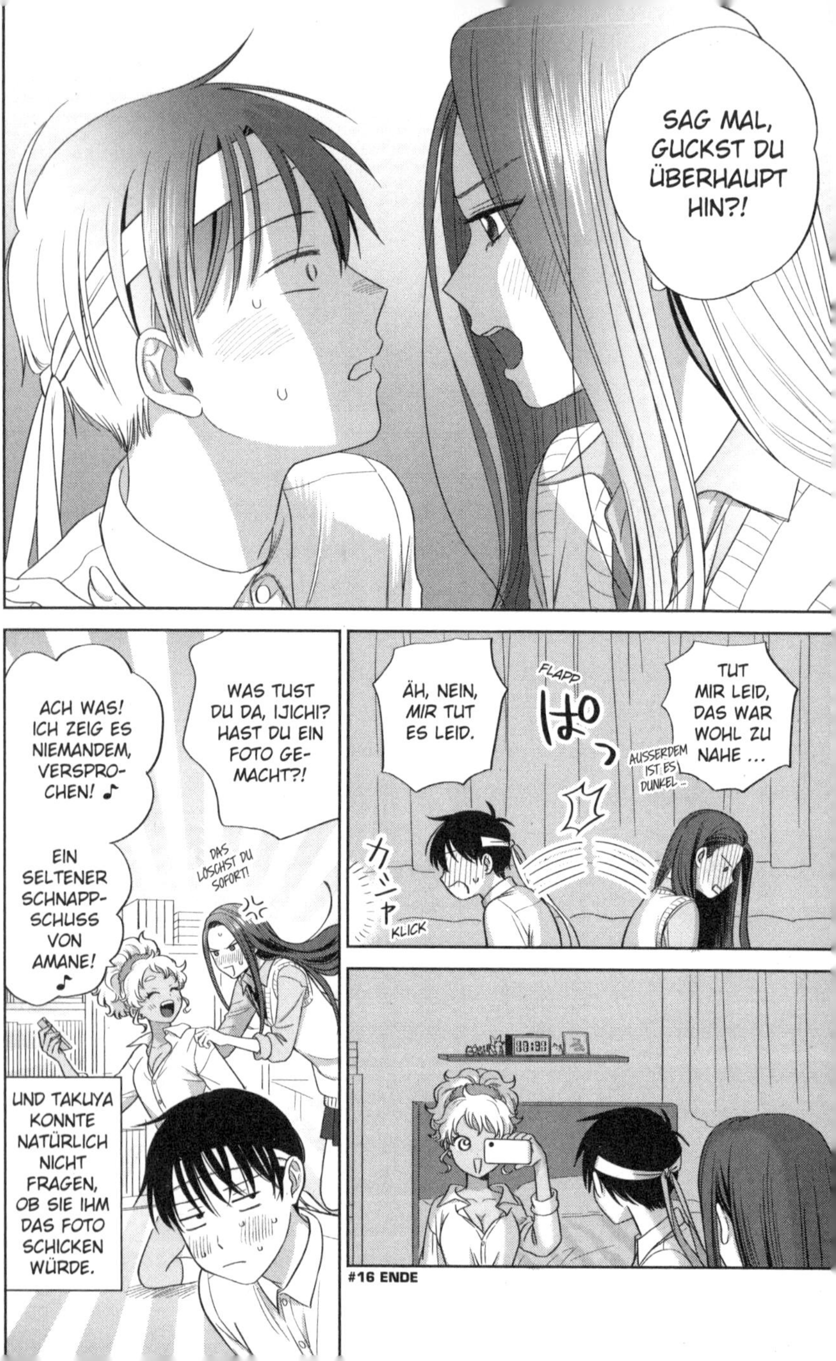

SAG MAL, GUCKST DU ÜBERHAUPT HIN?!

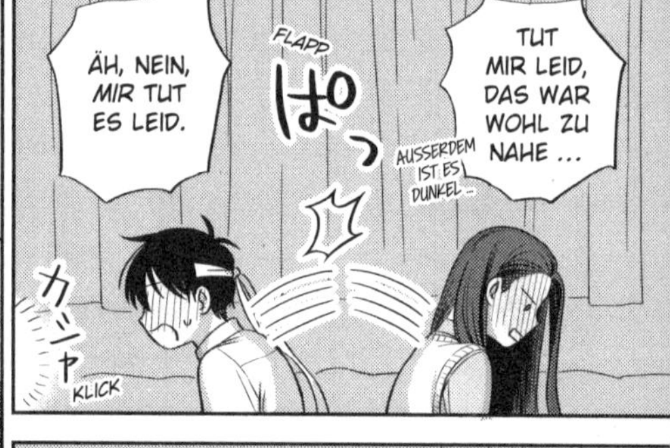

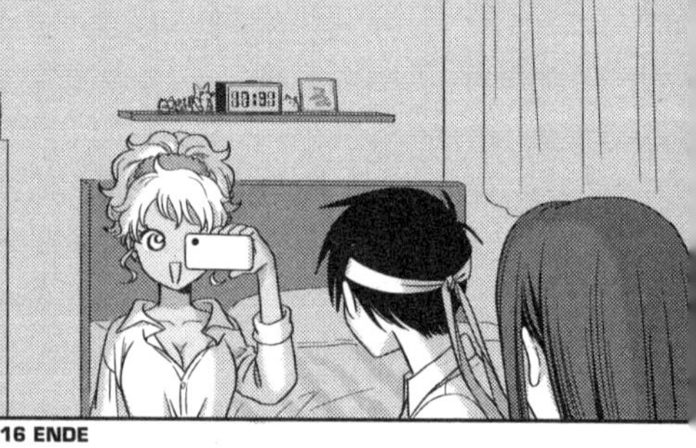

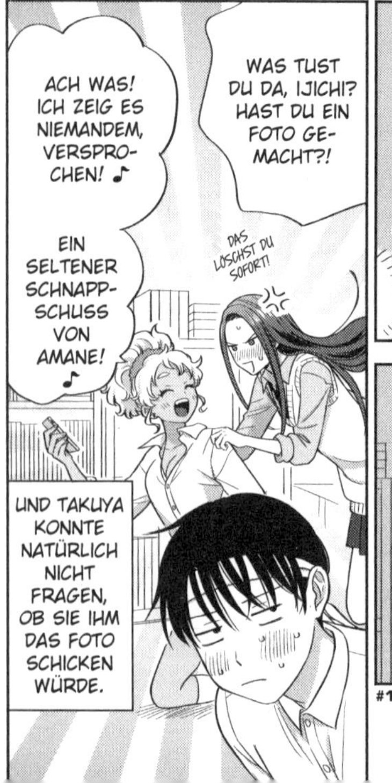

#16 ENDE

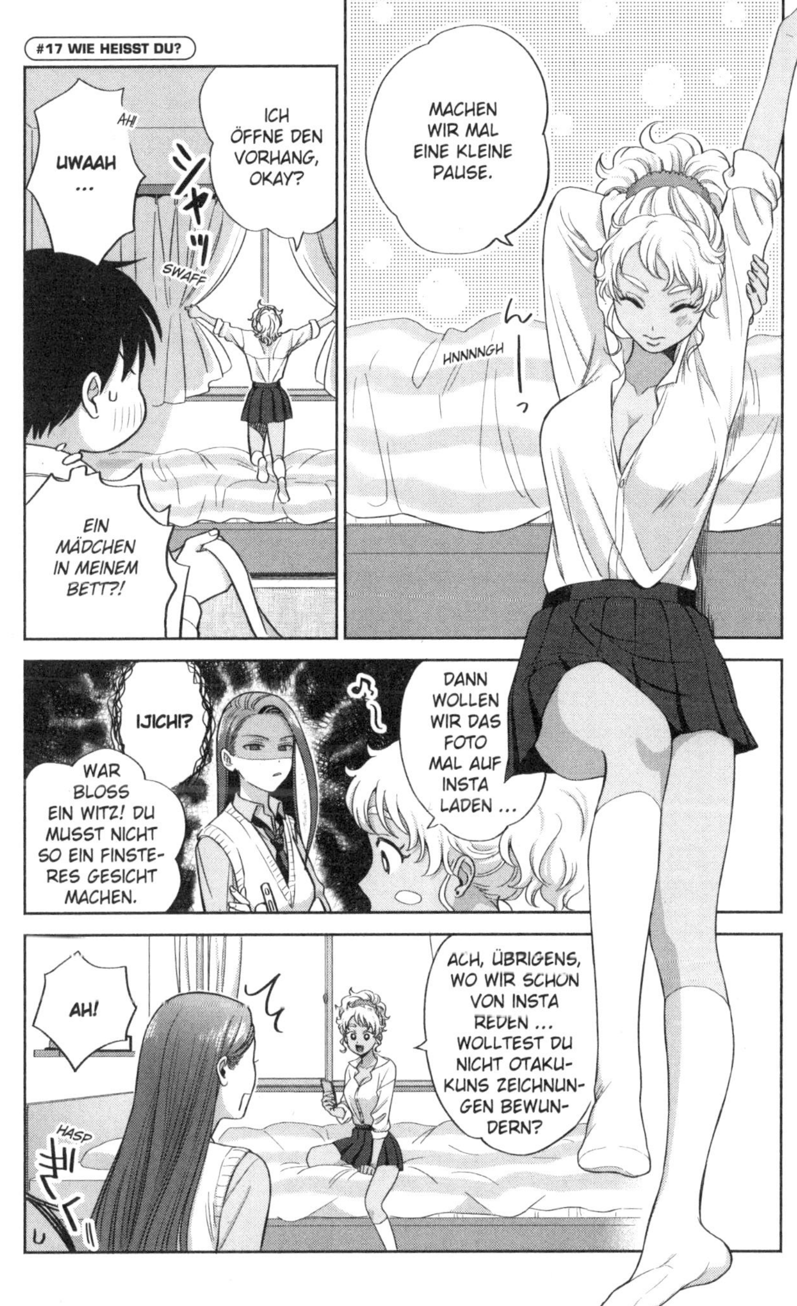
#17 WIE HEISST DU?
MACHEN WIR MAL EINE KLEINE PAUSE.
HNNNNGH
ICH ÖFFNE DEN VORHANG, OKAY?
SWAFF
AH!
UWAAH …
EIN MÄDCHEN IN MEINEM BETT?!
DANN WOLLEN WIR DAS FOTO MAL AUF INSTA LADEN …
IJICHI?
WAR BLOSS EIN WITZ! DU MUSST NICHT SO EIN FINSTERES GESICHT MACHEN.
ACH, ÜBRIGENS, WO WIR SCHON VON INSTA REDEN … WOLLTEST DU NICHT OTAKU-KUNS ZEICHNUNGEN BEWUNDERN?
AH!
HASP

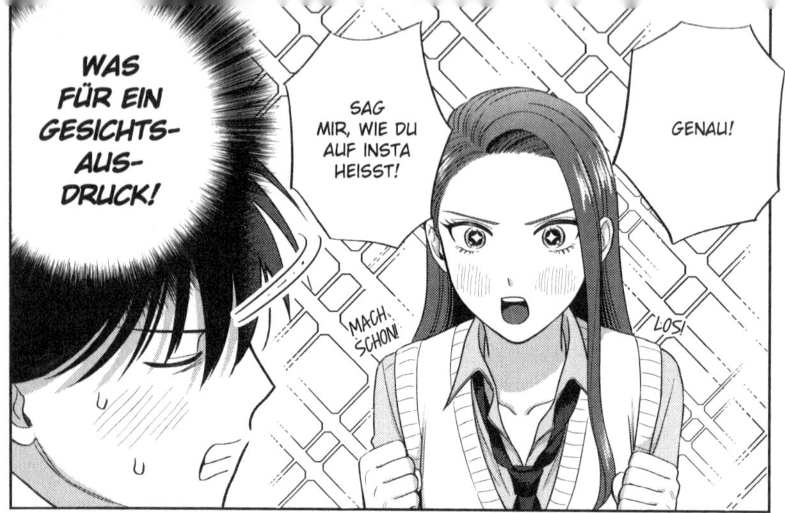
GENAU!
LOS!
SAG MIR, WIE DU AUF INSTA HEISST!
MACH SCHON!
WAS FÜR EIN GESICHTS-AUS-DRUCK!

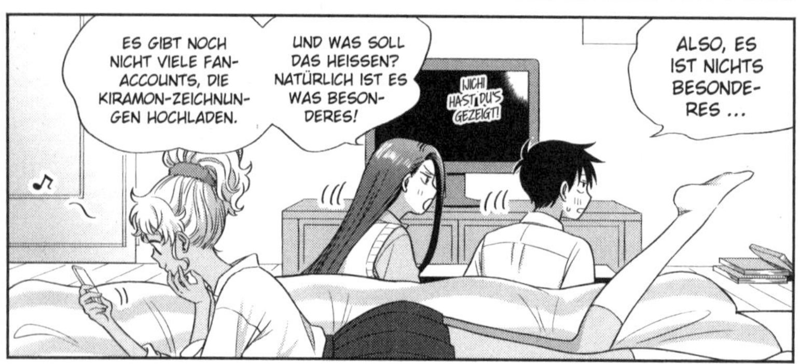
ALSO, ES IST NICHTS BESONDE-RES …
NICHI HAST DU'S GEZEIGT!
UND WAS SOLL DAS HEISSEN? NATÜRLICH IST ES WAS BESON-DERES!
ES GIBT NOCH NICHT VIELE FAN-ACCOUNTS, DIE KIRAMON-ZEICHNUN-GEN HOCHLADEN.

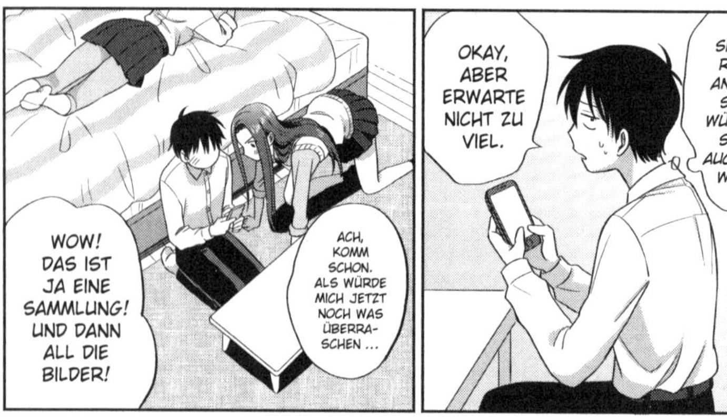
SIE HAT RECHT. AN IHRER STELLE WÜRDE ICH SO WAS AUCH SEHEN WOLLEN.
OKAY, ABER ERWARTE NICHT ZU VIEL.
ACH, KOMM SCHON. ALS WÜRDE MICH JETZT NOCH WAS ÜBERRA-SCHEN …
WOW! DAS IST JA EINE SAMMLUNG! UND DANN ALL DIE BILDER!

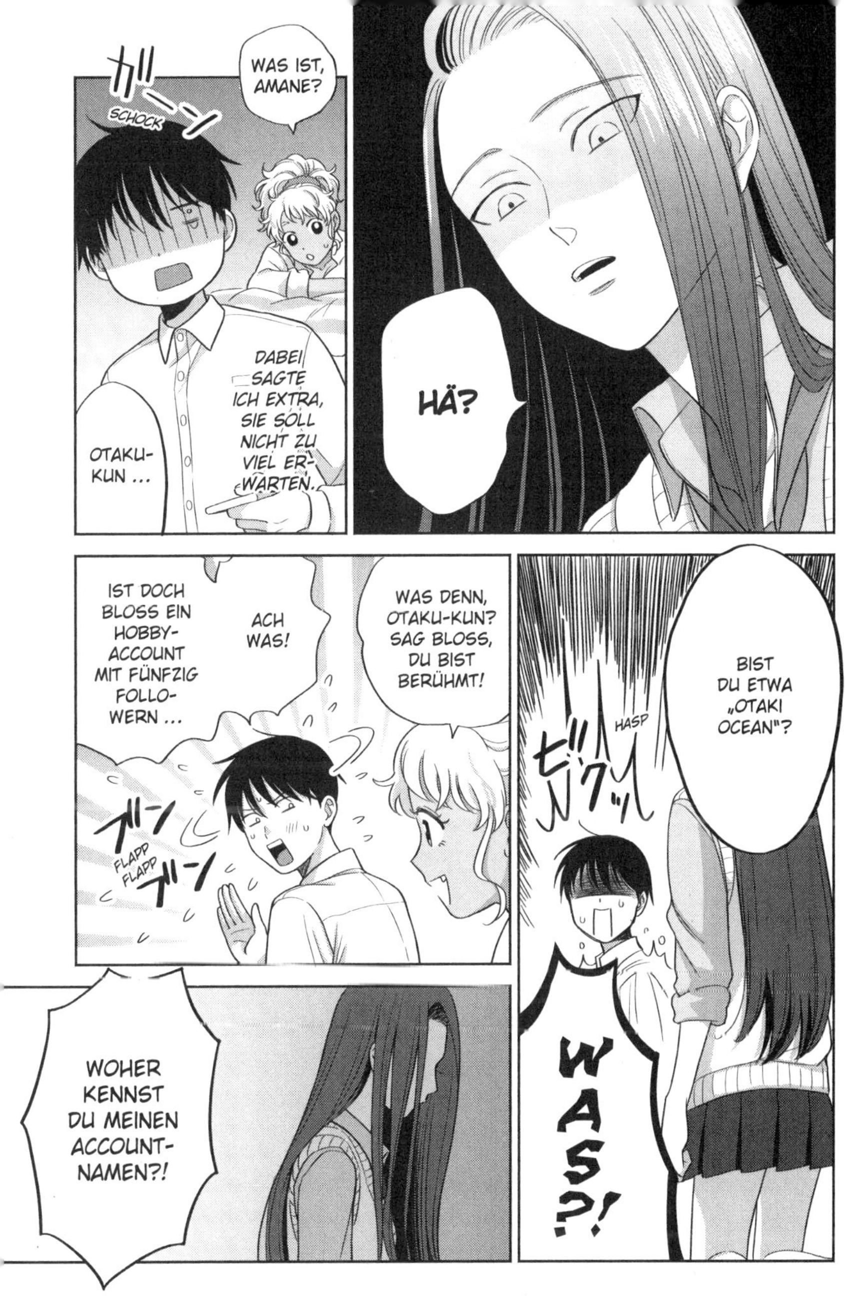

HÄ?

SCHOCK

WAS IST, AMANE?

DABEI SAGTE ICH EXTRA, SIE SOLL NICHT ZU VIEL ERWARTEN.

OTAKU-KUN …

BIST DU ETWA „OTAKI OCEAN"?

HASP

WAS?!

WAS DENN, OTAKU-KUN? SAG BLOSS, DU BIST BERÜHMT!

ACH WAS!

IST DOCH BLOSS EIN HOBBY-ACCOUNT MIT FÜNFZIG FOLLOWERN …

FLAPP FLAPP

WOHER KENNST DU MEINEN ACCOUNTNAMEN?!

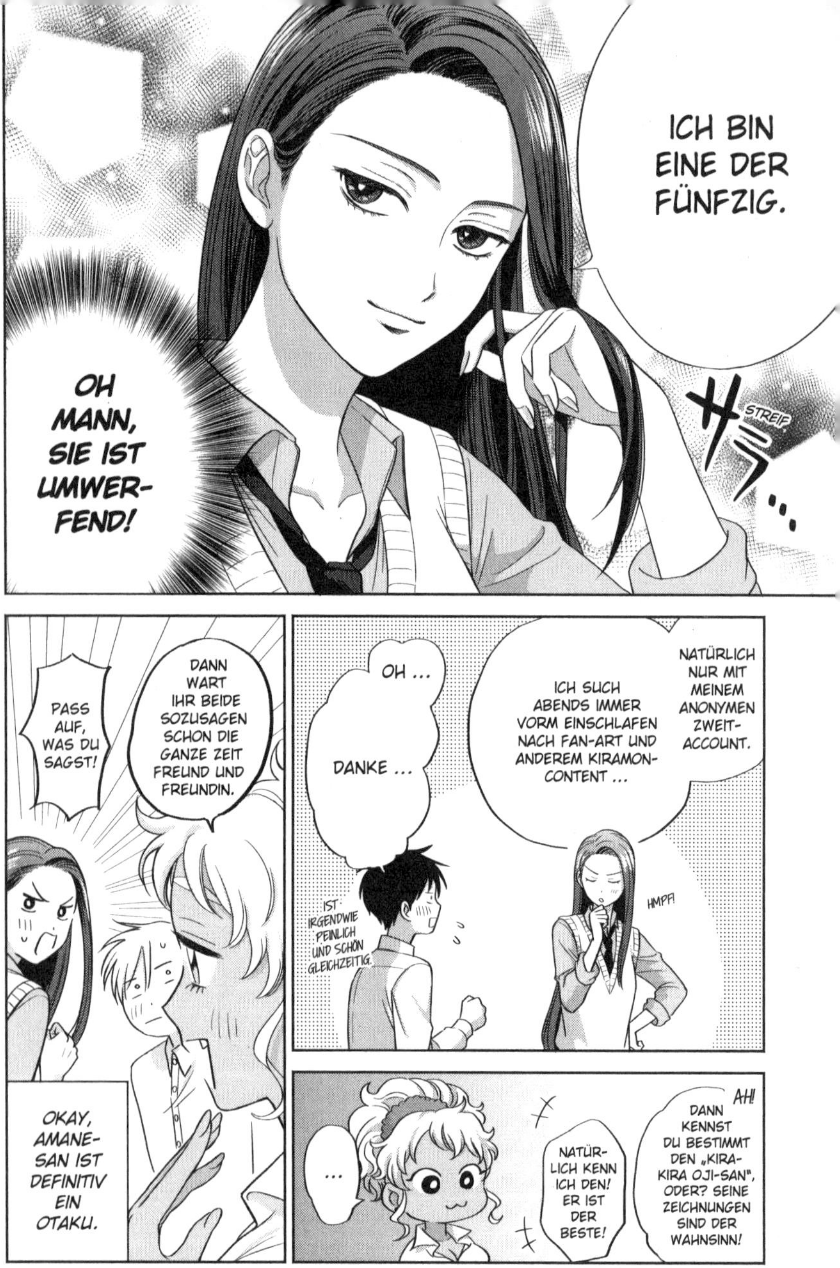

ICH BIN EINE DER FÜNFZIG.

STREIF

OH MANN, SIE IST UMWERFEND!

ICH SUCH ABENDS IMMER VORM EINSCHLAFEN NACH FAN-ART UND ANDEREM KIRAMON-CONTENT …

NATÜRLICH NUR MIT MEINEM ANONYMEN ZWEIT-ACCOUNT.

HMPF!

OH …

DANKE …

IST IRGENDWIE PEINLICH UND SCHÖN GLEICHZEITIG.

DANN WART IHR BEIDE SOZUSAGEN SCHON DIE GANZE ZEIT FREUND UND FREUNDIN.

PASS AUF, WAS DU SAGST!

AH! DANN KENNST DU BESTIMMT DEN „KIRA-KIRA OJI-SAN", ODER? SEINE ZEICHNUNGEN SIND DER WAHNSINN!

NATÜRLICH KENN ICH DEN! ER IST DER BESTE!

…

OKAY, AMANE-SAN IST DEFINITIV EIN OTAKU.

#17 ENDE

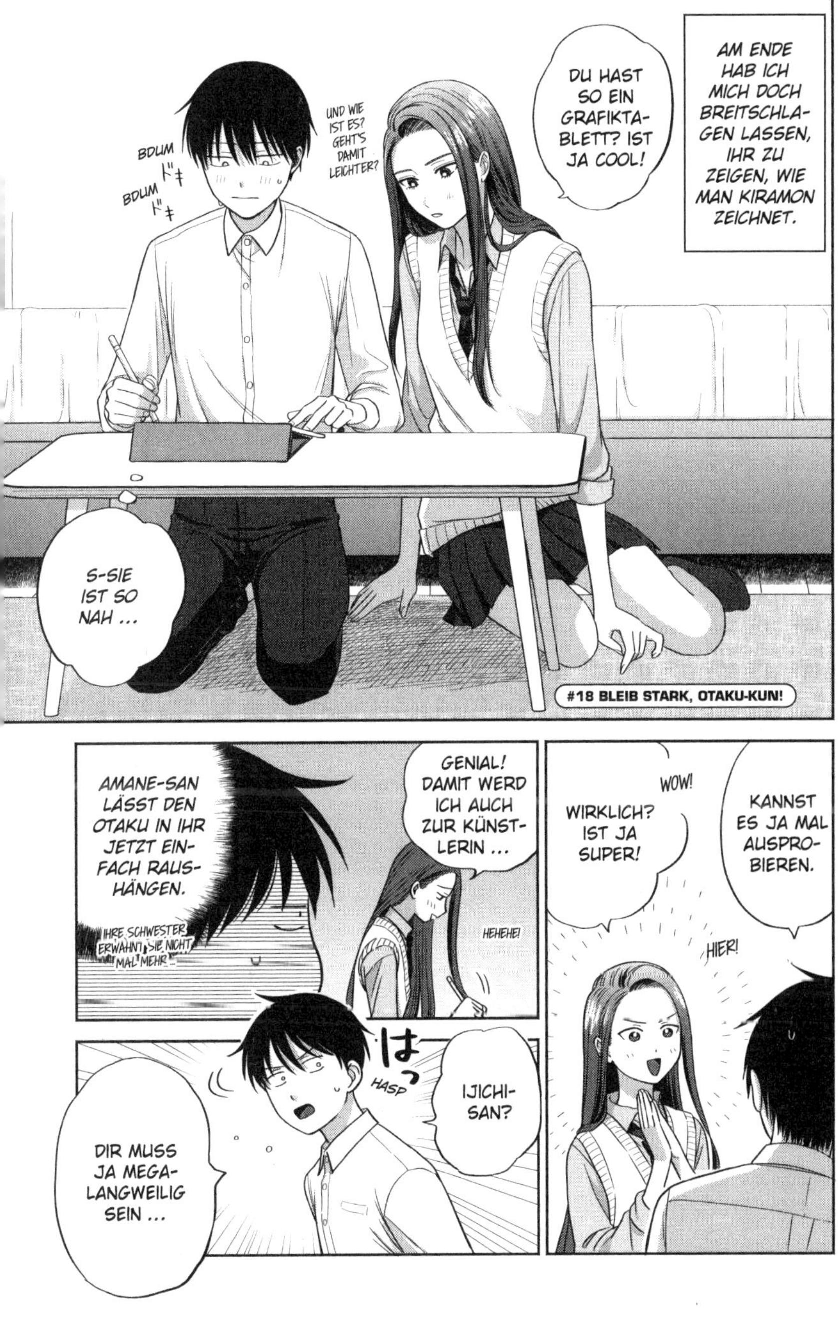

AM ENDE HAB ICH MICH DOCH BREITSCHLAGEN LASSEN, IHR ZU ZEIGEN, WIE MAN KIRAMON ZEICHNET.

DU HAST SO EIN GRAFIKTABLETT? IST JA COOL!

UND WIE IST ES? GEHT'S DAMIT LEICHTER?

BDUM ドキ

BDUM ドキ

S-SIE IST SO NAH ...

#18 BLEIB STARK, OTAKU-KUN!

KANNST ES JA MAL AUSPROBIEREN.

HIER!

WOW!

WIRKLICH? IST JA SUPER!

GENIAL! DAMIT WERD ICH AUCH ZUR KÜNSTLERIN ...

HEHEHE!

AMANE-SAN LÄSST DEN OTAKU IN IHR JETZT EINFACH RAUSHÄNGEN.

IHRE SCHWESTER ERWÄHNT SIE NICHT MAL MEHR ...

IJICHI-SAN?

はっ HASP

DIR MUSS JA MEGALANGWEILIG SEIN ...

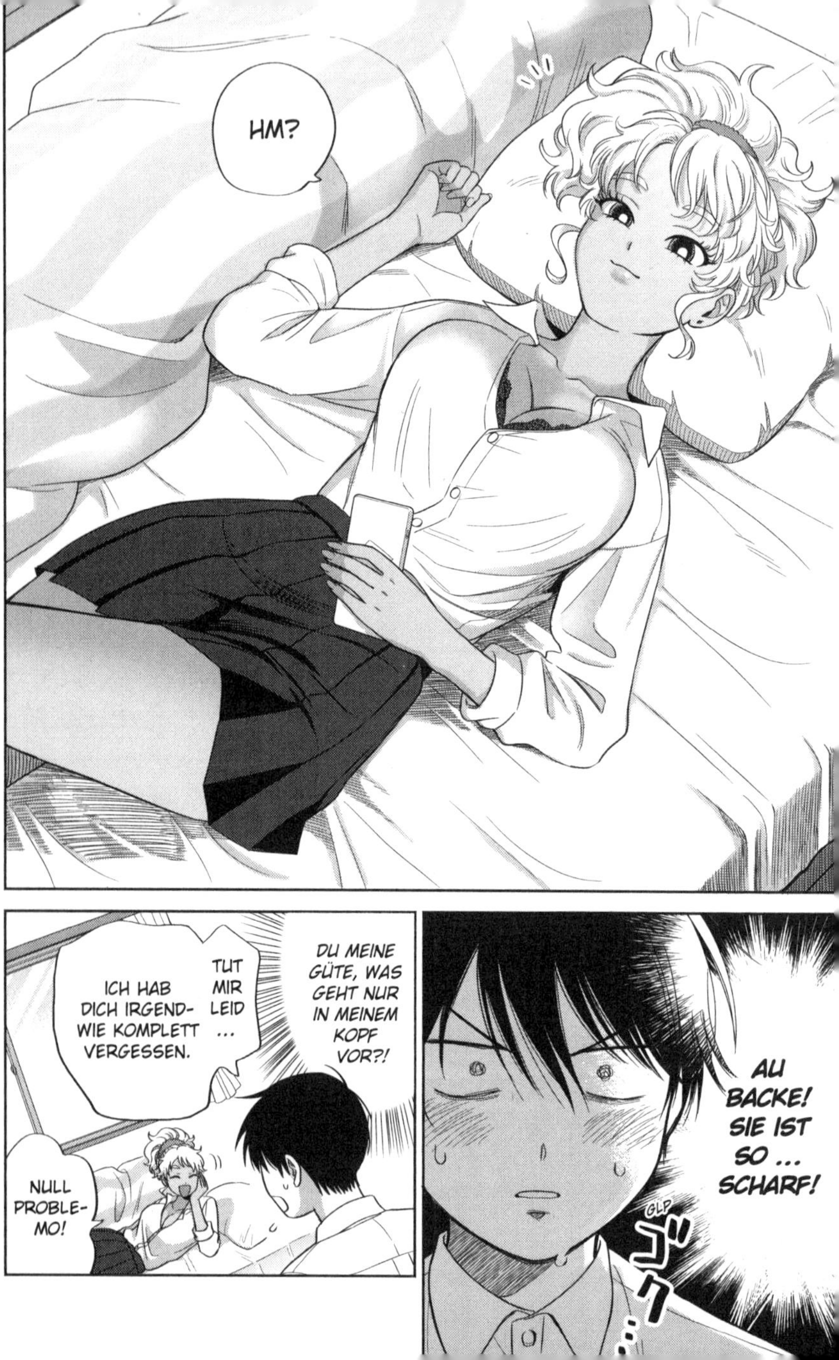

HM?

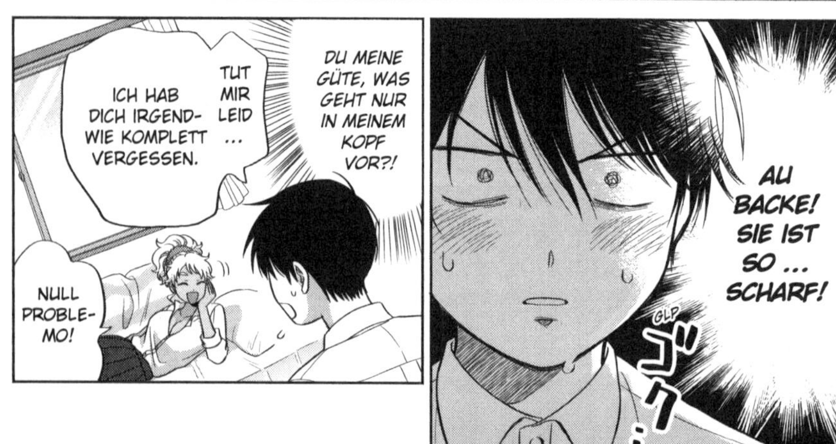
AU BACKE! SIE IST SO … SCHARF!
GLP
DU MEINE GÜTE, WAS GEHT NUR IN MEINEM KOPF VOR?!
TUT MIR LEID …
ICH HAB DICH IRGENDWIE KOMPLETT VERGESSEN.
NULL PROBLEMO!

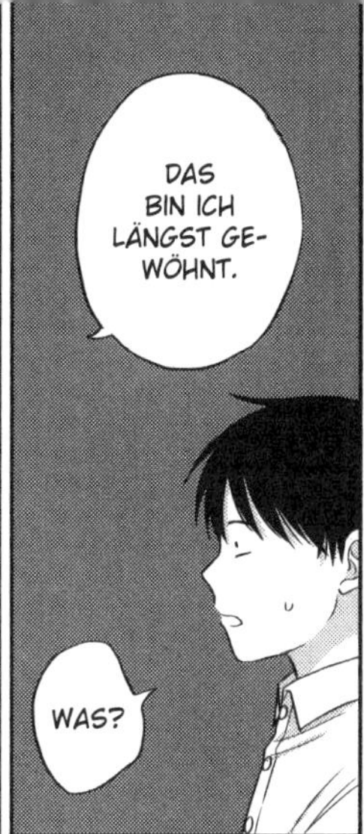
DAS BIN ICH LÄNGST GEWÖHNT.
WAS?

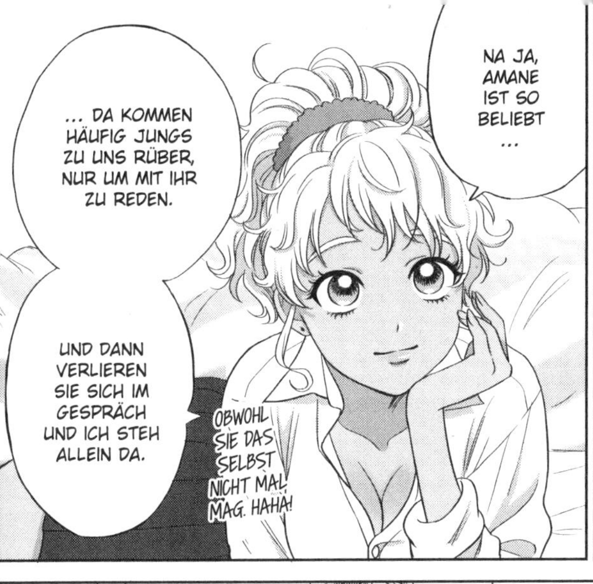
NA JA, AMANE IST SO BELIEBT ...
... DA KOMMEN HÄUFIG JUNGS ZU UNS RÜBER, NUR UM MIT IHR ZU REDEN.
UND DANN VERLIEREN SIE SICH IM GESPRÄCH UND ICH STEH ALLEIN DA.
OBWOHL SIE DAS SELBST NICHT MAL MAG. HAHA!

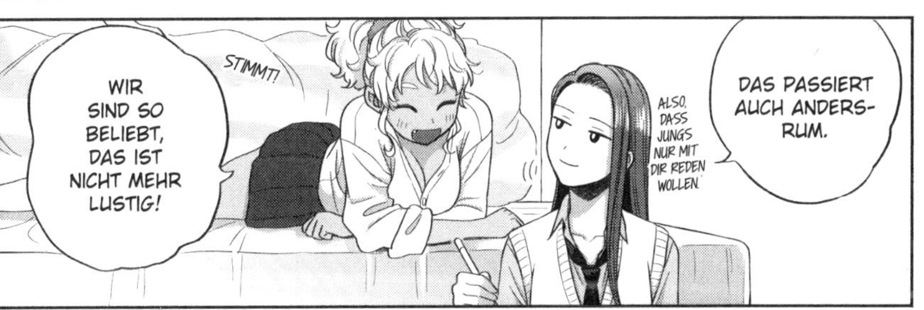
DAS PASSIERT AUCH ANDERSRUM.
ALSO, DASS JUNGS NUR MIT DIR REDEN WOLLEN.
STIMMT!
WIR SIND SO BELIEBT, DAS IST NICHT MEHR LUSTIG!

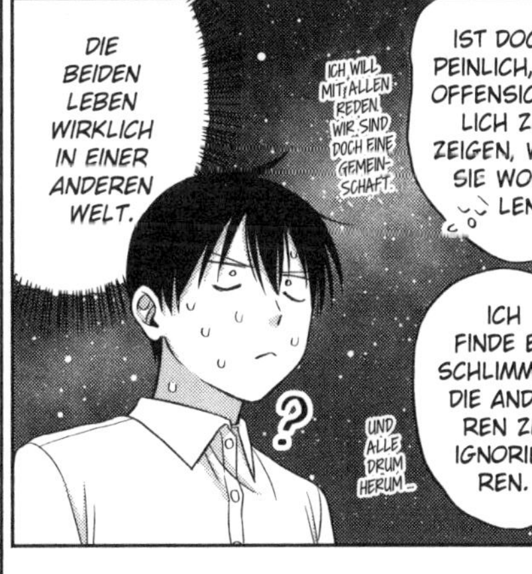
IST DOCH PEINLICH, SO OFFENSICHTLICH ZU ZEIGEN, WAS SIE WOLLEN ...
ICH WILL MIT ALLEN REDEN. WIR SIND DOCH EINE GEMEINSCHAFT.
HM ...
ICH FINDE ES SCHLIMMER, DIE ANDEREN ZU IGNORIEREN.
UND ALLE DRUM HERUM ...
DIE BEIDEN LEBEN WIRKLICH IN EINER ANDEREN WELT.

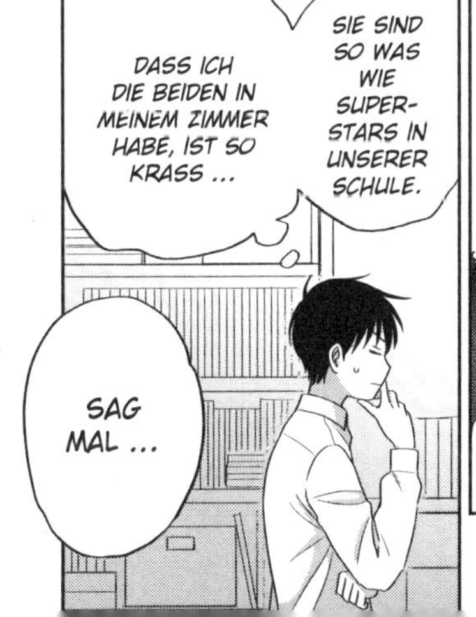
SIE SIND SO WAS WIE SUPERSTARS IN UNSERER SCHULE.
DASS ICH DIE BEIDEN IN MEINEM ZIMMER HABE, IST SO KRASS ...
SAG MAL ...

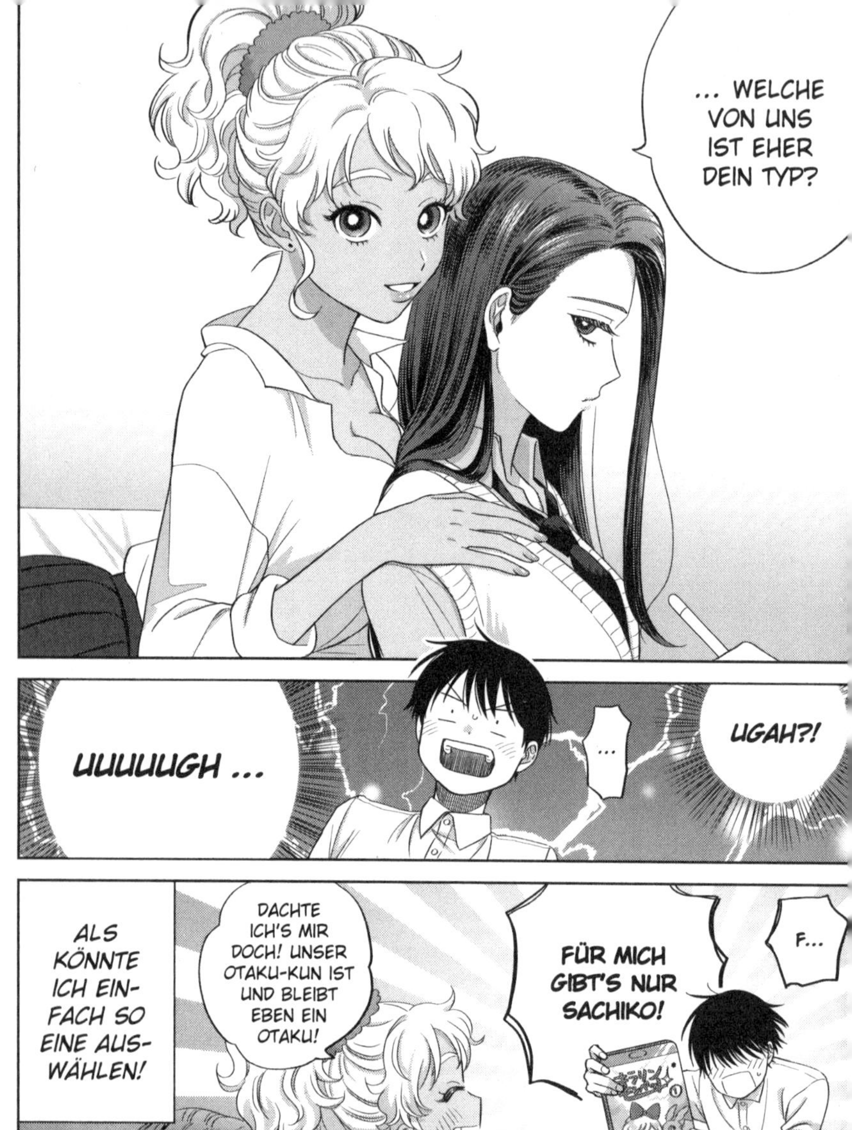
... WELCHE VON UNS IST EHER DEIN TYP?
UGAH?!
...
UUUUUGH ...
F...
FÜR MICH GIBT'S NUR SACHIKO!
KIRAMON!
DACHTE ICH'S MIR DOCH! UNSER OTAKU-KUN IST UND BLEIBT EBEN EIN OTAKU!
ALS KÖNNTE ICH EIN-FACH SO EINE AUS-WÄHLEN!
KANN ICH GUT VERSTEHEN ...
* KIRAMON

#18 ENDE

#19 SUNSET FLAVOR

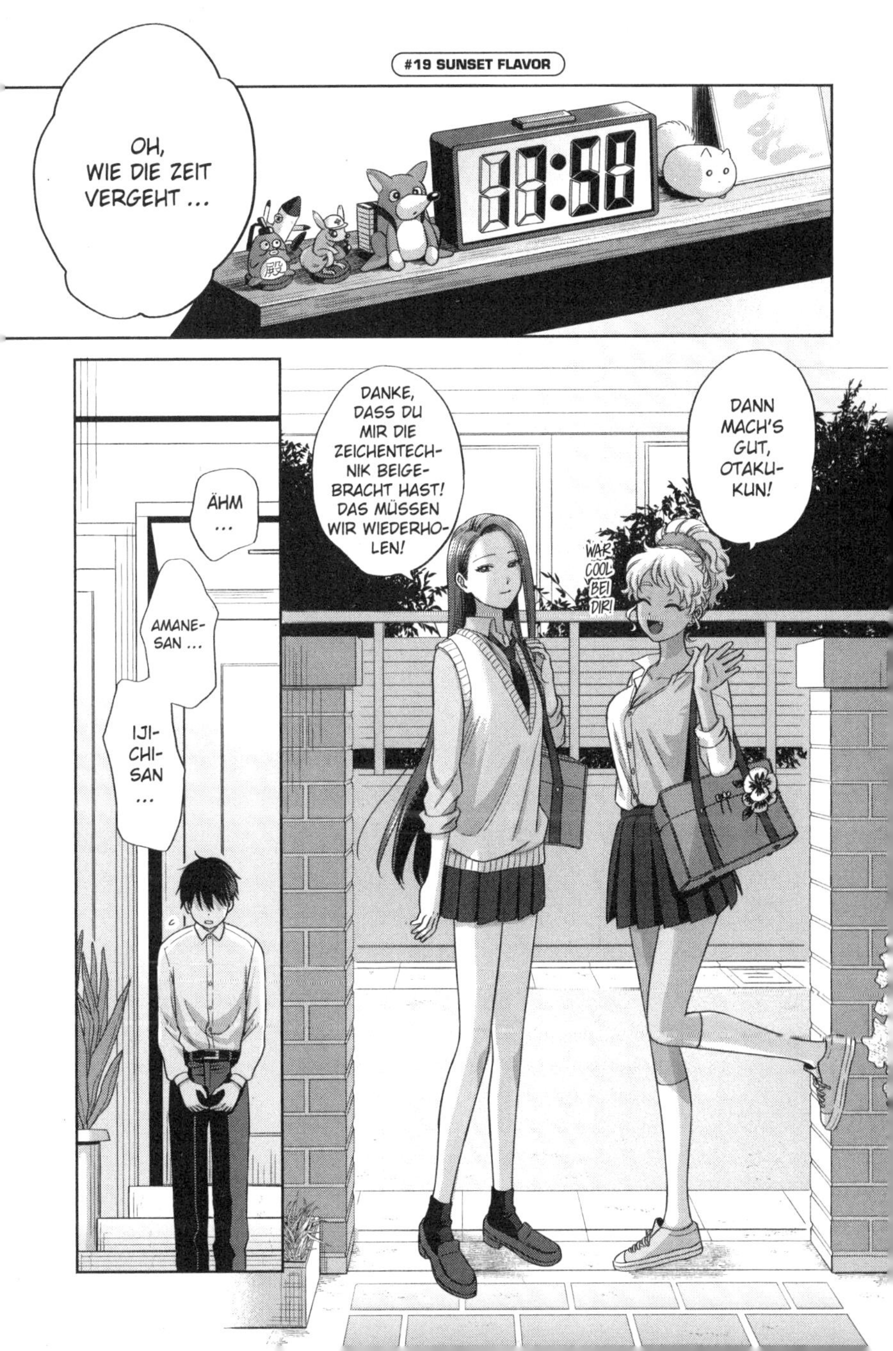

OH, WIE DIE ZEIT VERGEHT ...

DANN MACH'S GUT, OTAKU-KUN!

WAR COOL BEI DIR!

DANKE, DASS DU MIR DIE ZEICHENTECHNIK BEIGEBRACHT HAST! DAS MÜSSEN WIR WIEDERHOLEN!

ÄHM ...

AMANE-SAN ...

IJICHI-SAN ...

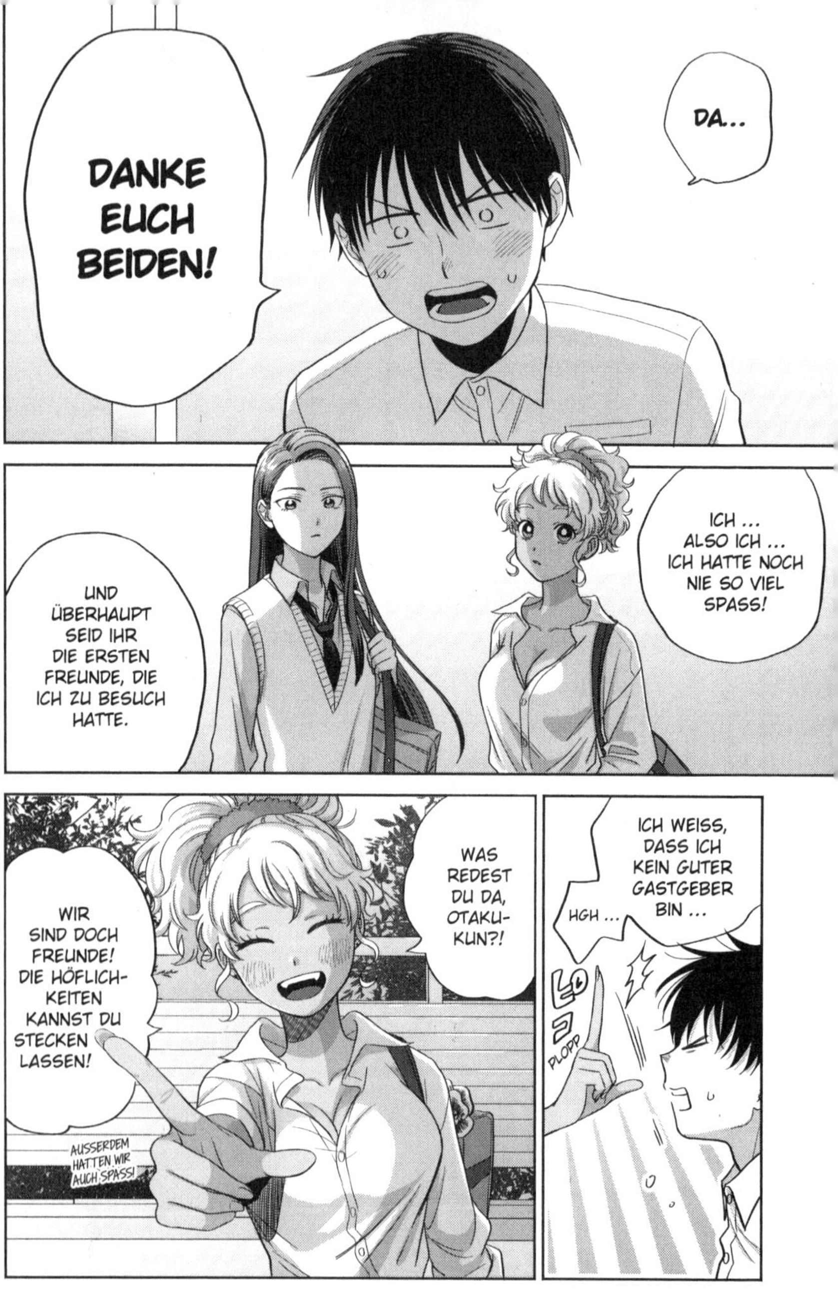

DA…

DANKE EUCH BEIDEN!

ICH … ALSO ICH … ICH HATTE NOCH NIE SO VIEL SPASS!

UND ÜBERHAUPT SEID IHR DIE ERSTEN FREUNDE, DIE ICH ZU BESUCH HATTE.

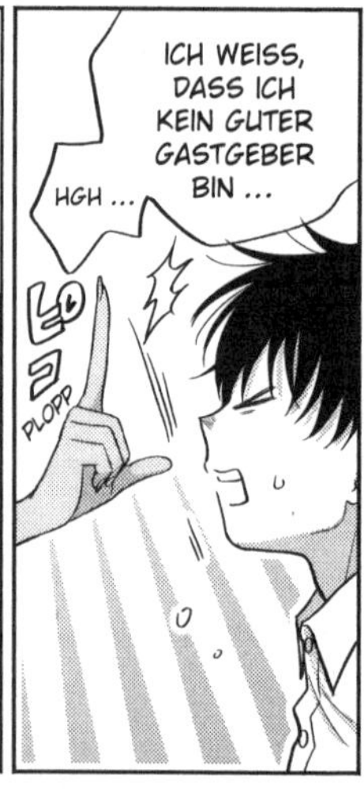

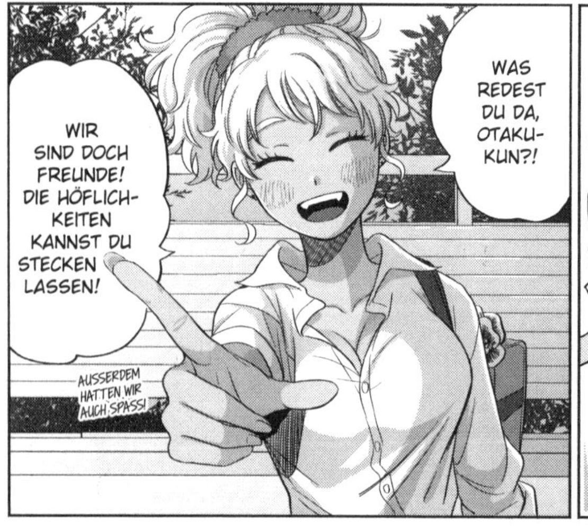

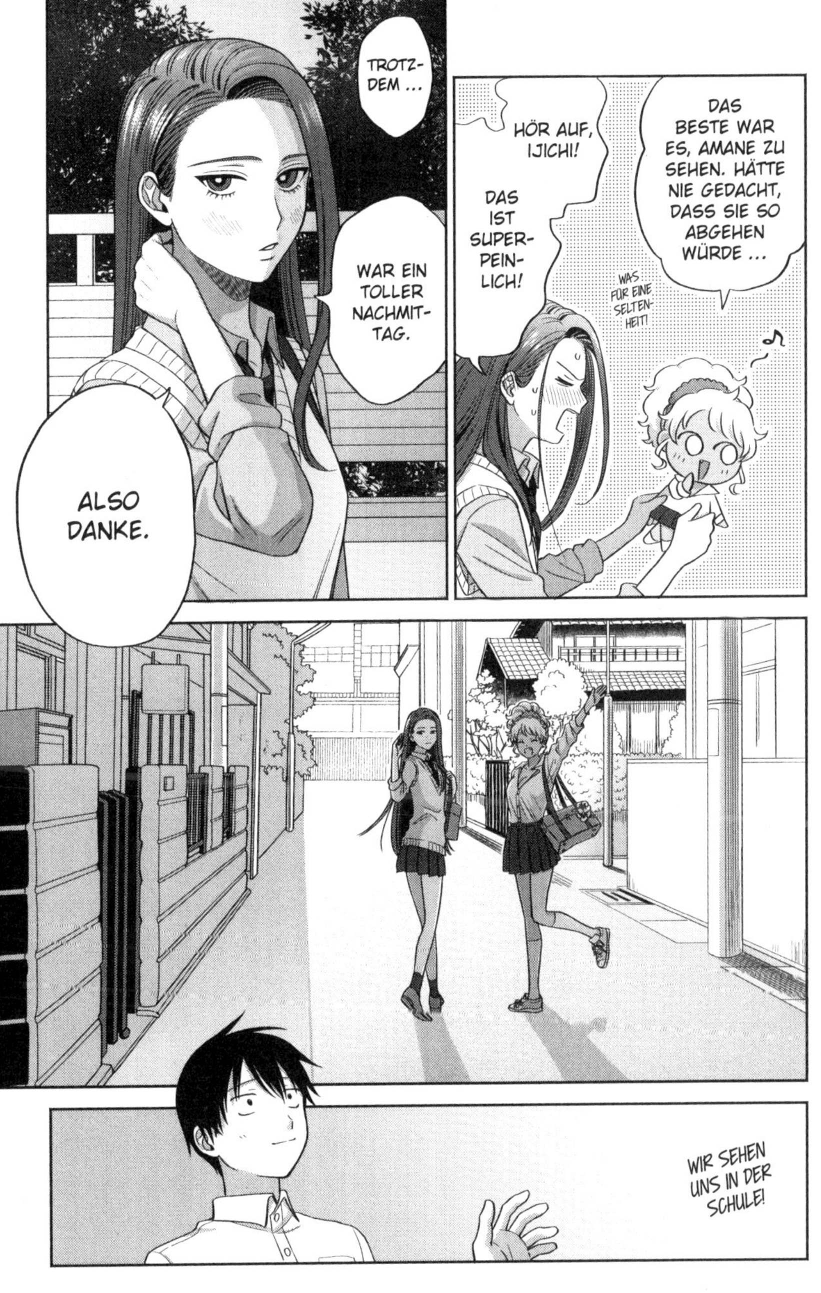
DAS BESTE WAR ES, AMANE ZU SEHEN. HÄTTE NIE GEDACHT, DASS SIE SO ABGEHEN WÜRDE …
HÖR AUF, IJICHI!
DAS IST SUPERPEINLICH!
WAS FÜR EINE SELTENHEIT!
TROTZDEM …
WAR EIN TOLLER NACHMITTAG.
ALSO DANKE.
WIR SEHEN UNS IN DER SCHULE!

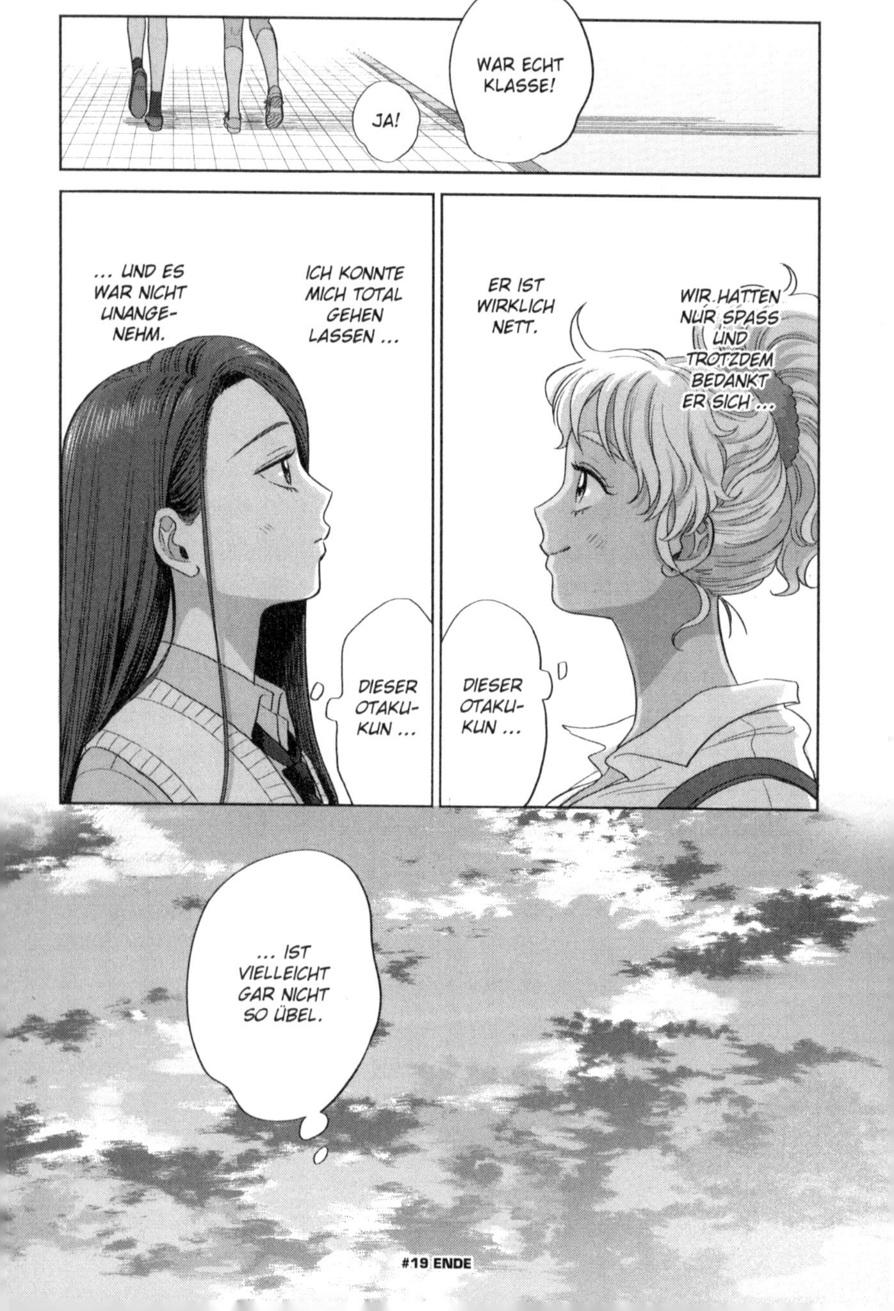

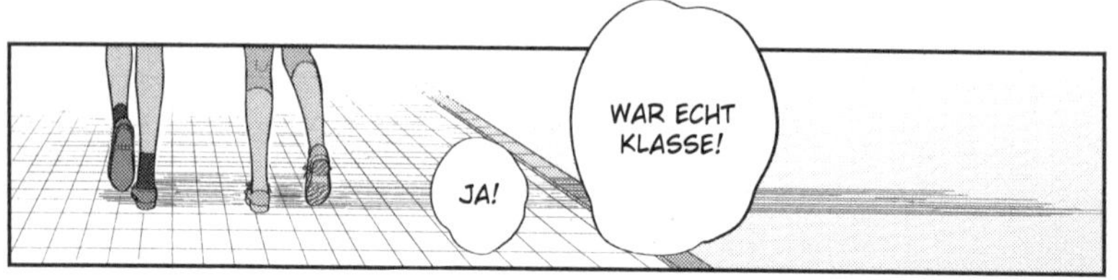

WIR HATTEN NUR SPASS UND TROTZDEM BEDANKT ER SICH ...

ER IST WIRKLICH NETT.

DIESER OTAKU-KUN ...

ICH KONNTE MICH TOTAL GEHEN LASSEN ...

... UND ES WAR NICHT UNANGENEHM.

DIESER OTAKU-KUN ...

... IST VIELLEICHT GAR NICHT SO ÜBEL.

#19 ENDE

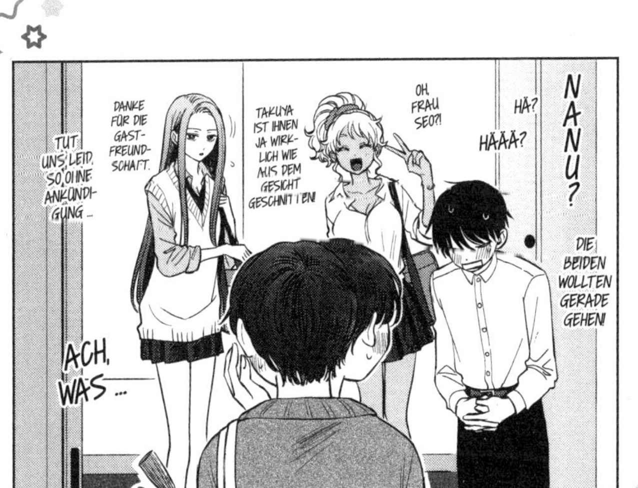
NANU?
DIE BEIDEN WOLLTEN GERADE GEHEN!
HÄ?
HÄÄÄ?
OH, FRAU SEO?!
TAKUYA IST IHNEN JA WIRKLICH WIE AUS DEM GESICHT GESCHNITTEN!
DANKE FÜR DIE GASTFREUNDSCHAFT.
TUT UNS LEID, SO OHNE ANKÜNDIGUNG ...
ACH, WAS ...
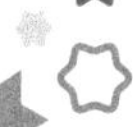

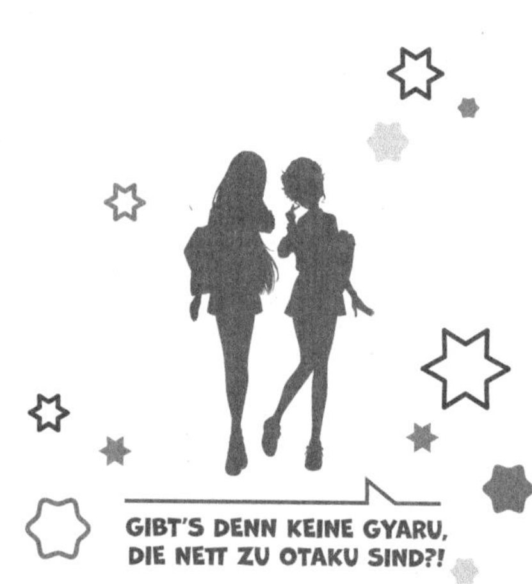
GIBT'S DENN KEINE GYARU,
DIE NETT ZU OTAKU SIND?!

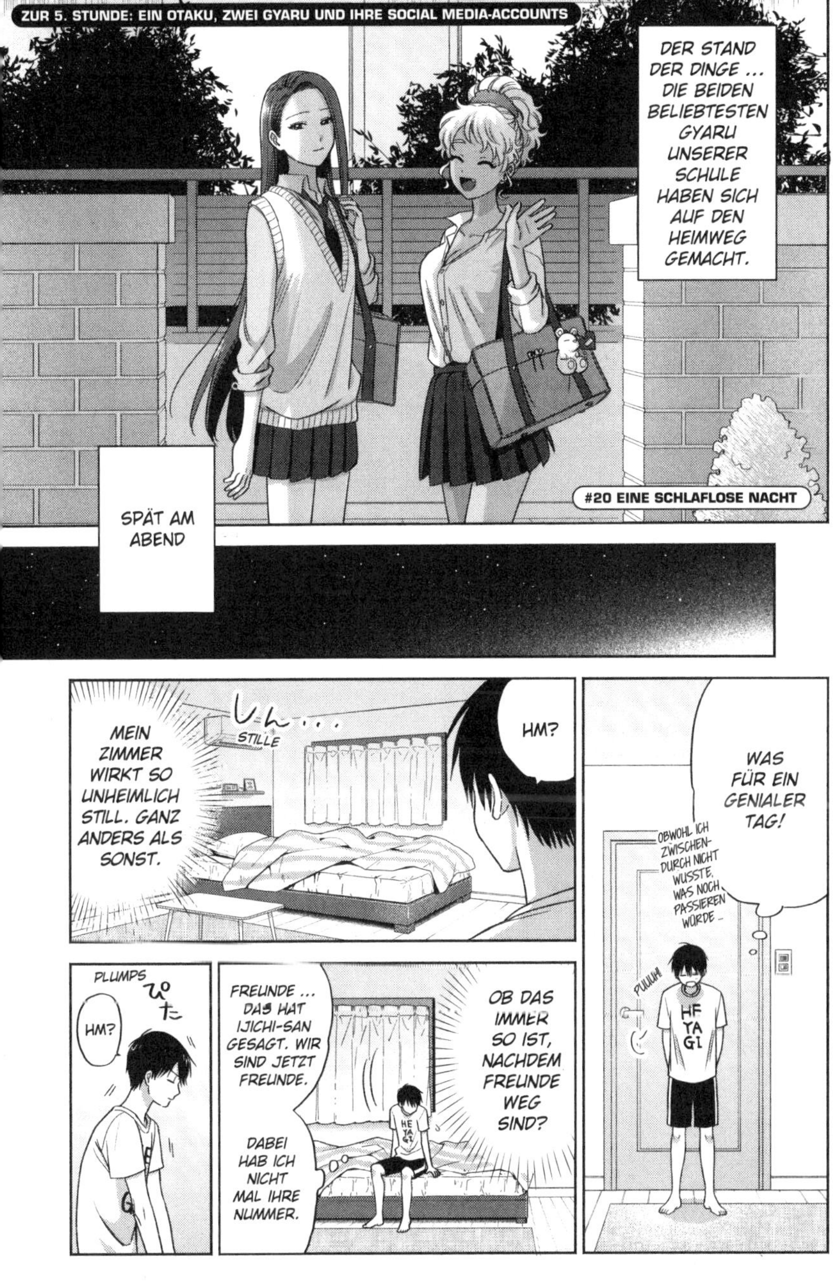

ZUR 5. STUNDE: EIN OTAKU, ZWEI GYARU UND IHRE SOCIAL MEDIA-ACCOUNTS

#20 EINE SCHLAFLOSE NACHT

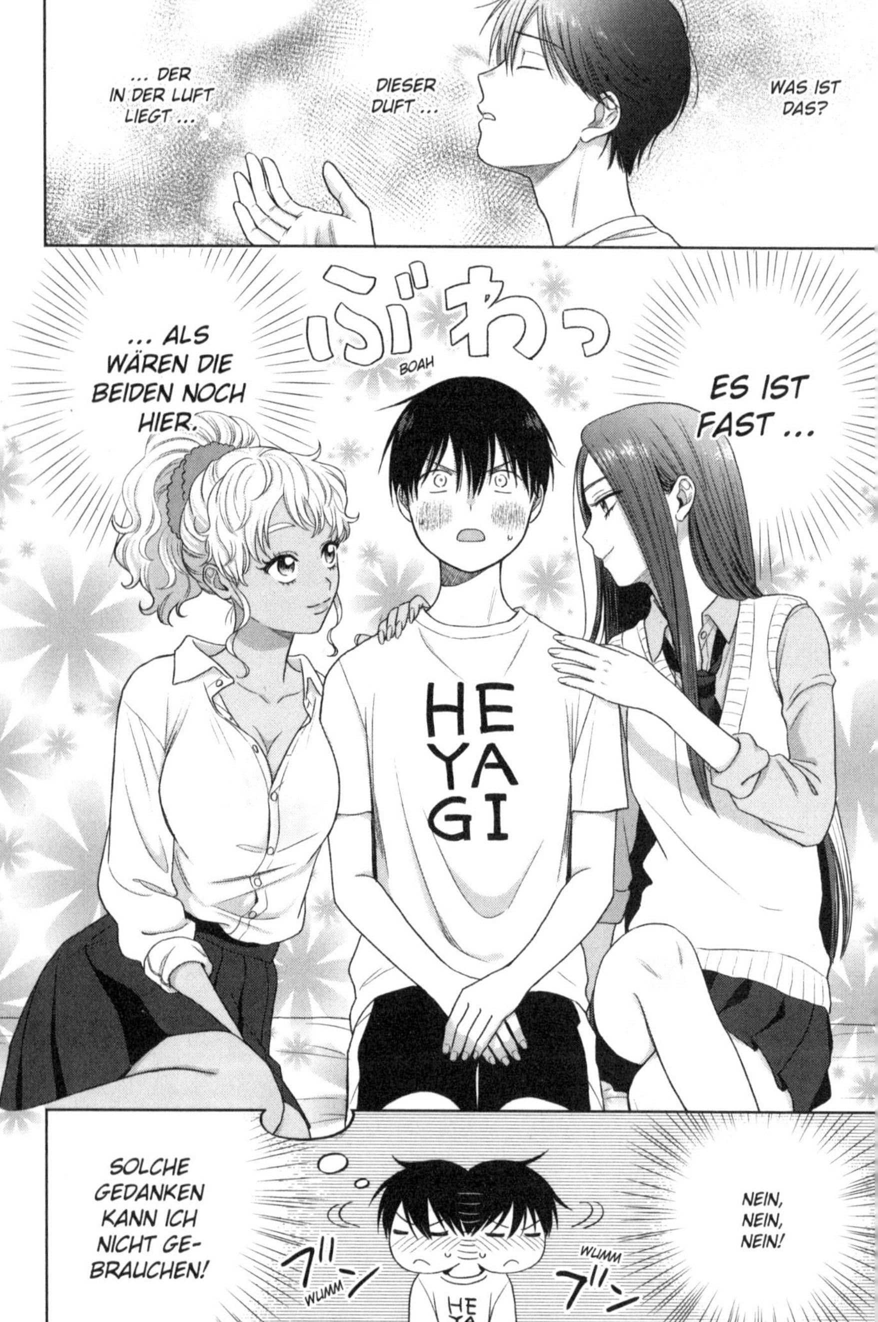
WAS IST DAS?
DIESER DUFT ...
... DER IN DER LUFT LIEGT ...
ぶわっ
BOAH
ES IST FAST ...
... ALS WÄREN DIE BEIDEN NOCH HIER.
HE YA GI
NEIN, NEIN, NEIN!
ブン
WUMM
ブン
WUMM
SOLCHE GEDANKEN KANN ICH NICHT GE-BRAUCHEN!

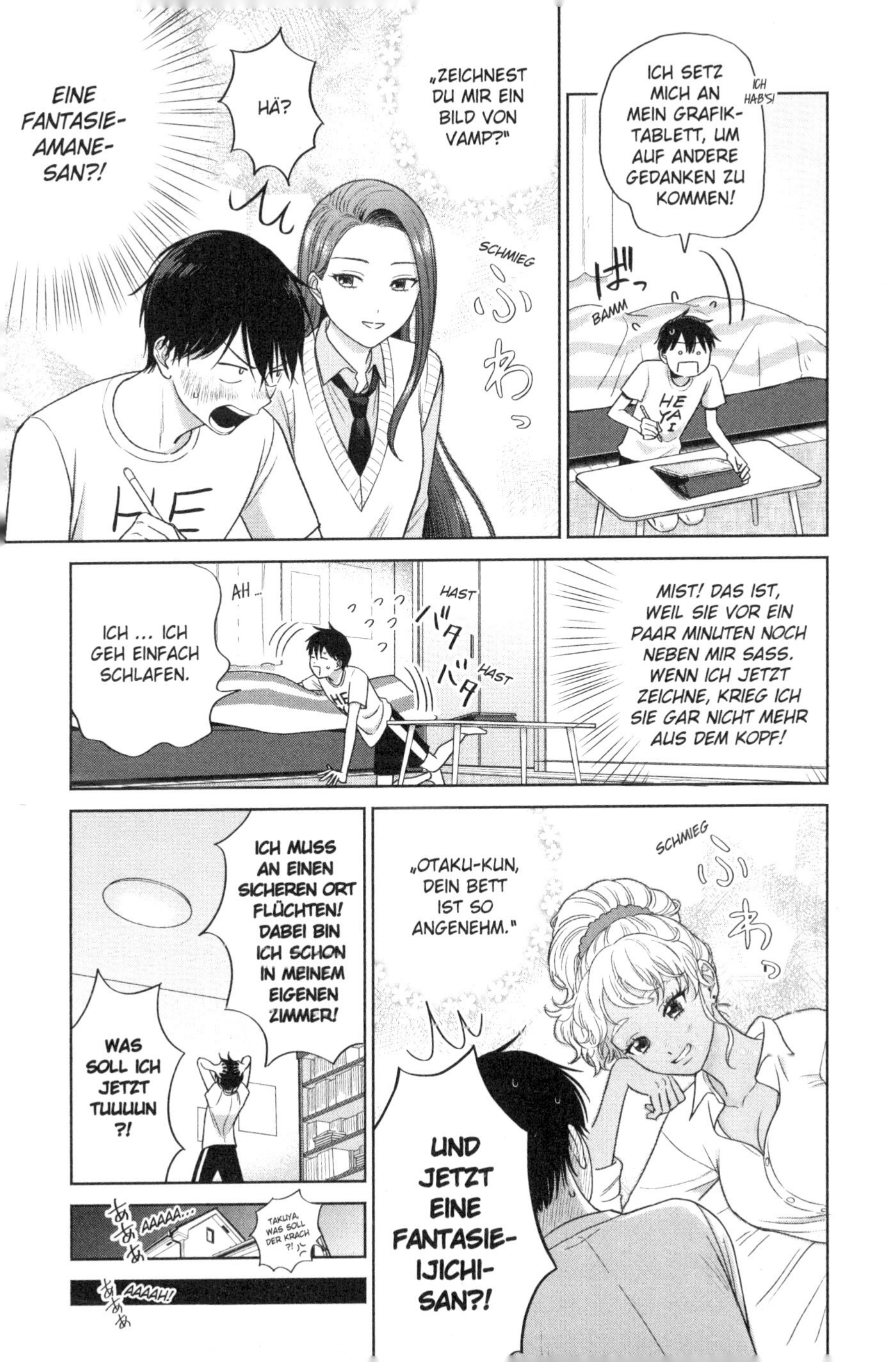

ICH SETZ MICH AN MEIN GRAFIKTABLETT, UM AUF ANDERE GEDANKEN ZU KOMMEN!
ICH HAB'S!
BAMM
„ZEICHNEST DU MIR EIN BILD VON VAMP?"
HÄ?
EINE FANTASIE-AMANE-SAN?!
SCHMIEG

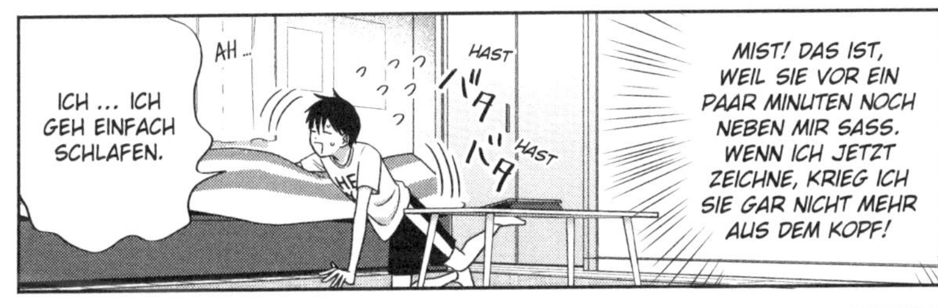

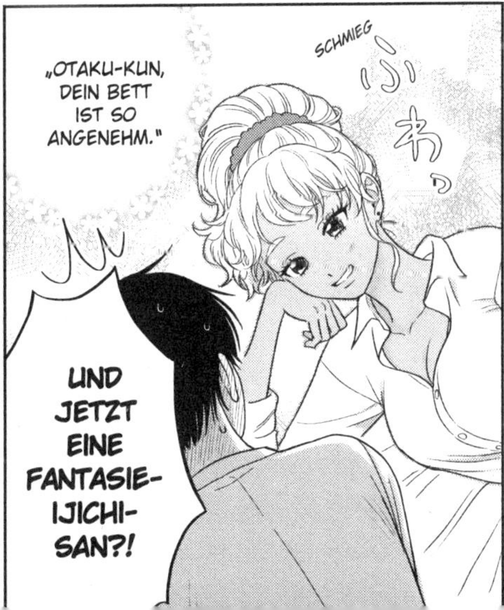

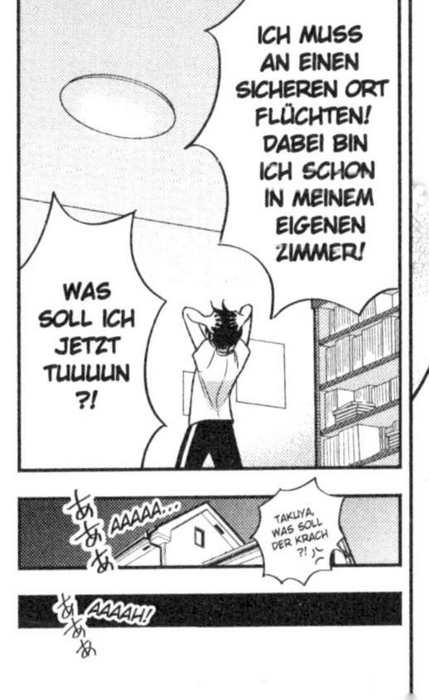

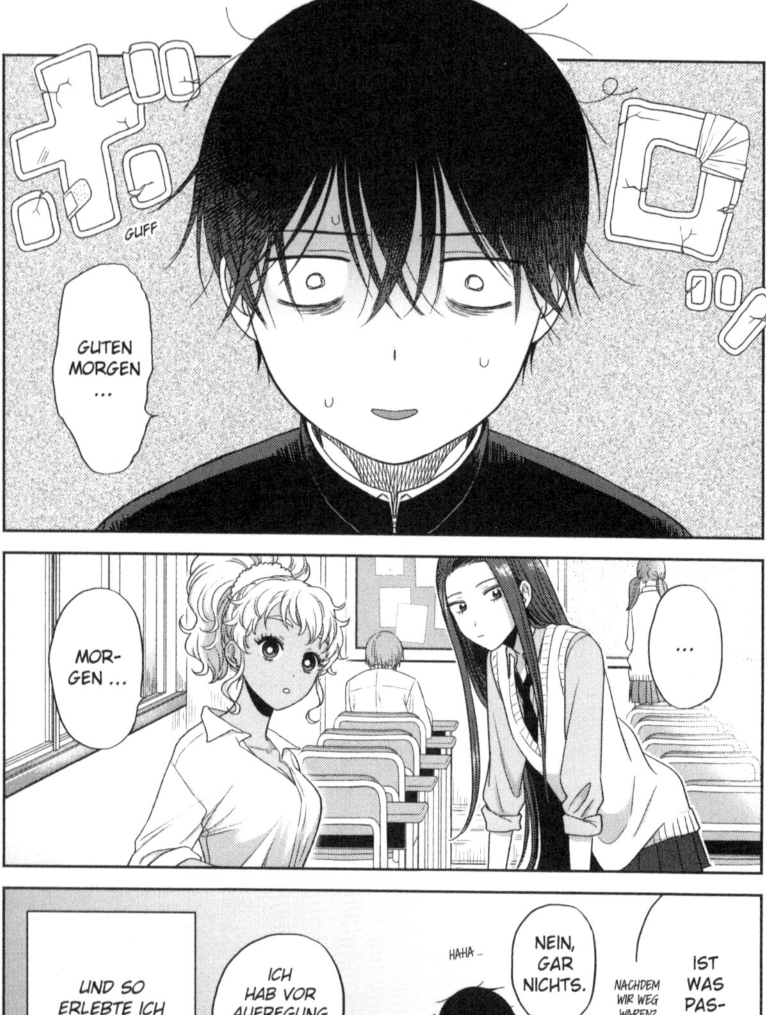

GUFF

GUTEN MORGEN …

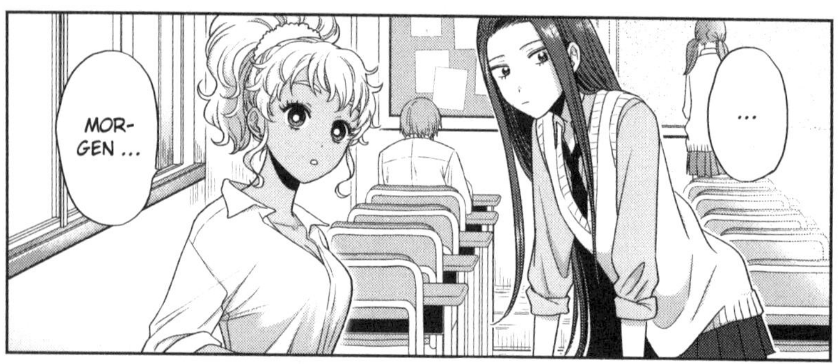

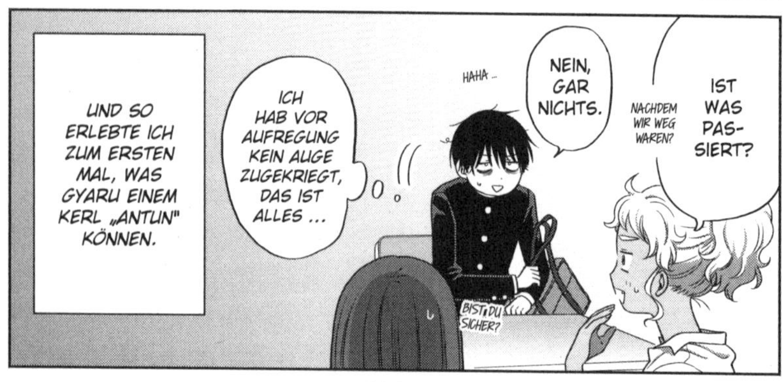

#20 ENDE

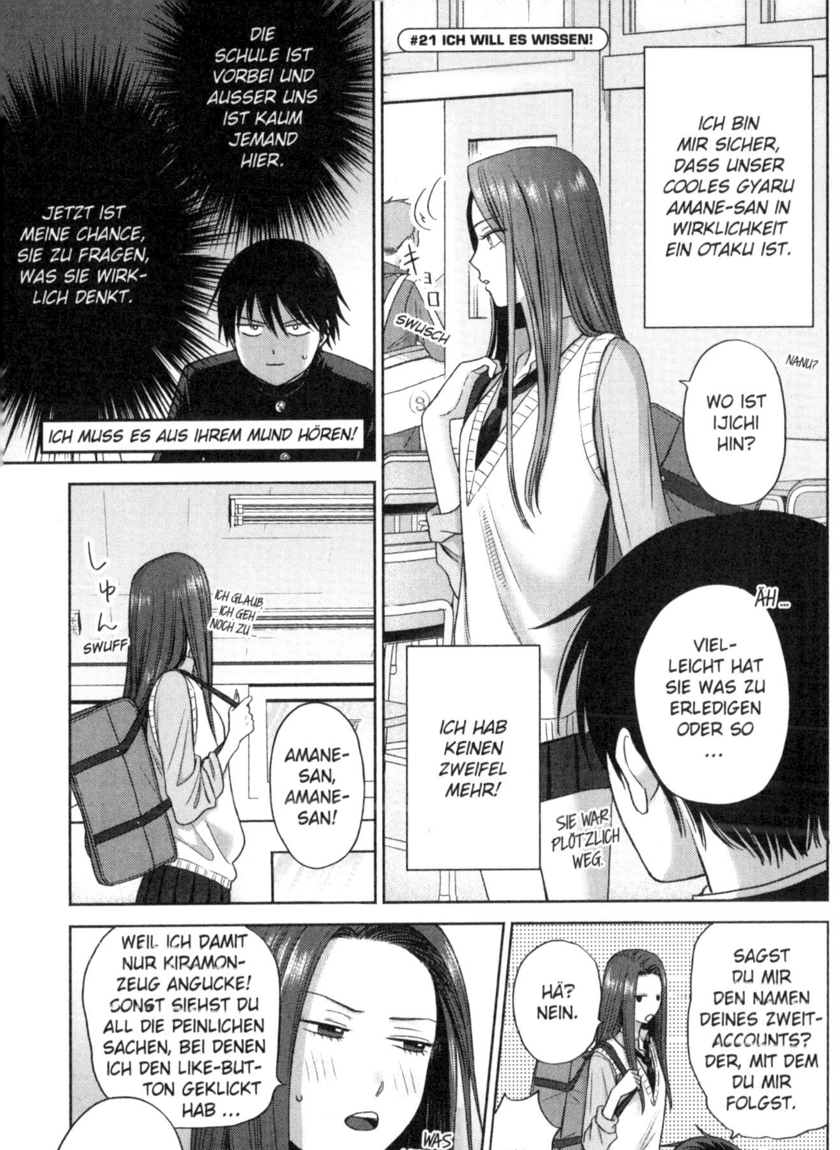
#21 ICH WILL ES WISSEN!
ICH BIN MIR SICHER, DASS UNSER COOLES GYARU AMANE-SAN IN WIRKLICHKEIT EIN OTAKU IST.
SWUSCH
NANU?
WO IST IJICHI HIN?
ÄH ...
VIELLEICHT HAT SIE WAS ZU ERLEDIGEN ODER SO ...
SIE WAR PLÖTZLICH WEG.
ICH HAB KEINEN ZWEIFEL MEHR!
DIE SCHULE IST VORBEI UND AUSSER UNS IST KAUM JEMAND HIER.
JETZT IST MEINE CHANCE, SIE ZU FRAGEN, WAS SIE WIRKLICH DENKT.
ICH MUSS ES AUS IHREM MUND HÖREN!
AMANE-SAN, AMANE-SAN!
ICH GLAUB, ICH GEH NOCH ZU
SWUFF
SAGST DU MIR DEN NAMEN DEINES ZWEIT-ACCOUNTS? DER, MIT DEM DU MIR FOLGST.
WSP
HÄ? NEIN.
WARUM NICHT?
WAS MEINST DU MIT „WARUM NICHT“?
DANN GIBST DU ES ALSO ZU!
WEIL ICH DAMIT NUR KIRAMON-ZEUG ANGUCKE! SONST SIEHST DU ALL DIE PEINLICHEN SACHEN, BEI DENEN ICH DEN LIKE-BUTTON GEKLICKT HAB ...

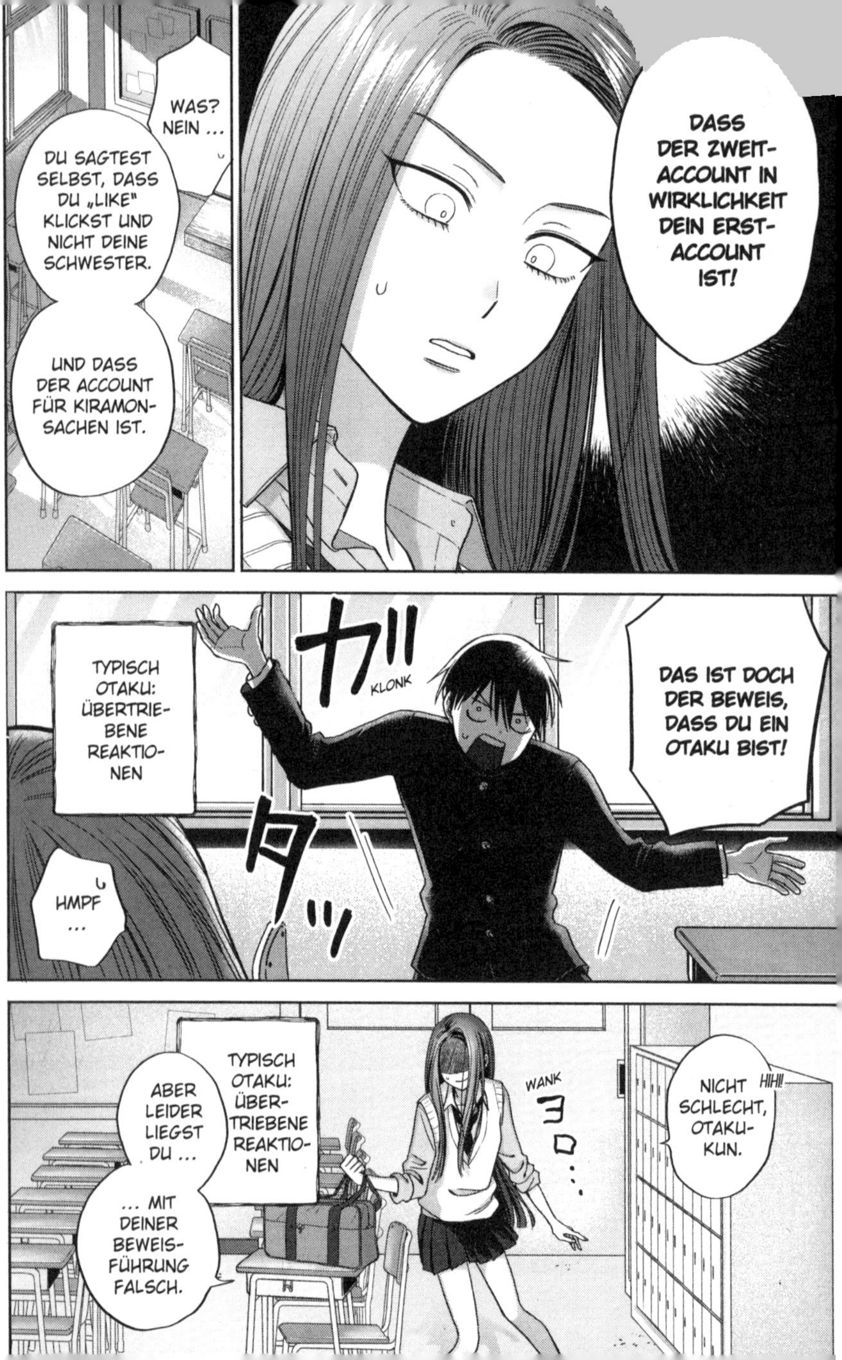

DASS DER ZWEIT-ACCOUNT IN WIRKLICHKEIT DEIN ERST-ACCOUNT IST!

WAS? NEIN …

DU SAGTEST SELBST, DASS DU „LIKE" KLICKST UND NICHT DEINE SCHWESTER.

UND DASS DER ACCOUNT FÜR KIRAMON-SACHEN IST.

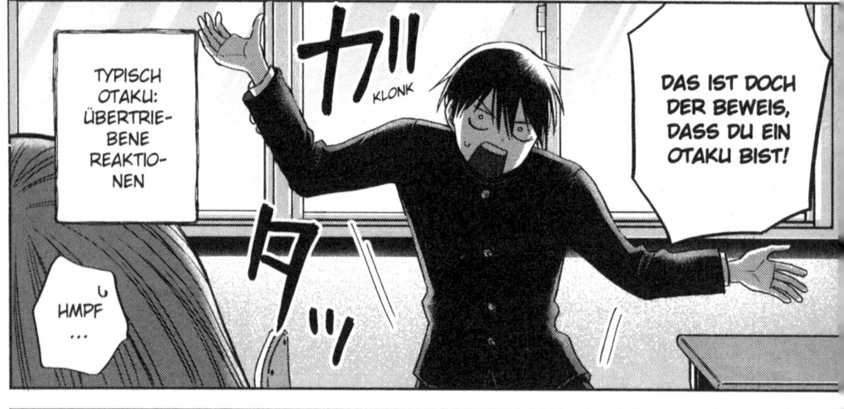

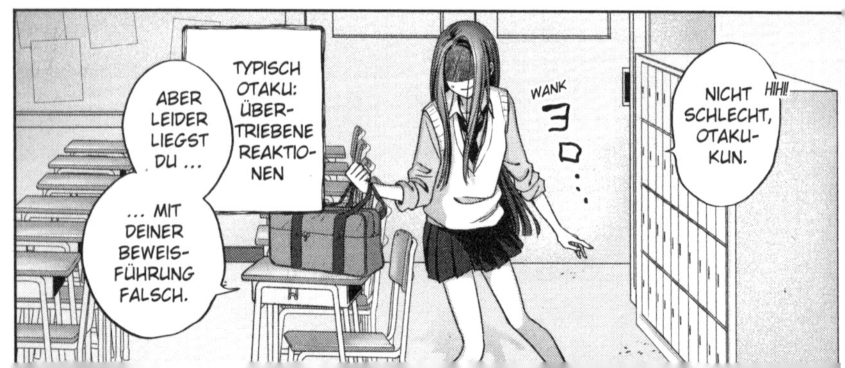

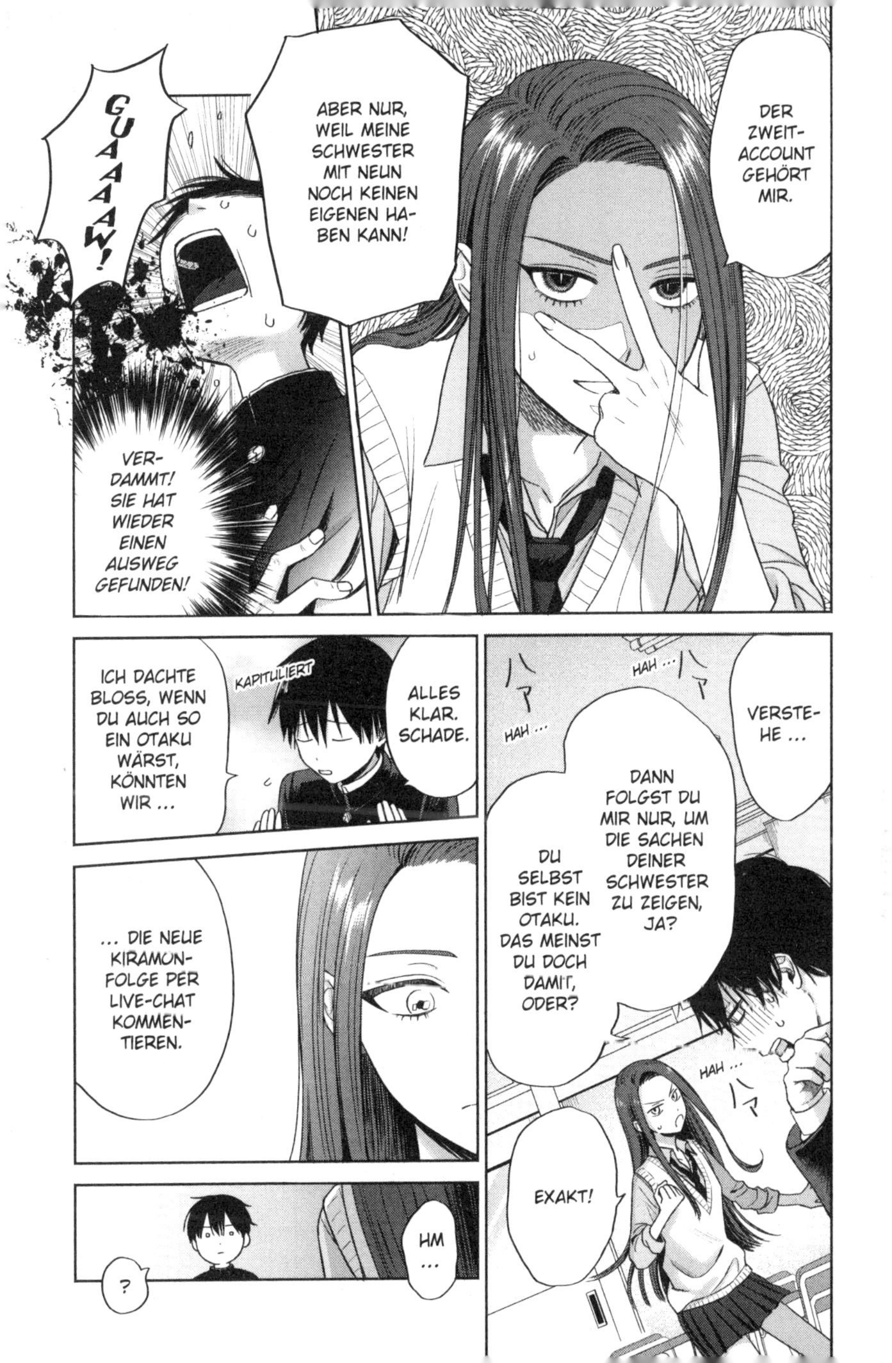

DER ZWEIT-ACCOUNT GEHÖRT MIR.

ABER NUR, WEIL MEINE SCHWESTER MIT NEUN NOCH KEINEN EIGENEN HABEN KANN!

GUAAAAAW!

VERDAMMT! SIE HAT WIEDER EINEN AUSWEG GEFUNDEN!

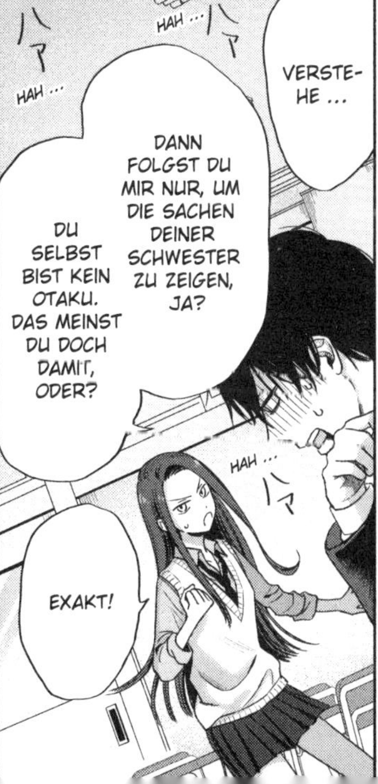

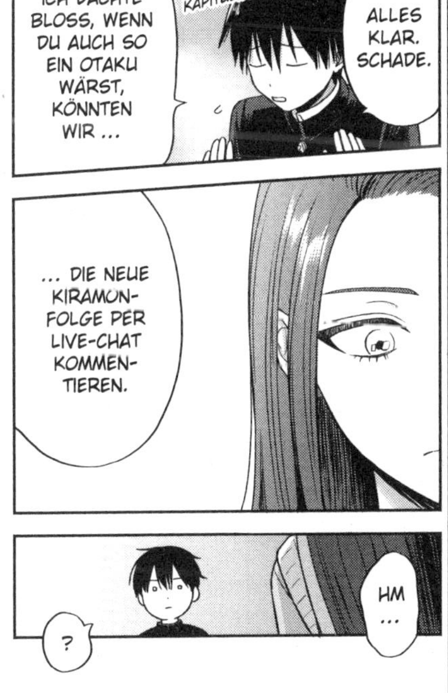

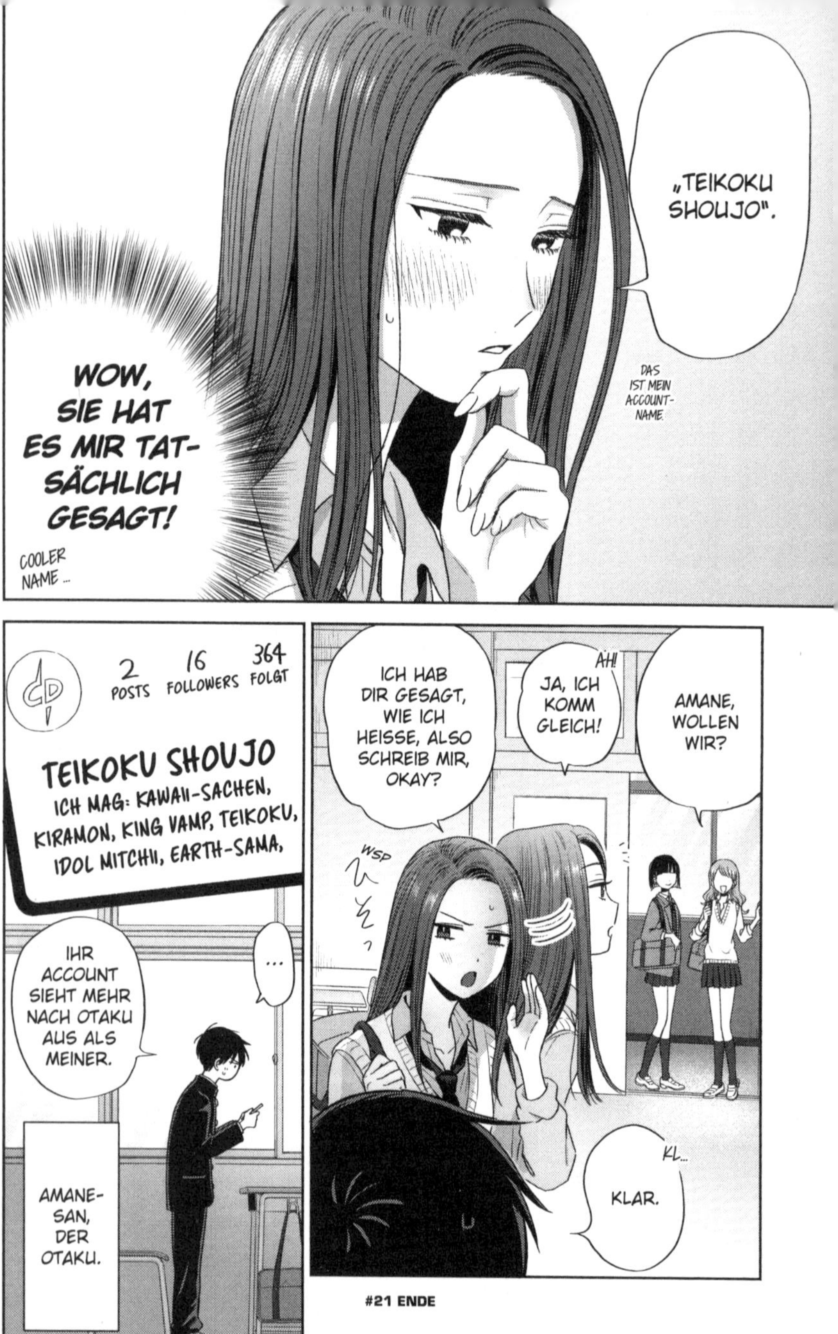

„TEIKOKU SHOUJO“.

DAS IST MEIN ACCOUNT-NAME.

WOW, SIE HAT ES MIR TATSÄCHLICH GESAGT!

COOLER NAME ...

AMANE, WOLLEN WIR?

ÄH! JA, ICH KOMM GLEICH!

ICH HAB DIR GESAGT, WIE ICH HEISSE, ALSO SCHREIB MIR, OKAY?

WSP

KL... KLAR.

2 POSTS 16 FOLLOWERS 364 FOLGT

TEIKOKU SHOUJO

ICH MAG: KAWAII-SACHEN, KIRAMON, KING VAMP, TEIKOKU, IDOL MITCHII, EARTH-SAMA,

...

IHR ACCOUNT SIEHT MEHR NACH OTAKU AUS ALS MEINER.

AMANE-SAN, DER OTAKU.

#21 ENDE

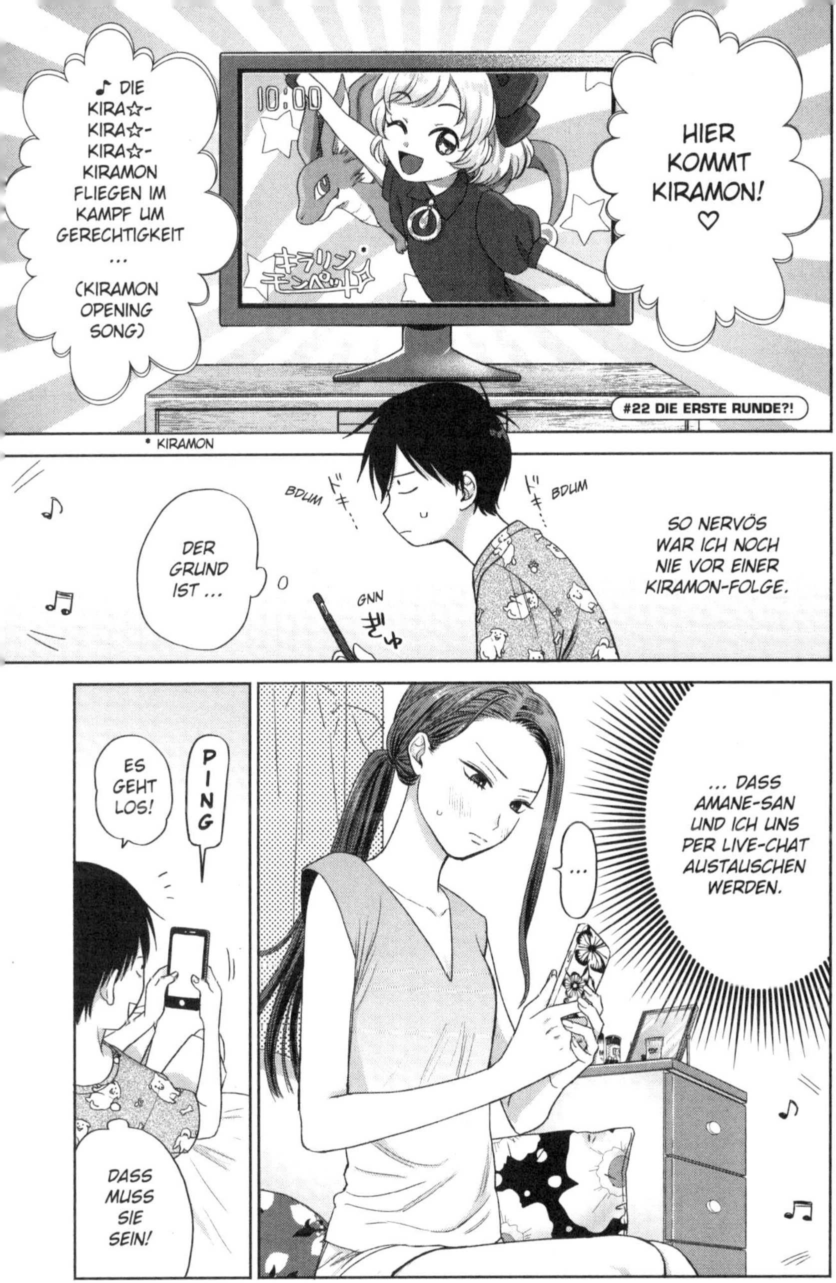

#22 DIE ERSTE RUNDE?!

HIER KOMMT KIRAMON! ♡

♪ DIE KIRA☆-KIRA☆-KIRA☆-KIRAMON FLIEGEN IM KAMPF UM GERECHTIGKEIT … (KIRAMON OPENING SONG)

10:00

キラリン モンペット*

* KIRAMON

SO NERVÖS WAR ICH NOCH NIE VOR EINER KIRAMON-FOLGE.

BDUM ドキ…

BDUM ドキ…

DER GRUND IST …

GNN ぎゅ

… DASS AMANE-SAN UND ICH UNS PER LIVE-CHAT AUSTAUSCHEN WERDEN.

…

PING

ES GEHT LOS!

DASS MUSS SIE SEIN!

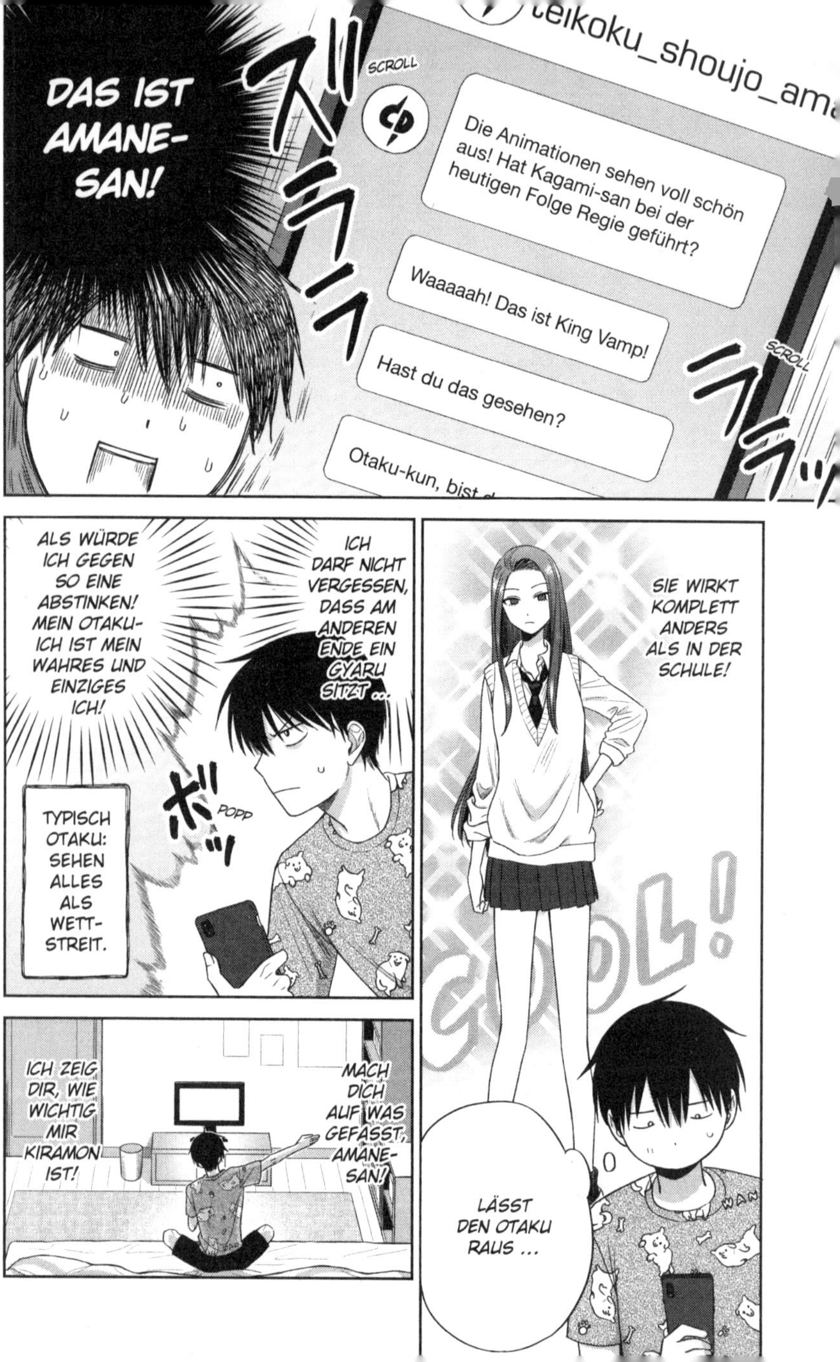

eikoku_shoujo_ama

SCROLL

Die Animationen sehen voll schön aus! Hat Kagami-san bei der heutigen Folge Regie geführt?

Waaaaah! Das ist King Vamp!

Hast du das gesehen?

Otaku-kun, bist

SCROLL

DAS IST AMANE-SAN!

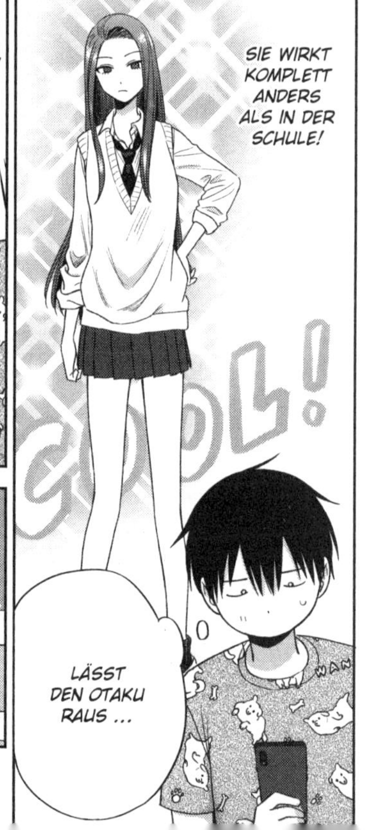

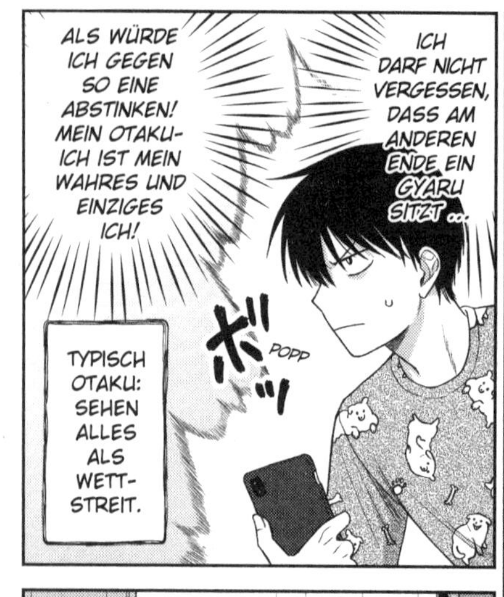

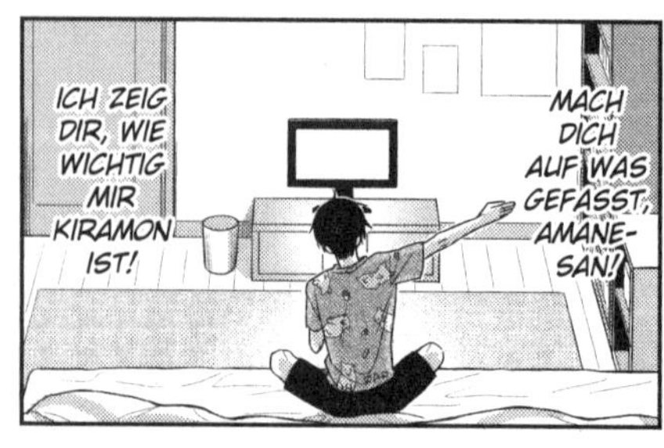

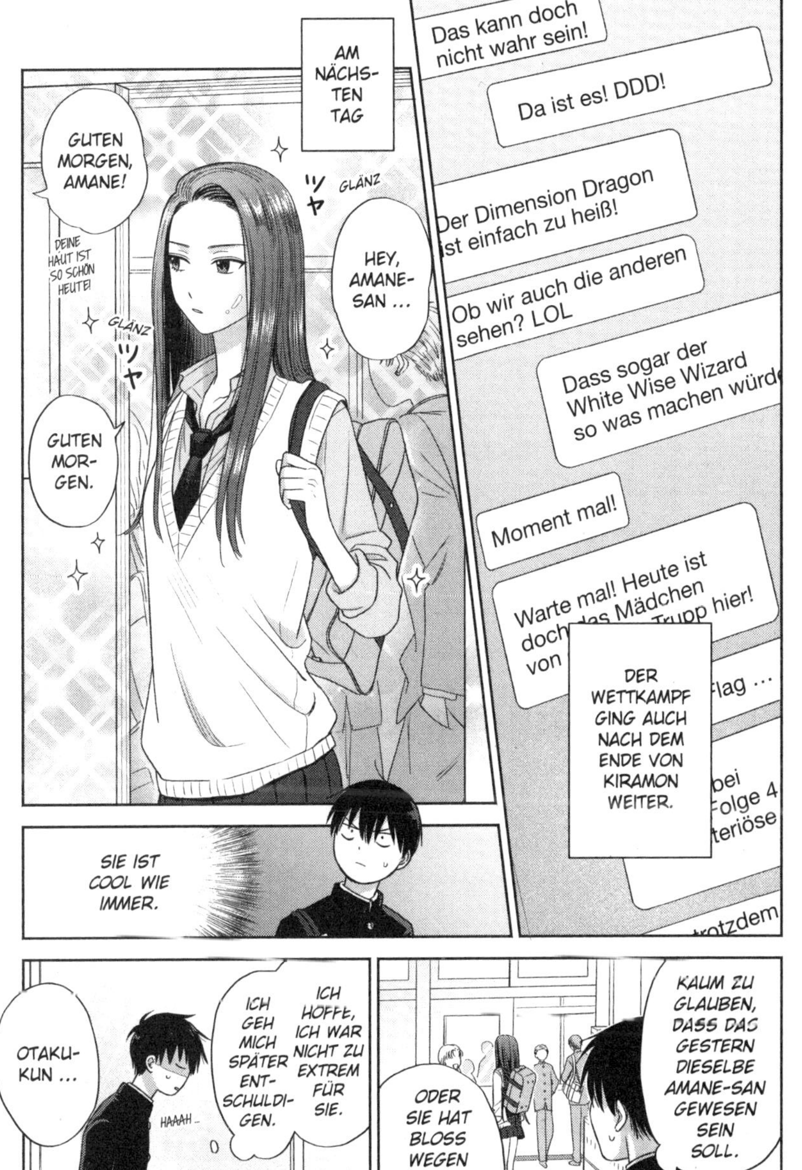

Das kann doch nicht wahr sein!
Da ist es! DDD!
Der Dimension Dragon ist einfach zu heiß!
Ob wir auch die anderen sehen? LOL
Dass sogar der White Wise Wizard
Moment mal!
Warte mal! Heute ist
AM NÄCHSTEN TAG
DER WETTKAMPF GING AUCH NACH DEM ENDE VON KIRAMON WEITER.
HEY, AMANE-SAN …
GLÄNZ
GUTEN MORGEN, AMANE!
DEINE HAUT IST SO SCHÖN HEUTE!
GLÄNZ
GUTEN MORGEN.
SIE IST COOL WIE IMMER.
KAUM ZU GLAUBEN, DASS DAS GESTERN DIESELBE AMANE-SAN GEWESEN SEIN SOLL.
ODER SIE HAT BLOSS WEGEN MIR SO AUFGEDREHT …
ICH HOFFE, ICH WAR NICHT ZU EXTREM FÜR SIE.
ICH GEH MICH SPÄTER ENTSCHULDIGEN.
HAAAH …
OTAKU-KUN …

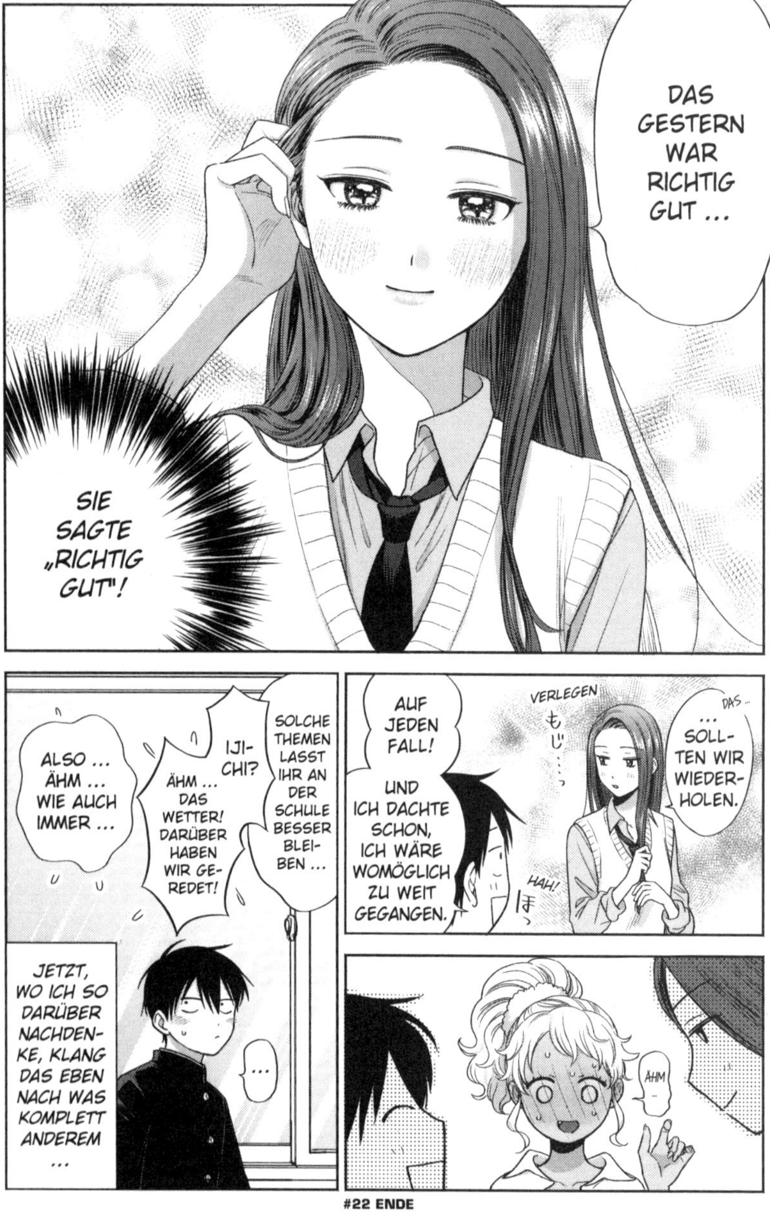

DAS GESTERN WAR RICHTIG GUT …
SIE SAGTE „RICHTIG GUT"!

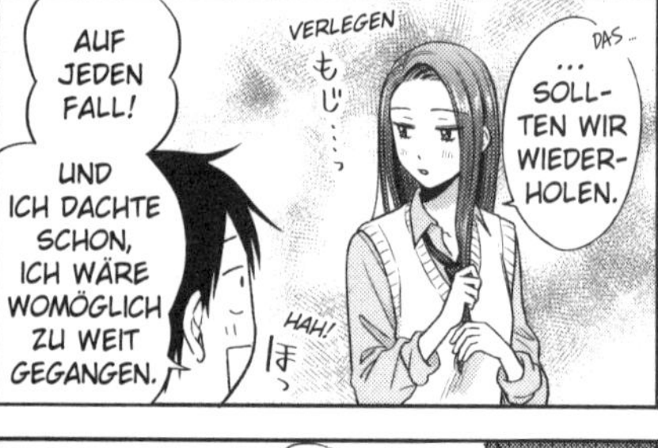
DAS …
… SOLL-TEN WIR WIEDER-HOLEN.
VERLEGEN
HAH!
AUF JEDEN FALL!
UND ICH DACHTE SCHON, ICH WÄRE WOMÖGLICH ZU WEIT GEGANGEN.

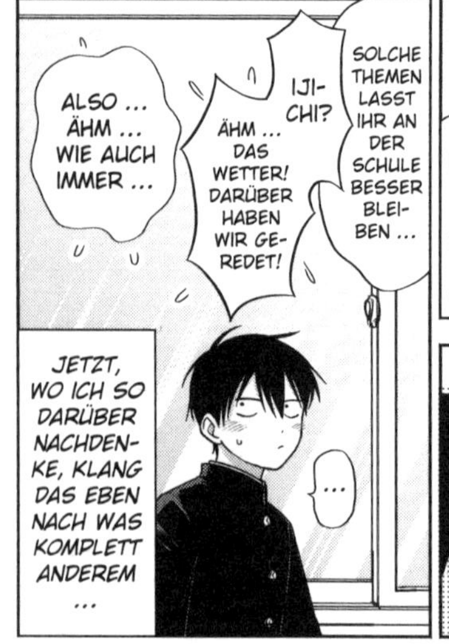
SOLCHE THEMEN LASST IHR AN DER SCHULE BESSER BLEI-BEN …
IJI-CHI?
ÄHM … DAS WETTER! DARÜBER HABEN WIR GE-REDET!
ALSO … ÄHM … WIE AUCH IMMER …
…
JETZT, WO ICH SO DARÜBER NACHDEN-KE, KLANG DAS EBEN NACH WAS KOMPLETT ANDEREM …

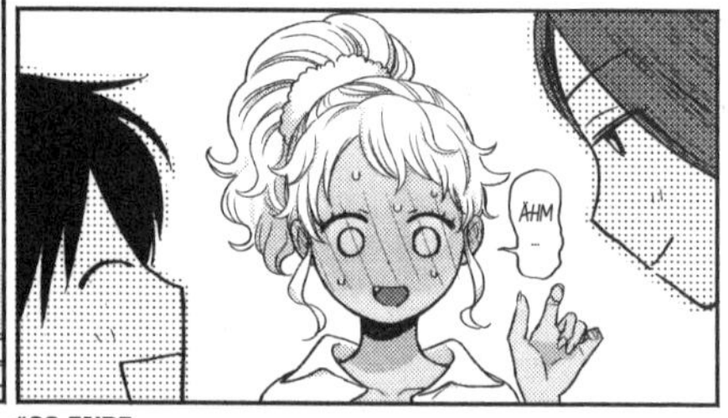
ÄHM …

#22 ENDE

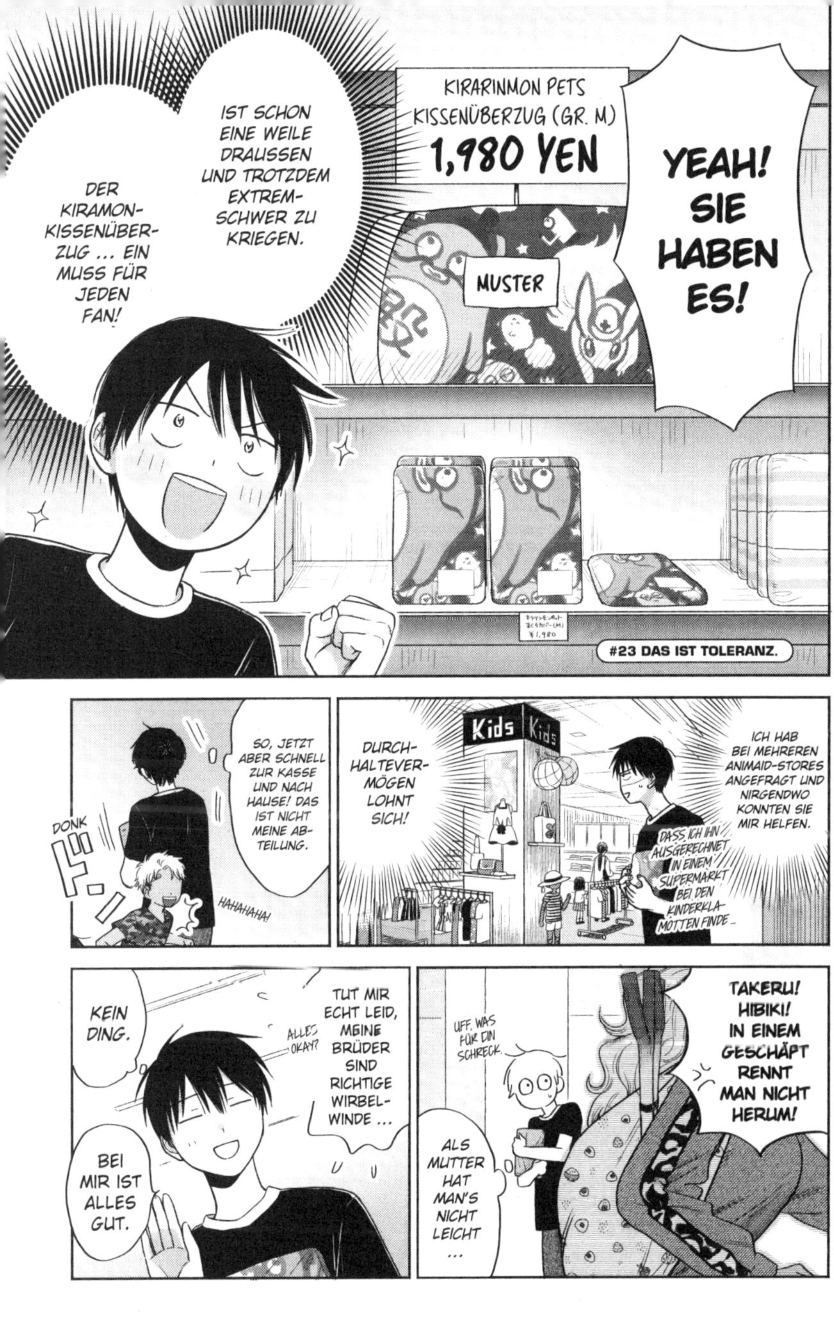

YEAH! SIE HABEN ES!

KIRARINMON PETS KISSENÜBERZUG (GR. M) 1,980 YEN

IST SCHON EINE WEILE DRAUSSEN UND TROTZDEM EXTREM-SCHWER ZU KRIEGEN.

DER KIRAMON-KISSENÜBERZUG ... EIN MUSS FÜR JEDEN FAN!

MUSTER

#23 DAS IST TOLERANZ.

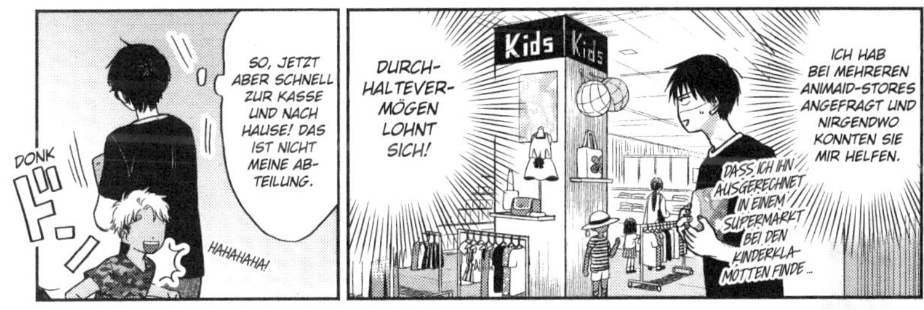

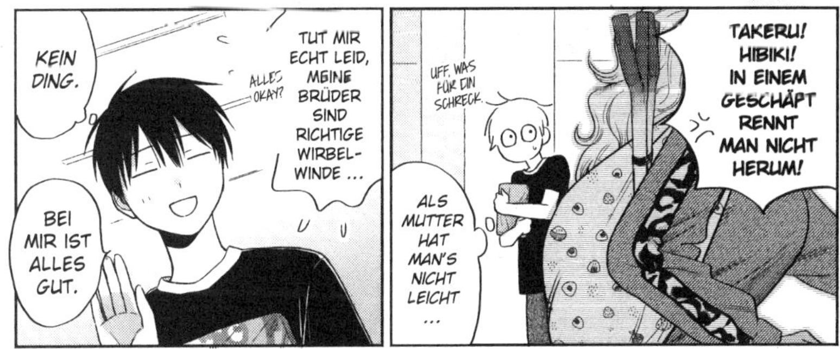

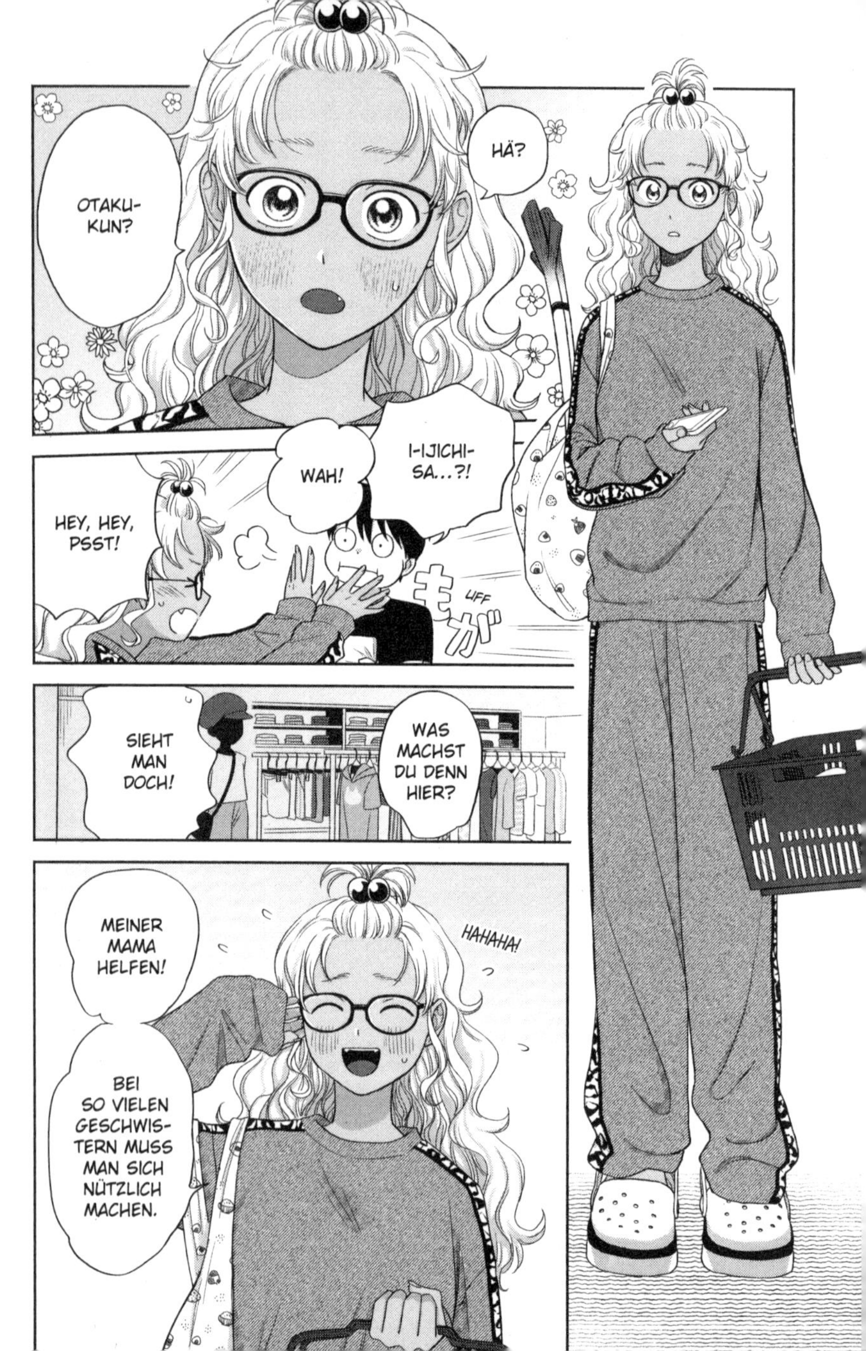
HÄ?
OTAKU-KUN?
I-IJICHI-SA...?!
WAH!
HEY, HEY, PSST!
UFF
WAS MACHST DU DENN HIER?
SIEHT MAN DOCH!
HAHAHA!
MEINER MAMA HELFEN!
BEI SO VIELEN GESCHWIS-TERN MUSS MAN SICH NÜTZLICH MACHEN.

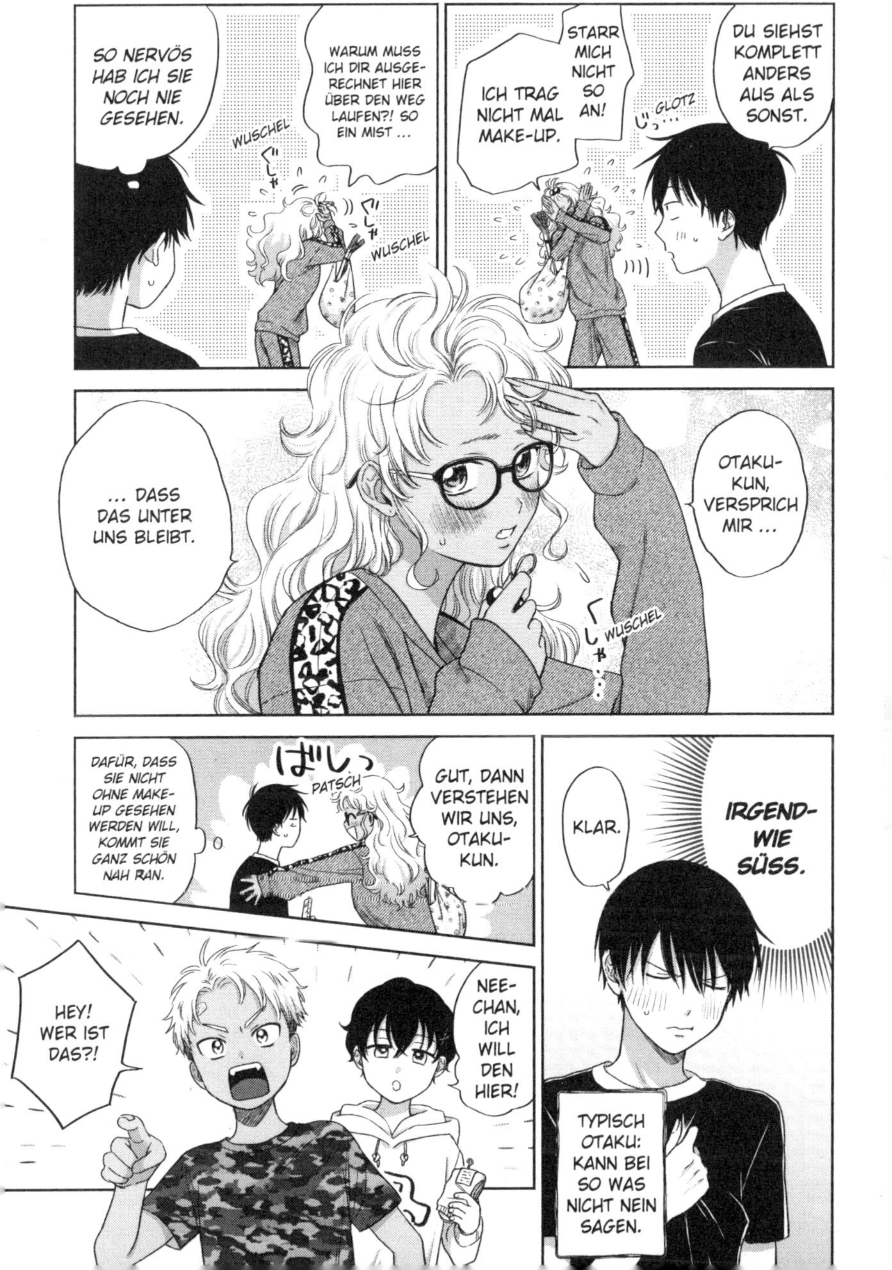

DU SIEHST KOMPLETT ANDERS AUS ALS SONST.
GLOTZ
STARR MICH NICHT SO AN!
ICH TRAG NICHT MAL MAKE-UP.
WARUM MUSS ICH DIR AUSGERECHNET HIER ÜBER DEN WEG LAUFEN?! SO EIN MIST …
WUSCHEL
WUSCHEL
SO NERVÖS HAB ICH SIE NOCH NIE GESEHEN.

OTAKU-KUN, VERSPRICH MIR …
WUSCHEL
… DASS DAS UNTER UNS BLEIBT.

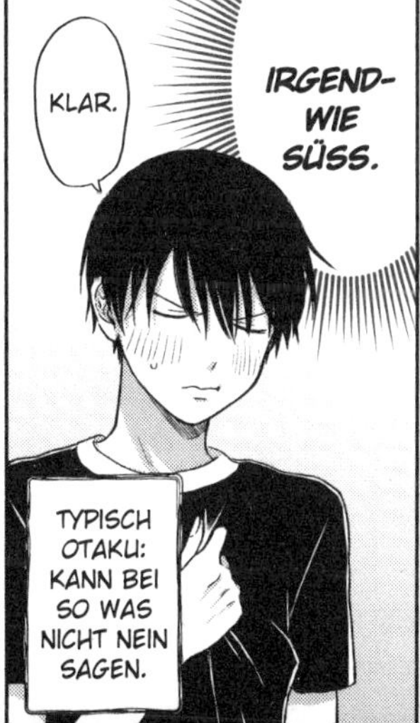

GUT, DANN VERSTEHEN WIR UNS, OTAKU-KUN.
PATSCH
DAFÜR, DASS SIE NICHT OHNE MAKE-UP GESEHEN WERDEN WILL, KOMMT SIE GANZ SCHÖN NAH RAN.

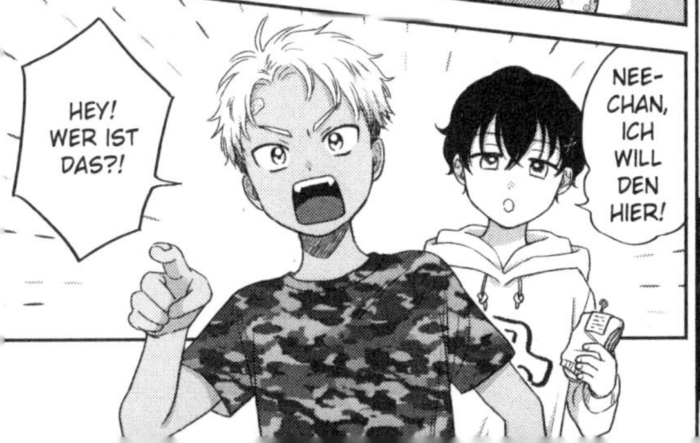

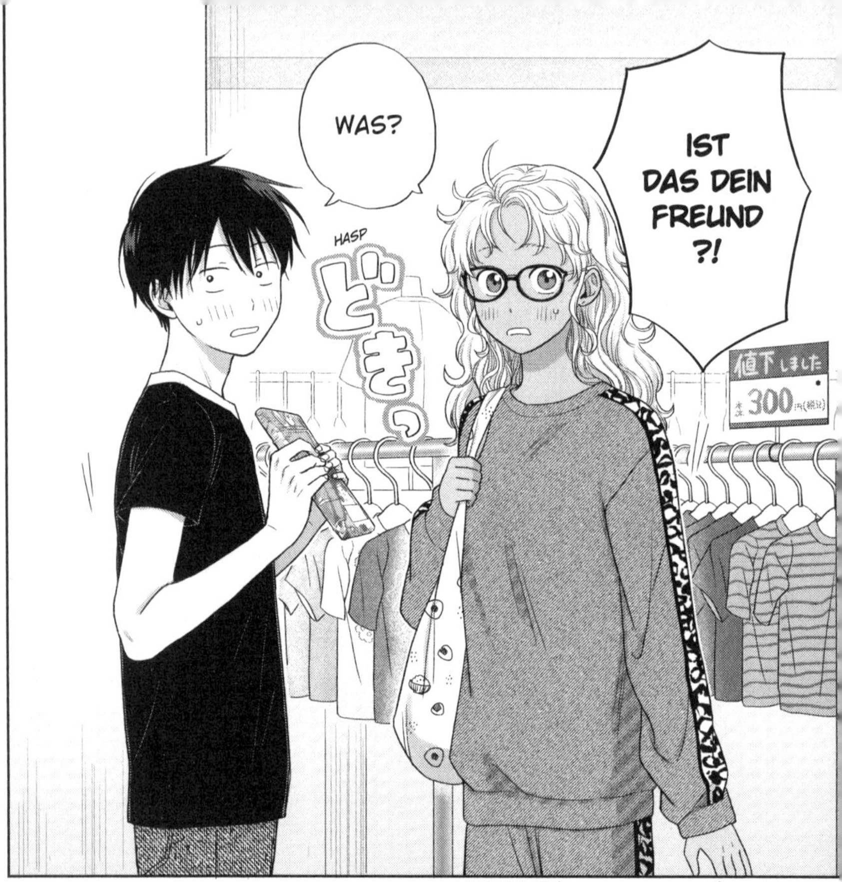

IST DAS DEIN FREUND ?!

WAS?

HASP

どきっ

値下しました

300

* NUR 300 YEN!

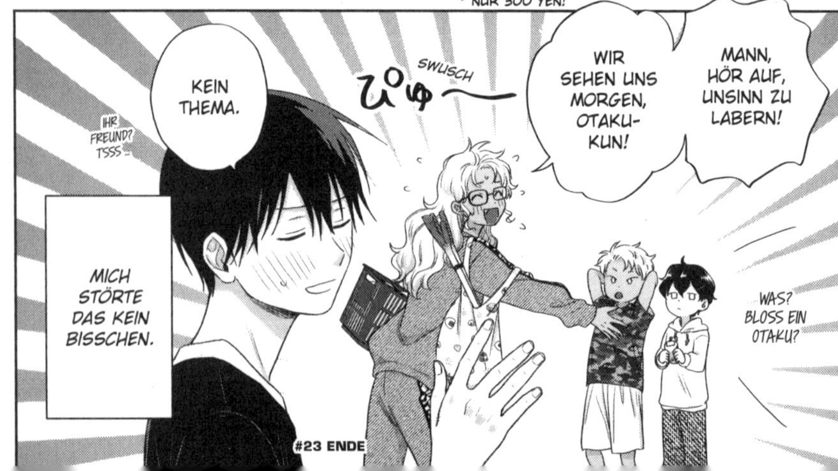

ÜBRIGENS, AMANE-SAN …

… GESTERN HAB ICH ENDLICH DEN KIRAMON-KISSENÜBERZUG GEKRIEGT.

ECHT JETZT?

ICH WILL AUCH EINEN! WO HAST DU DEN GEKAUFT?

#24 NICHT BLOSS BEKANNTE, SONDERN FREUNDE

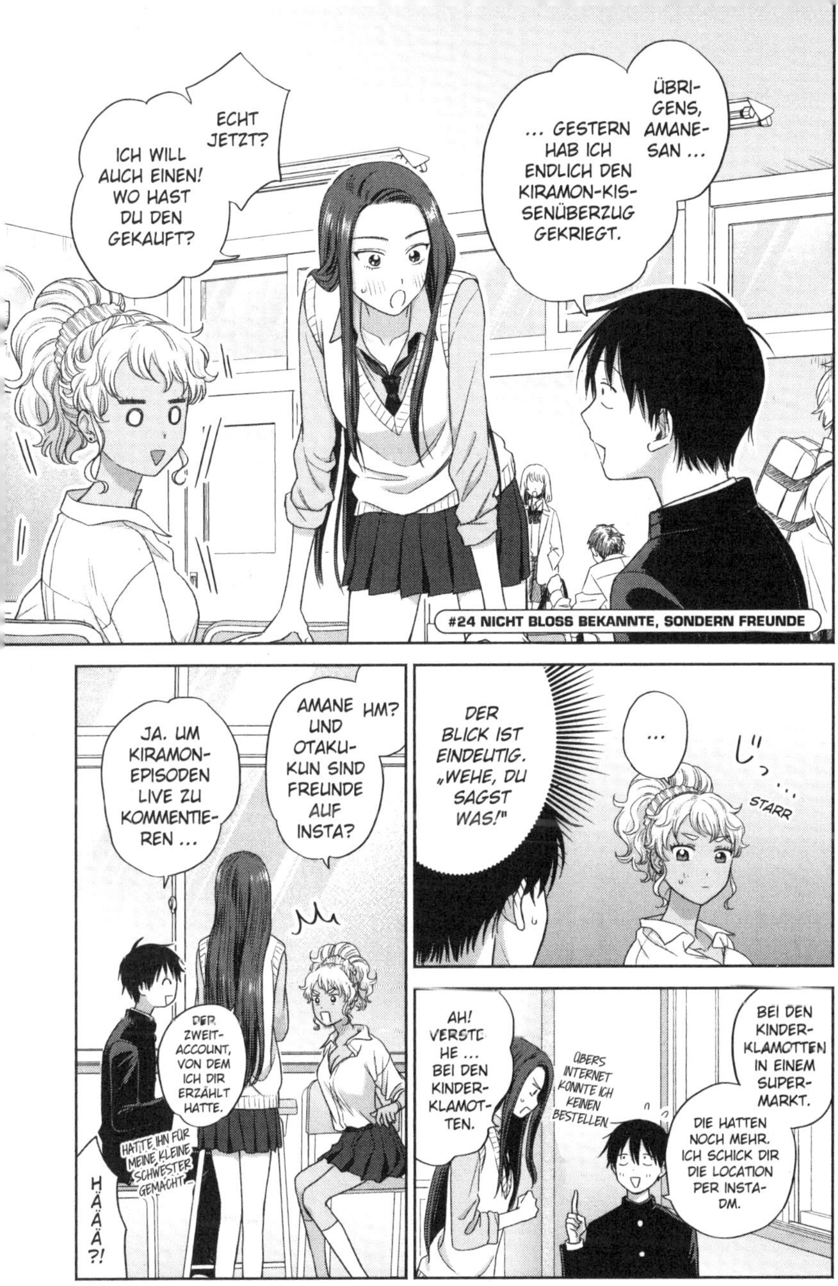

…

じーっ… STARR

DER BLICK IST EINDEUTIG. „WEHE, DU SAGST WAS!"

BEI DEN KINDERKLAMOTTEN IN EINEM SUPERMARKT.

DIE HATTEN NOCH MEHR. ICH SCHICK DIR DIE LOCATION PER INSTA-DM.

AH! VERSTEHE … BEI DEN KINDERKLAMOTTEN.

ÜBERS INTERNET KONNTE ICH KEINEN BESTELLEN

HM?

AMANE UND OTAKU-KUN SIND FREUNDE AUF INSTA?

JA. UM KIRAMON-EPISODEN LIVE ZU KOMMENTIEREN …

DER ZWEIT-ACCOUNT, VON DEM ICH DIR ERZÄHLT HATTE.

HATTE IHN FÜR MEINE KLEINE SCHWESTER GEMACHT

HÄÄÄ?!

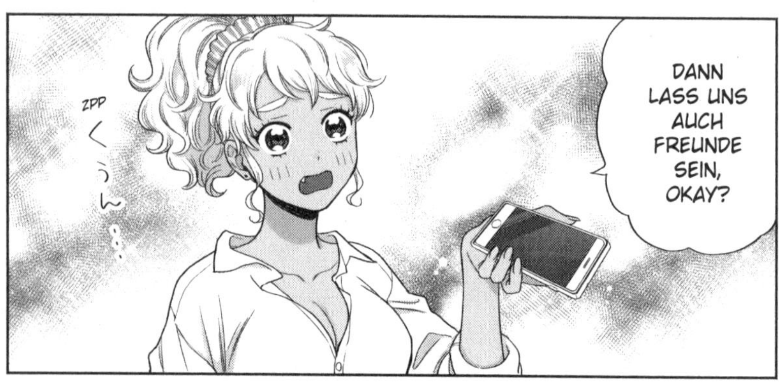
DANN LASS UNS AUCH FREUNDE SEIN, OKAY?
ZPP
くうん…

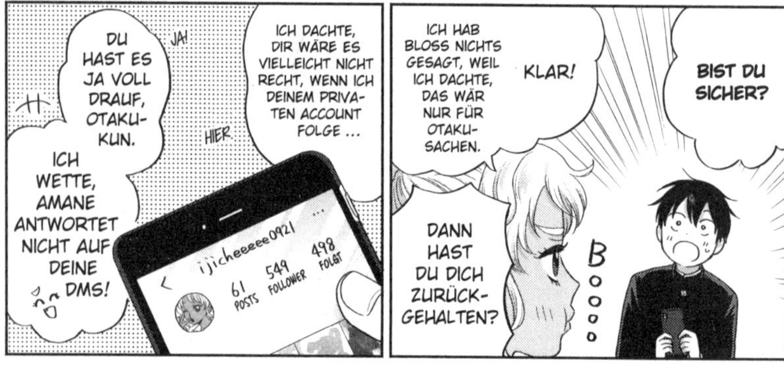
BIST DU SICHER?
KLAR!
ICH HAB BLOSS NICHTS GESAGT, WEIL ICH DACHTE, DAS WÄR NUR FÜR OTAKU-SACHEN.
DANN HAST DU DICH ZURÜCK-GEHALTEN?
B o o o o o
ICH DACHTE, DIR WÄRE ES VIELLEICHT NICHT RECHT, WENN ICH DEINEM PRIVA-TEN ACCOUNT FOLGE …
HIER
DU HAST ES JA VOLL DRAUF, OTAKU-KUN.
JA!
ICH WETTE, AMANE ANTWORTET NICHT AUF DEINE DMS!
ijicheeeee0921
61 POSTS
549 FOLLOWER
498 FOLGT

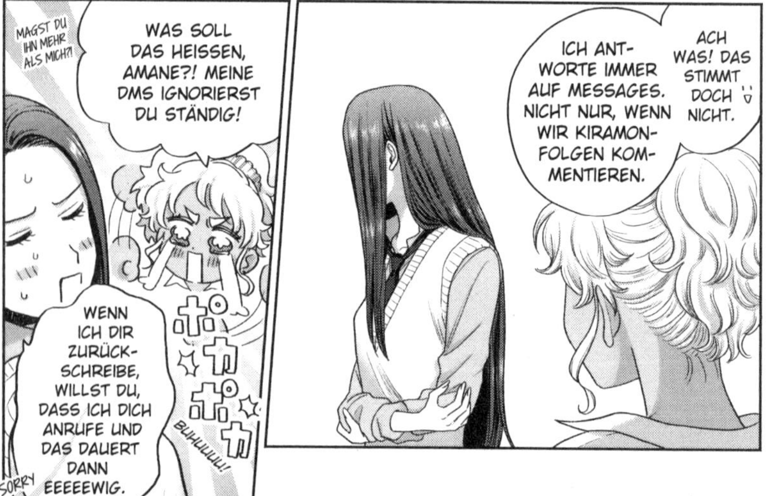
ACH WAS! DAS STIMMT DOCH NICHT.
ICH ANT-WORTE IMMER AUF MESSAGES. NICHT NUR, WENN WIR KIRAMON-FOLGEN KOM-MENTIEREN.
WAS SOLL DAS HEISSEN, AMANE?! MEINE DMS IGNORIERST DU STÄNDIG!
MAGST DU IHN MEHR ALS MICH?!
WENN ICH DIR ZURÜCK-SCHREIBE, WILLST DU, DASS ICH DICH ANRUFE UND DAS DAUERT DANN EEEEEWIG.
SORRY
BUHUUUU!!

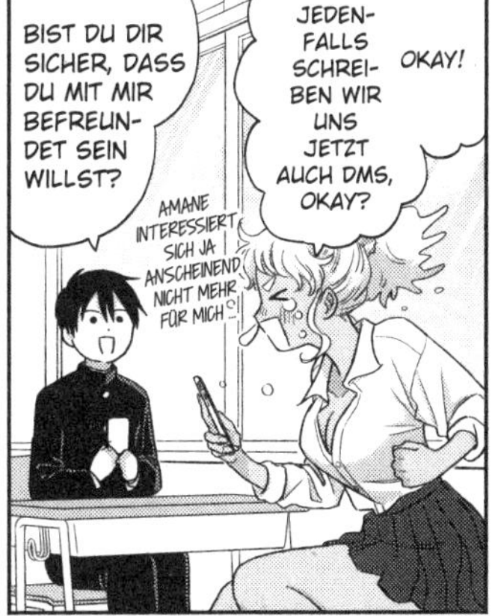
JEDEN-FALLS SCHREIBEN WIR UNS JETZT AUCH DMS, OKAY?
OKAY!
BIST DU DIR SICHER, DASS DU MIT MIR BEFREUNDET SEIN WILLST?
AMANE INTERESSIERT SICH JA ANSCHEINEND NICHT MEHR FÜR MICH ...

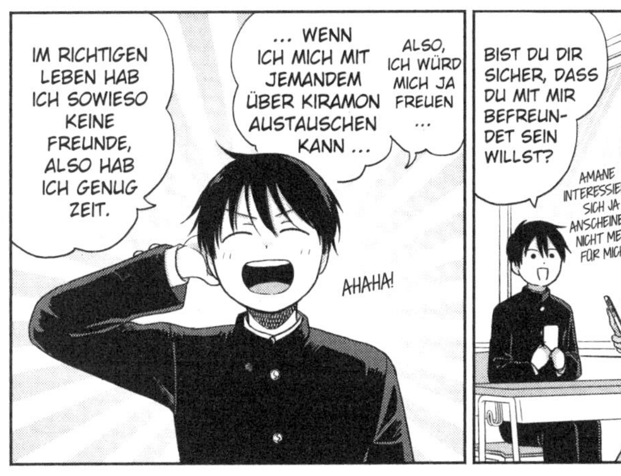
ALSO, ICH WÜRD MICH JA FREUEN ...
... WENN ICH MICH MIT JEMANDEM ÜBER KIRAMON AUSTAUSCHEN KANN ...
IM RICHTIGEN LEBEN HAB ICH SOWIESO KEINE FREUNDE, ALSO HAB ICH GENUG ZEIT.
AHAHA!

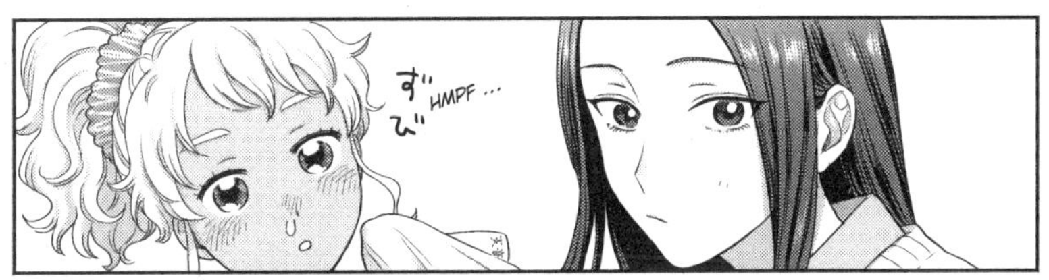
ずび
HMPF ...

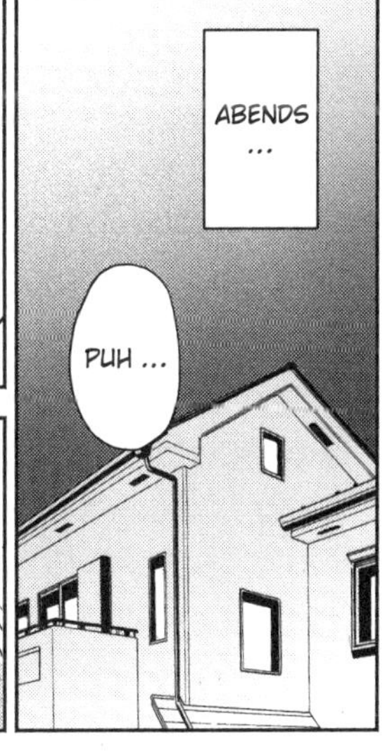
ABENDS ...
PUH ...

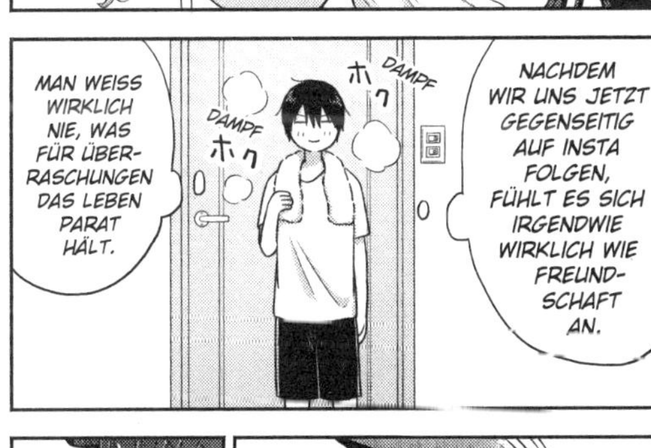
NACHDEM WIR UNS JETZT GEGENSEITIG AUF INSTA FOLGEN, FÜHLT ES SICH IRGENDWIE WIRKLICH WIE FREUNDSCHAFT AN.
ホク
DAMPF
ホク
DAMPF
MAN WEISS WIRKLICH NIE, WAS FÜR ÜBERRASCHUNGEN DAS LEBEN PARAT HÄLT.

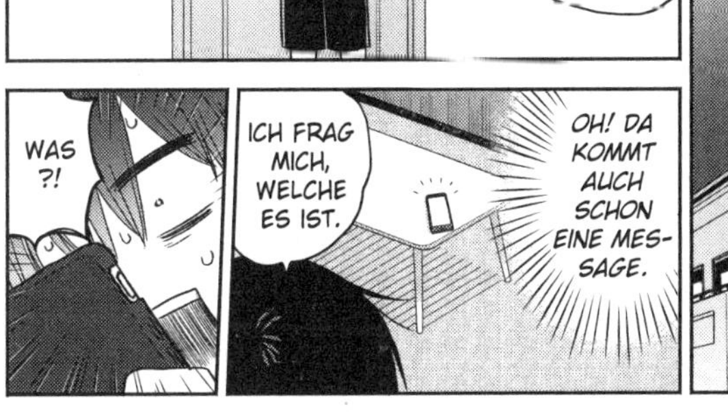
OH! DA KOMMT AUCH SCHON EINE MESSAGE.
ICH FRAG MICH, WELCHE ES IST.
WAS ?!

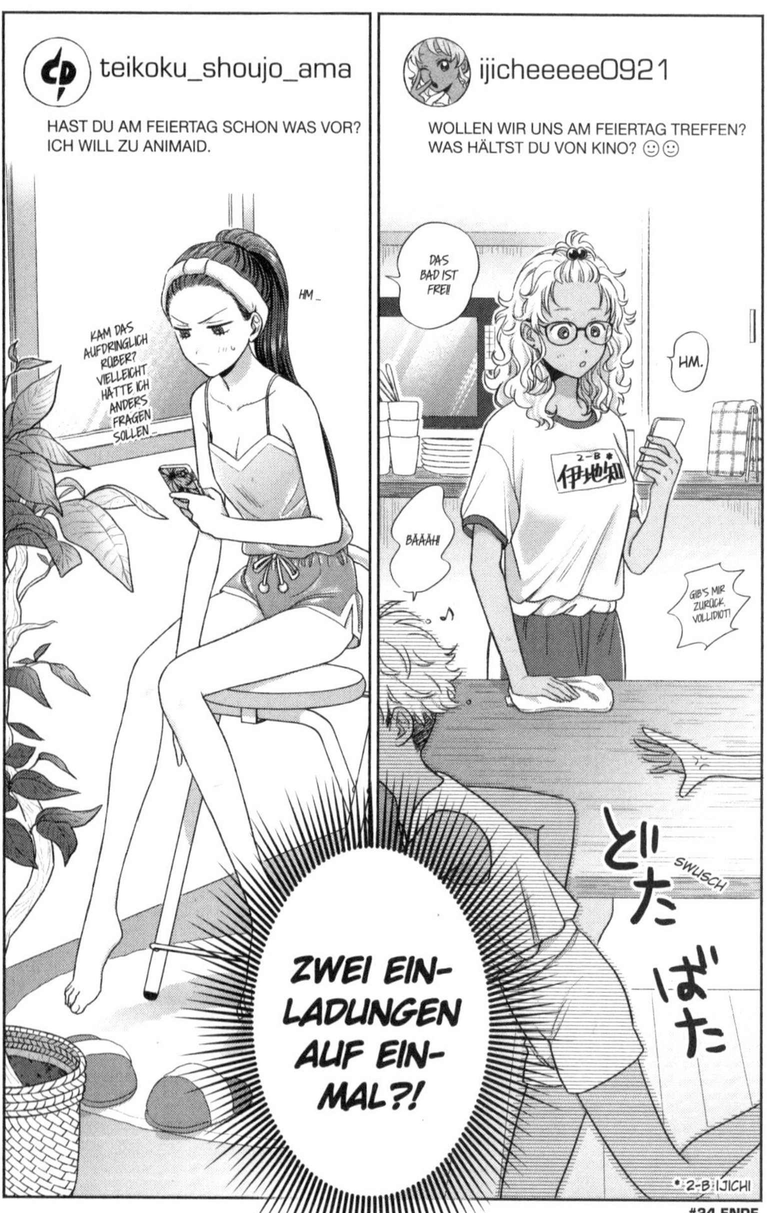
ijicheeeee0921
WOLLEN WIR UNS AM FEIERTAG TREFFEN? WAS HÄLTST DU VON KINO? ☺☺
DAS BAD IST FREI!
HM.
2-B 伊地知 *
BÄÄÄH!
GIB'S MIR ZURÜCK, VOLLIDIOT!
どた
SWUSCH
ばた
* 2-B IJICHI
teikoku_shoujo_ama
HAST DU AM FEIERTAG SCHON WAS VOR? ICH WILL ZU ANIMAID.
HM ...
KAM DAS AUFDRINGLICH RÜBER? VIELLEICHT HÄTTE ICH ANDERS FRAGEN SOLLEN ...
ZWEI EIN-LADUNGEN AUF EIN-MAL?!

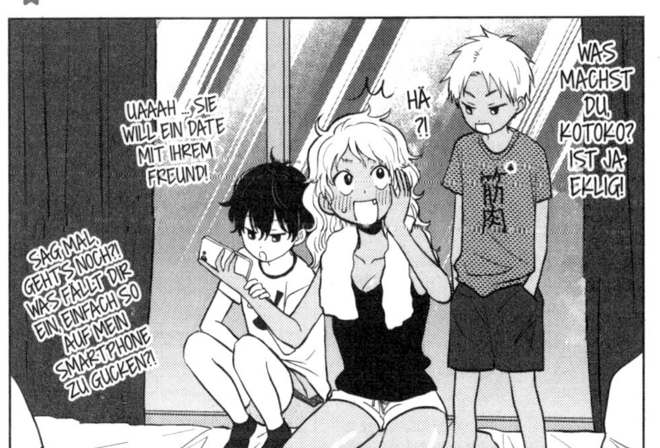
WAS MACHST DU, KOTOKO? IST JA EKLIG!
HÄ ?!
UAAAH ... SIE WILL EIN DATE MIT IHREM FREUND!
SAG MAL, GEHTS NOCH?! WAS FÄLLT DIR EIN, EINFACH SO AUF MEIN SMARTPHONE ZU GUCKEN?!

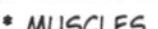
* MUSCLES

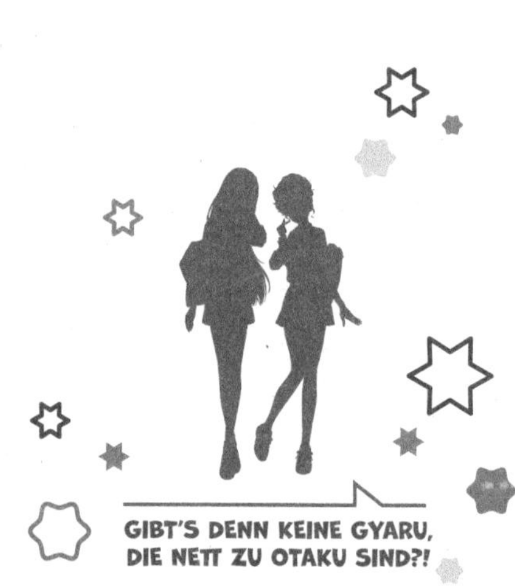
GIBT'S DENN KEINE GYARU,
DIE NETT ZU OTAKU SIND?!

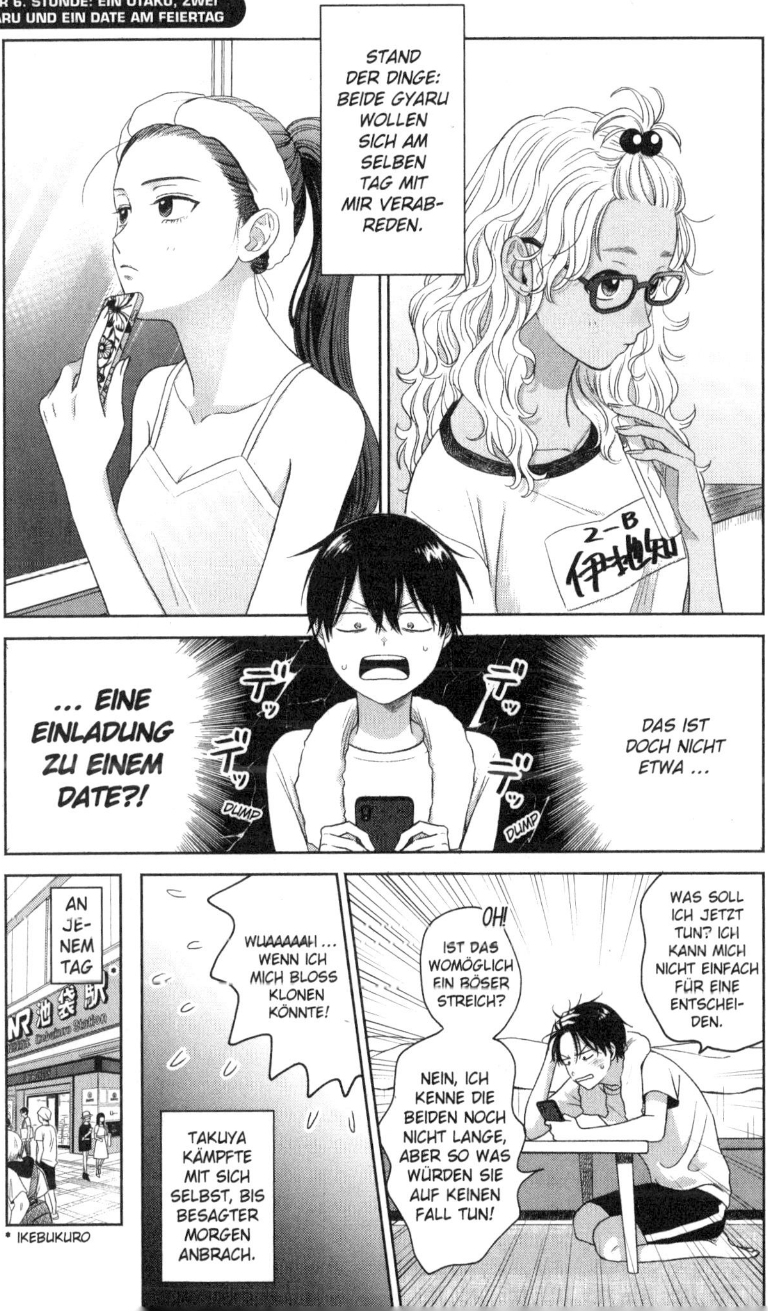

ZUR 6. STUNDE: EIN OTAKU, ZWEI GYARU UND EIN DATE AM FEIERTAG

STAND DER DINGE: BEIDE GYARU WOLLEN SICH AM SELBEN TAG MIT MIR VERABREDEN.

2-B
伊地知

DAS IST DOCH NICHT ETWA ...

DUMP

DUMP

... EINE EINLADUNG ZU EINEM DATE?!

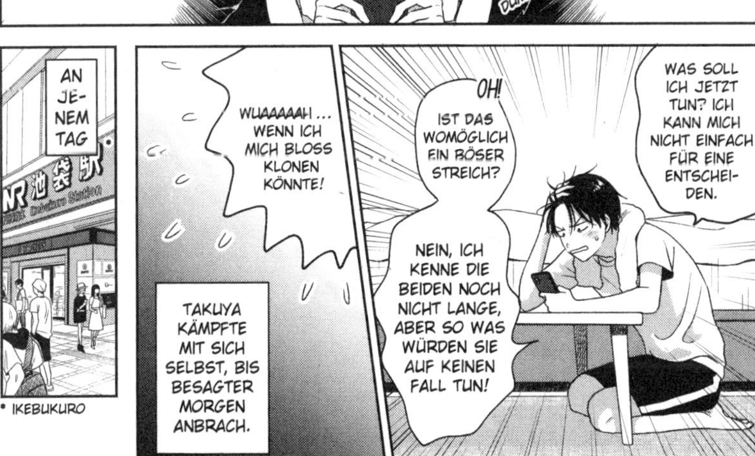

* IKEBUKURO

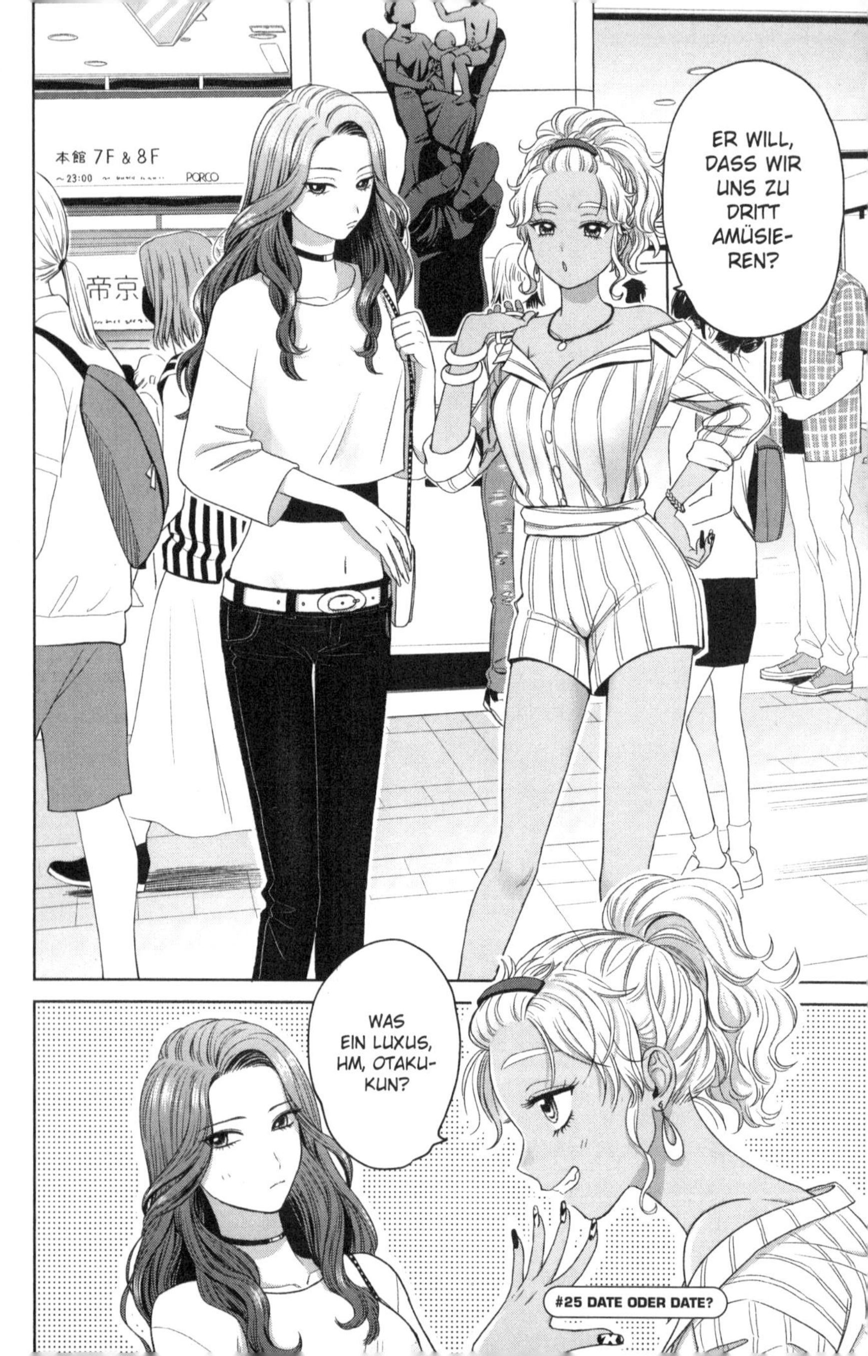
本館 7F & 8F
～23:00
PORCO
帝京
ER WILL, DASS WIR UNS ZU DRITT AMÜSIEREN?
WAS EIN LUXUS, HM, OTAKU-KUN?
#25 DATE ODER DATE?

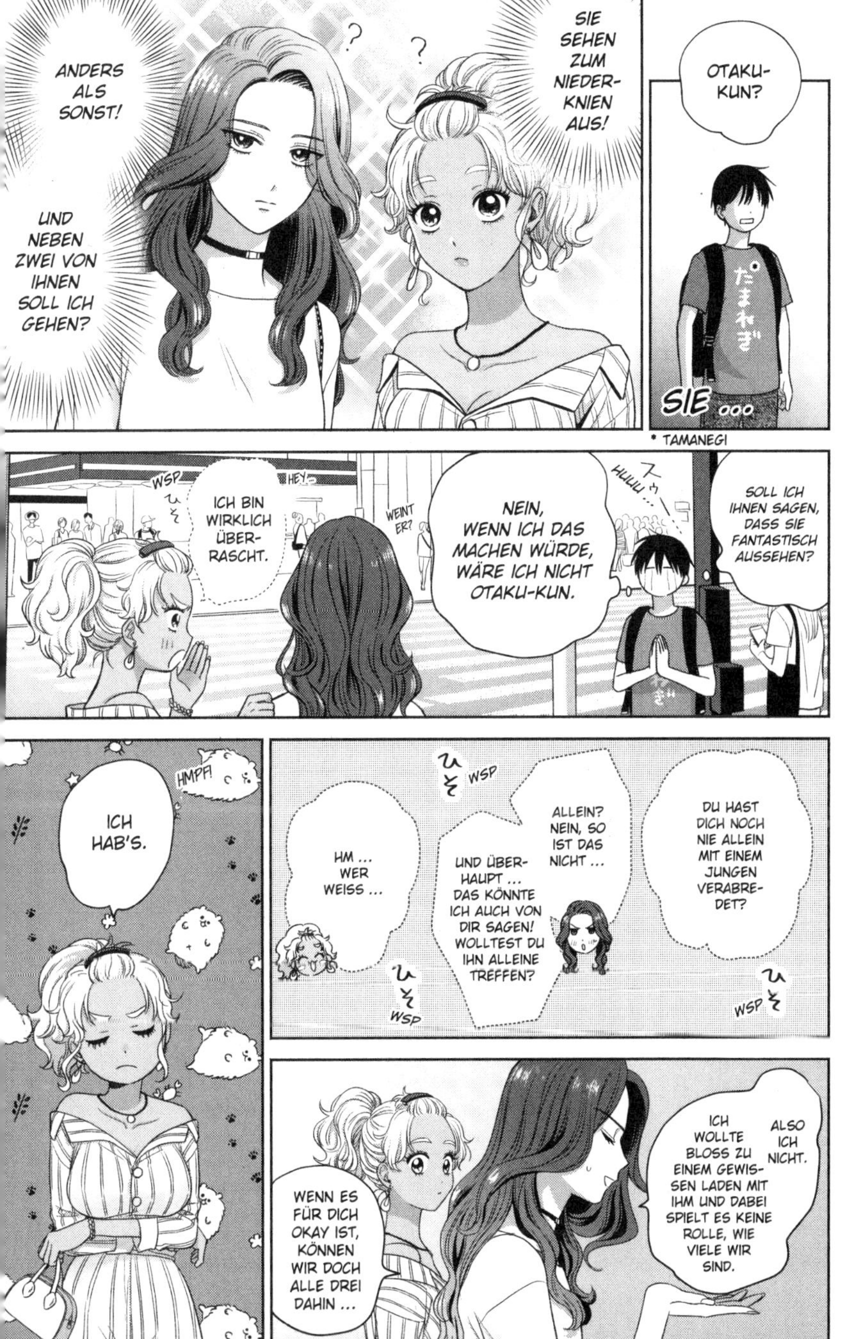

OTAKU-KUN?
SIE ...
SIE SEHEN ZUM NIEDERKNIEN AUS!
ANDERS ALS SONST!
UND NEBEN ZWEI VON IHNEN SOLL ICH GEHEN?
* TAMANEGI
SOLL ICH IHNEN SAGEN, DASS SIE FANTASTISCH AUSSEHEN?
HUUU ...
NEIN, WENN ICH DAS MACHEN WÜRDE, WÄRE ICH NICHT OTAKU-KUN.
WEINT ER?
HEY ...
ICH BIN WIRKLICH ÜBERRASCHT.
WSP
DU HAST DICH NOCH NIE ALLEIN MIT EINEM JUNGEN VERABREDET?
WSP
ALLEIN? NEIN, SO IST DAS NICHT ...
UND ÜBERHAUPT ... DAS KÖNNTE ICH AUCH VON DIR SAGEN! WOLLTEST DU IHN ALLEINE TREFFEN?
WSP
HM ... WER WEISS ...
WSP
HMPF!
ICH HAB'S.
ALSO ICH NICHT.
ICH WOLLTE BLOSS ZU EINEM GEWISSEN LADEN MIT IHM UND DABEI SPIELT ES KEINE ROLLE, WIE VIELE WIR SIND.
WENN ES FÜR DICH OKAY IST, KÖNNEN WIR DOCH ALLE DREI DAHIN ...

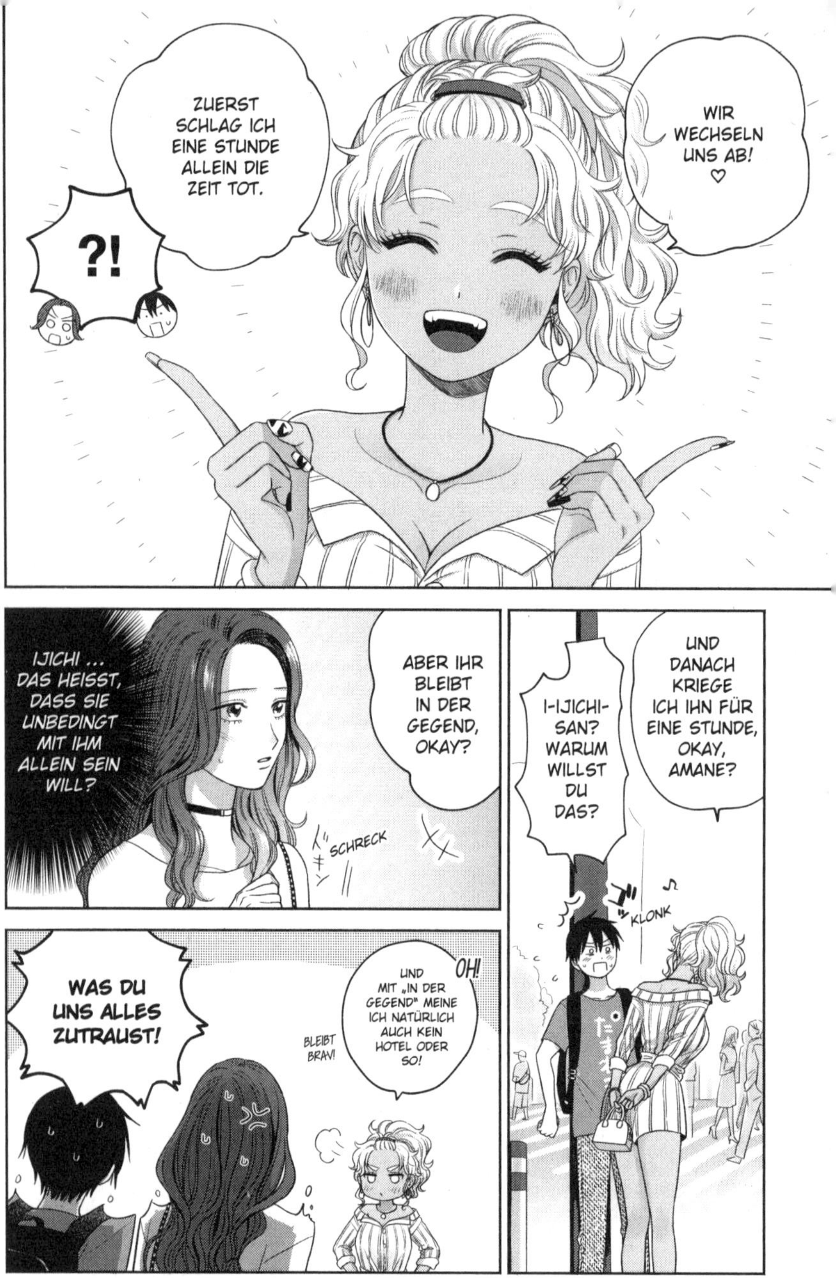

ZUERST SCHLAG ICH EINE STUNDE ALLEIN DIE ZEIT TOT.

WIR WECHSELN UNS AB! ♡

?!

UND DANACH KRIEGE ICH IHN FÜR EINE STUNDE, OKAY, AMANE?

I-IJICHI-SAN? WARUM WILLST DU DAS?

KLONK

ABER IHR BLEIBT IN DER GEGEND, OKAY?

SCHRECK

IJICHI ... DAS HEISST, DASS SIE UNBEDINGT MIT IHM ALLEIN SEIN WILL?

OH!

UND MIT „IN DER GEGEND" MEINE ICH NATÜRLICH AUCH KEIN HOTEL ODER SO!

BLEIBT BRAV!

WAS DU UNS ALLES ZUTRAUST!

* TAMANEGI

#25 ENDE

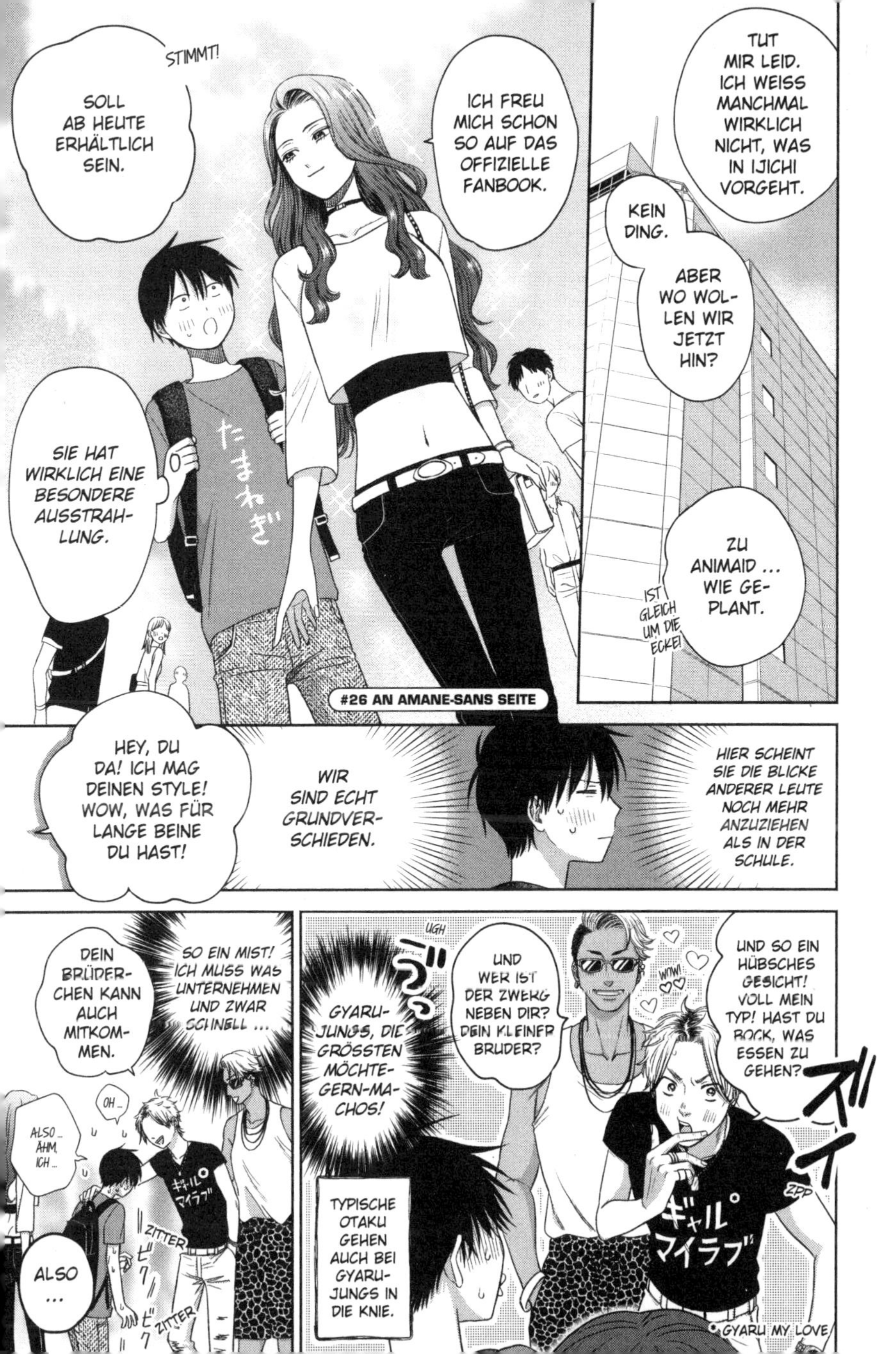
TUT MIR LEID. ICH WEISS MANCHMAL WIRKLICH NICHT, WAS IN IJICHI VORGEHT.
KEIN DING.
ABER WO WOLLEN WIR JETZT HIN?
ICH FREU MICH SCHON SO AUF DAS OFFIZIELLE FANBOOK.
STIMMT!
SOLL AB HEUTE ERHÄLTLICH SEIN.
ZU ANIMAID … WIE GEPLANT.
IST GLEICH UM DIE ECKE!
SIE HAT WIRKLICH EINE BESONDERE AUSSTRAHLUNG.
たまねぎ
#26 AN AMANE-SANS SEITE
HIER SCHEINT SIE DIE BLICKE ANDERER LEUTE NOCH MEHR ANZUZIEHEN ALS IN DER SCHULE.
WIR SIND ECHT GRUNDVERSCHIEDEN.
HEY, DU DA! ICH MAG DEINEN STYLE! WOW, WAS FÜR LANGE BEINE DU HAST!
UND SO EIN HÜBSCHES GESICHT! VOLL MEIN TYP! HAST DU BOCK, WAS ESSEN ZU GEHEN?
WOW!
UND WER IST DER ZWERG NEBEN DIR? DEIN KLEINER BRUDER?
UGH
GYARU-JUNGS, DIE GRÖSSTEN MÖCHTEGERN-MACHOS!
ZPP
ギャルマイラブ
GYARU MY LOVE
TYPISCHE OTAKU GEHEN AUCH BEI GYARU-JUNGS IN DIE KNIE.
SO EIN MIST! ICH MUSS WAS UNTERNEHMEN UND ZWAR SCHNELL …
DEIN BRÜDERCHEN KANN AUCH MITKOMMEN.
OH …
ALSO … ÄHM, ICH …
ZITTER
ZITTER
ALSO …

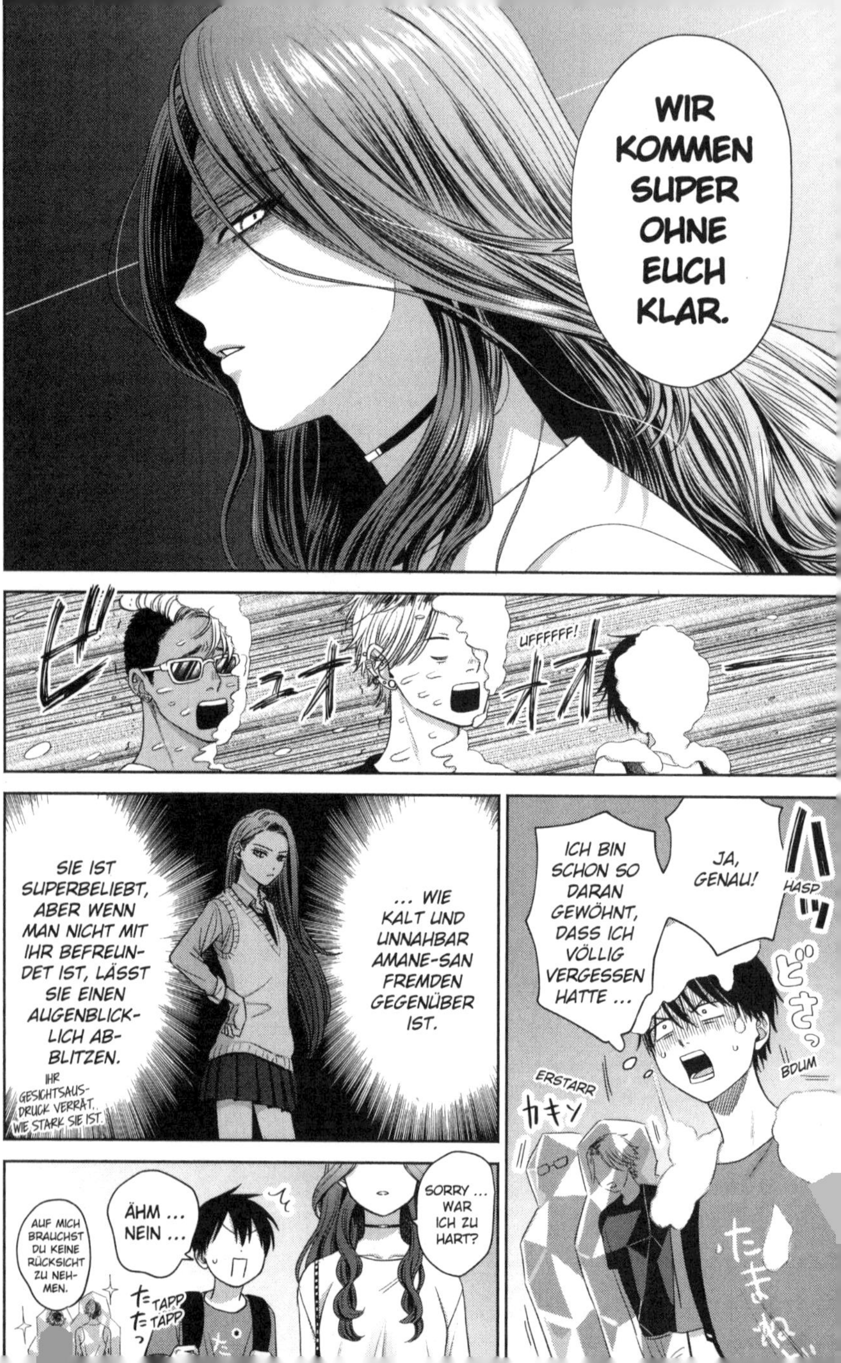

WIR KOMMEN SUPER OHNE EUCH KLAR.

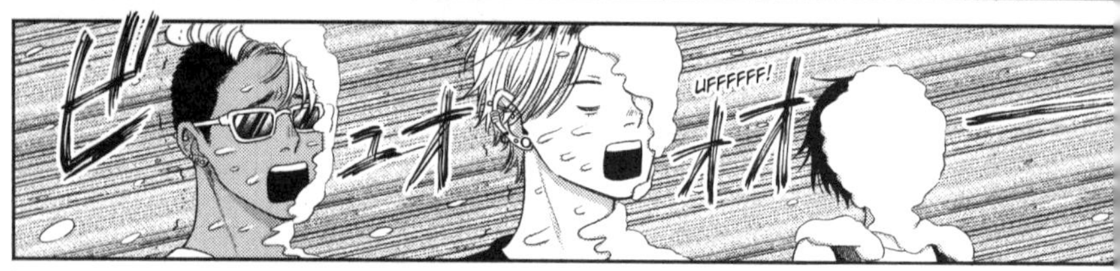

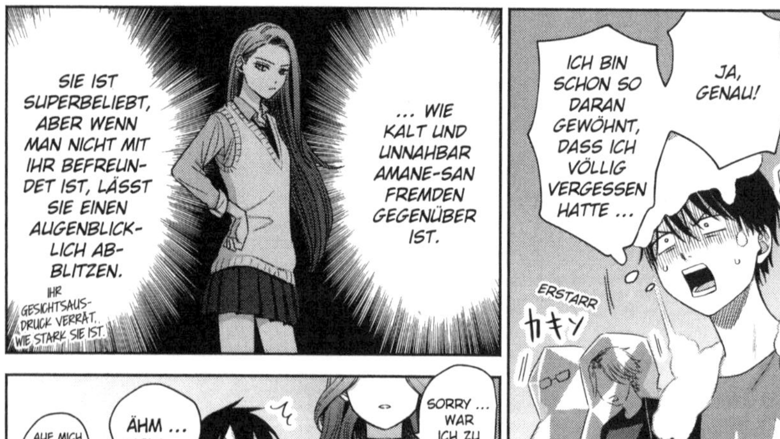

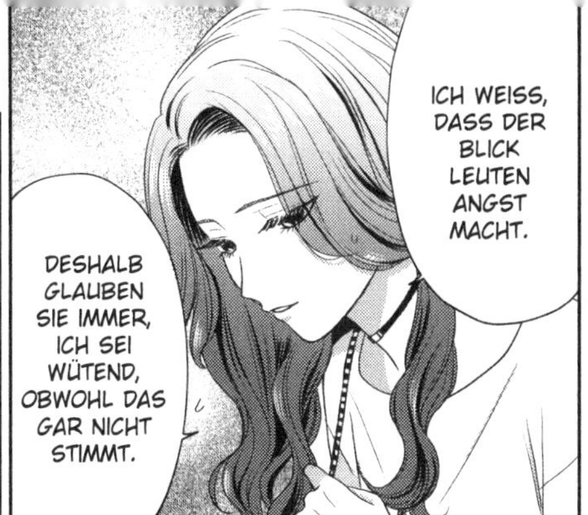
ICH WEISS, DASS DER BLICK LEUTEN ANGST MACHT.
DESHALB GLAUBEN SIE IMMER, ICH SEI WÜTEND, OBWOHL DAS GAR NICHT STIMMT.

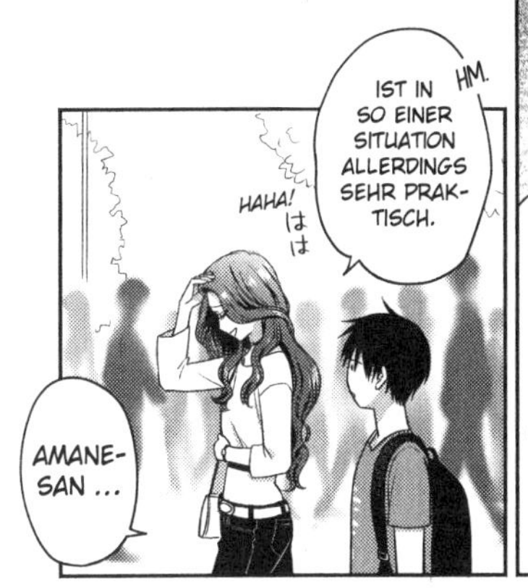
HM.
IST IN SO EINER SITUATION ALLERDINGS SEHR PRAKTISCH.
HAHA! はは
AMANE-SAN …

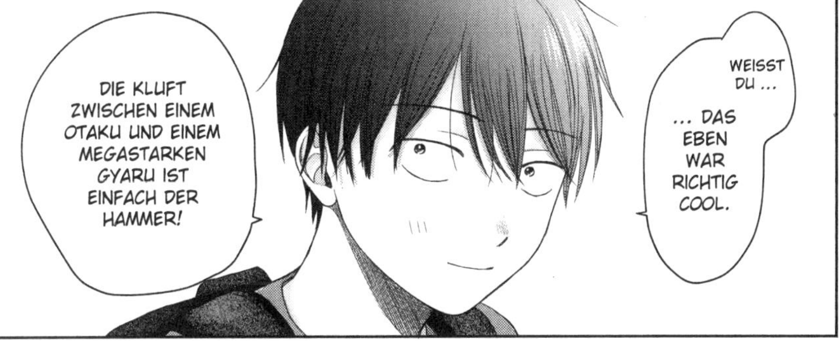
WEISST DU …
… DAS EBEN WAR RICHTIG COOL.
DIE KLUFT ZWISCHEN EINEM OTAKU UND EINEM MEGASTARKEN GYARU IST EINFACH DER HAMMER!

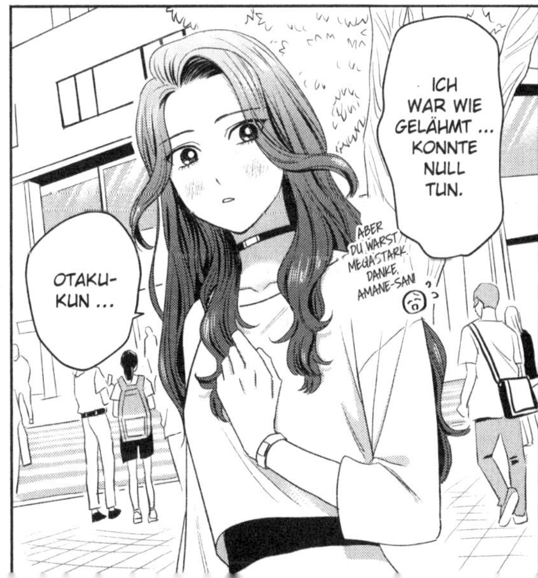
ICH WAR WIE GELÄHMT … KONNTE NULL TUN.
ABER DU WARST MEGASTARK. DANKE, AMANE-SAN!
OTAKU-KUN …

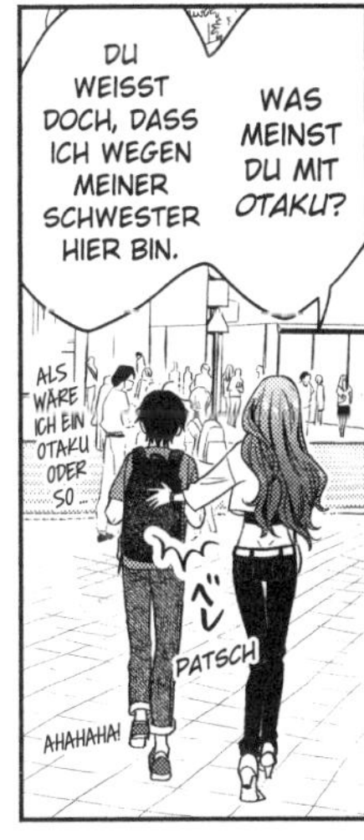
WAS MEINST DU MIT OTAKU?
DU WEISST DOCH, DASS ICH WEGEN MEINER SCHWESTER HIER BIN.
ALS WÄRE ICH EIN OTAKU ODER SO …
べし
PATSCH
AHAHAHA!

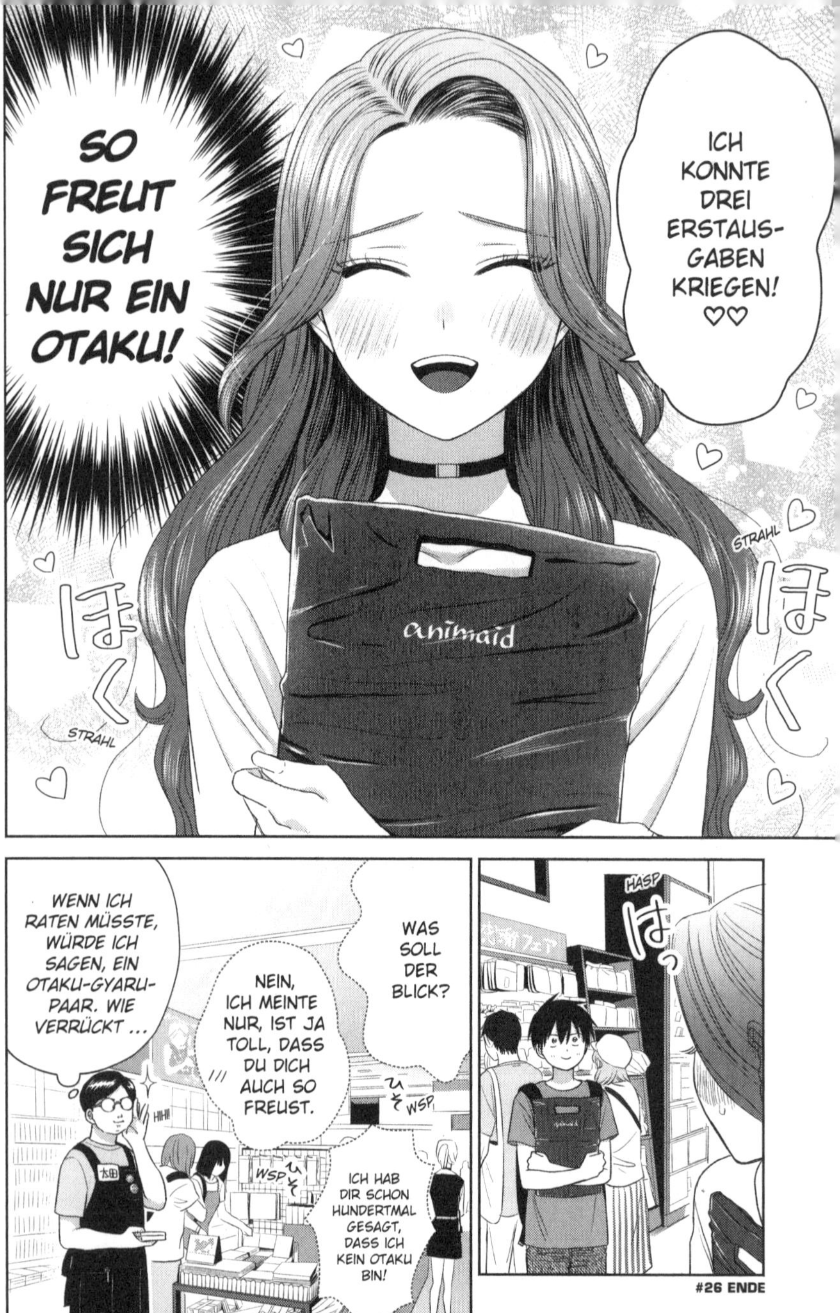

ICH KONNTE DREI ERSTAUS-GABEN KRIEGEN! ♡♡

STRAHL

ほく

SO FREUT SICH NUR EIN OTAKU!

ほく

STRAHL

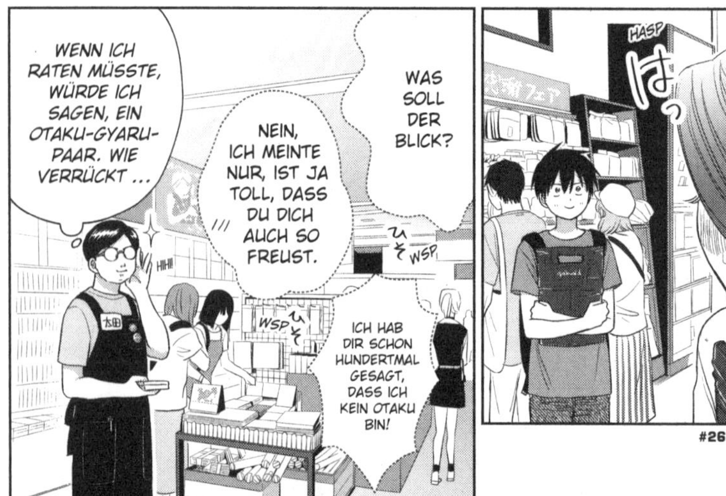

#26 ENDE

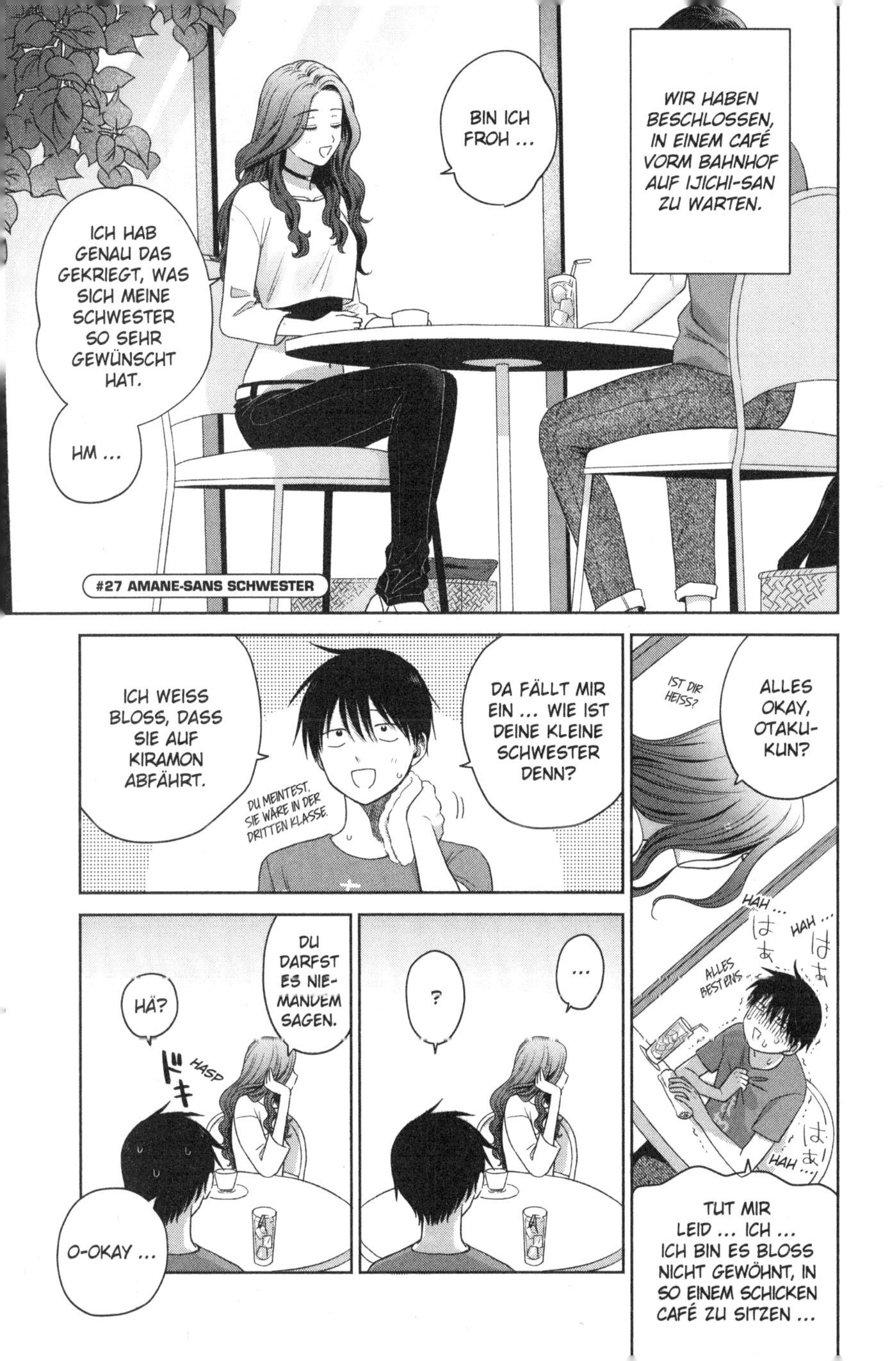

WIR HABEN BESCHLOSSEN, IN EINEM CAFÉ VORM BAHNHOF AUF IJICHI-SAN ZU WARTEN.
BIN ICH FROH ...
ICH HAB GENAU DAS GEKRIEGT, WAS SICH MEINE SCHWESTER SO SEHR GEWÜNSCHT HAT.
HM ...
#27 AMANE-SANS SCHWESTER
ALLES OKAY, OTAKU-KUN?
IST DIR HEISS?
HAH ... HAH ...
ALLES BESTENS.
HAH ...
TUT MIR LEID ... ICH ... ICH BIN ES BLOSS NICHT GEWÖHNT, IN SO EINEM SCHICKEN CAFÉ ZU SITZEN ...
DA FÄLLT MIR EIN ... WIE IST DEINE KLEINE SCHWESTER DENN?
DU MEINTEST, SIE WÄRE IN DER DRITTEN KLASSE.
ICH WEISS BLOSS, DASS SIE AUF KIRAMON ABFÄHRT.
...
?
DU DARFST ES NIEMANDEM SAGEN.
HÄ?
HASP
O-OKAY ...

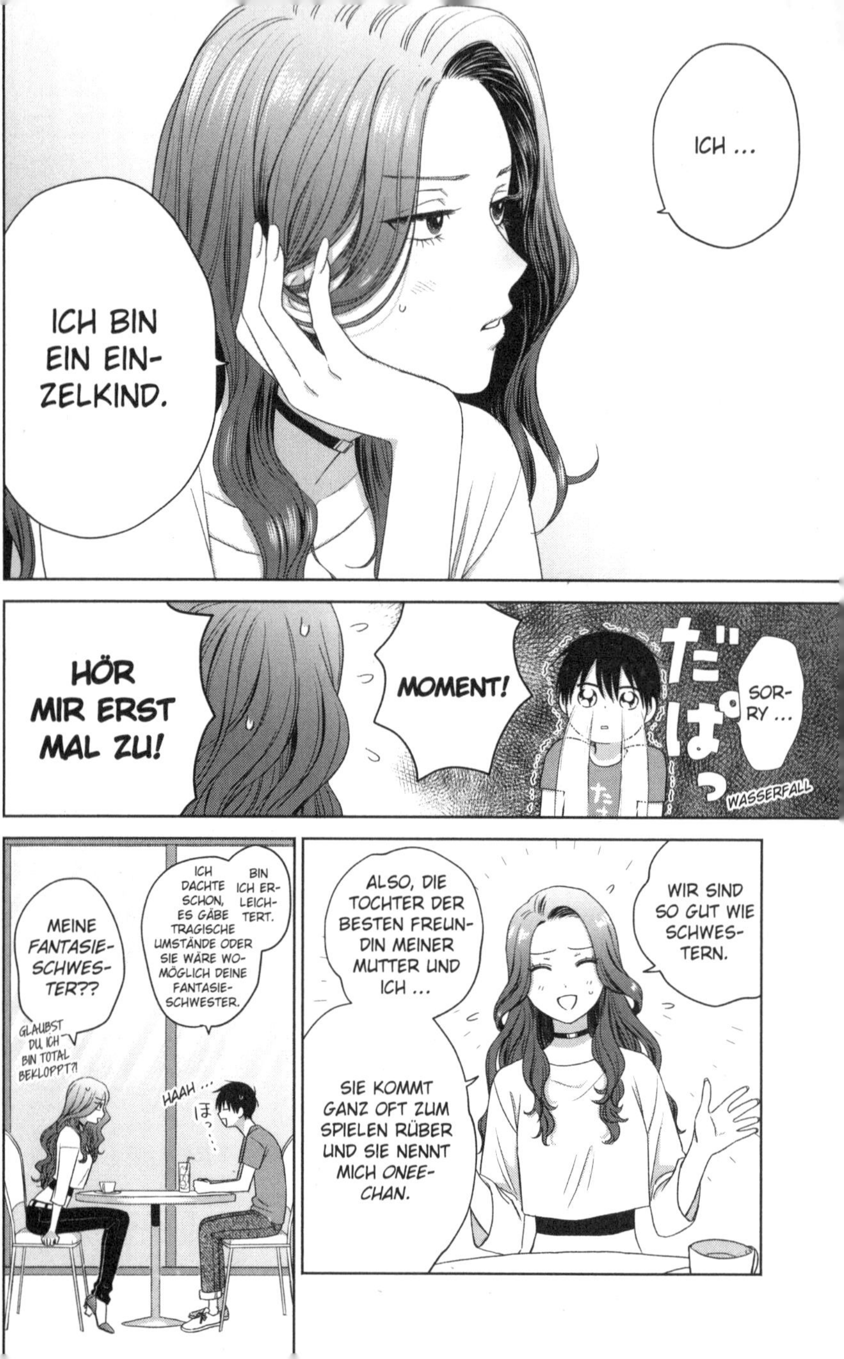

ICH ...

ICH BIN EIN EIN-ZELKIND.

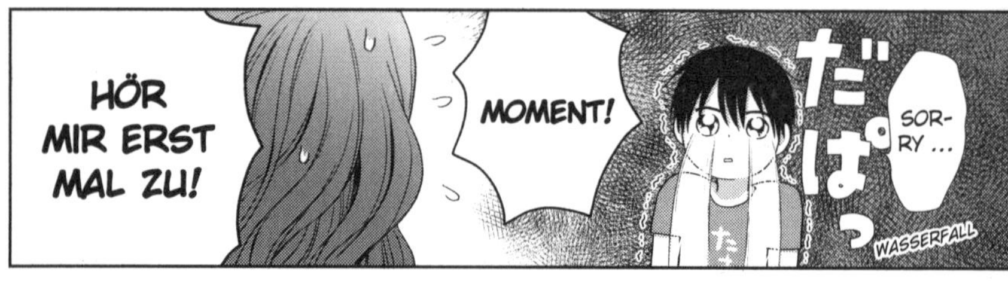

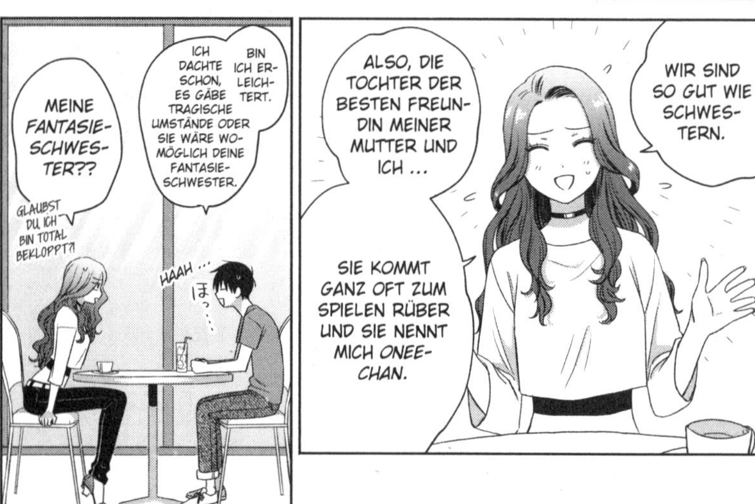

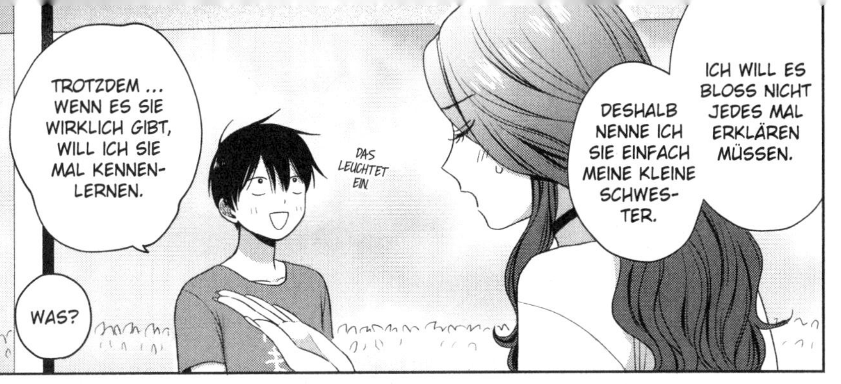
ICH WILL ES BLOSS NICHT JEDES MAL ERKLÄREN MÜSSEN.
DESHALB NENNE ICH SIE EINFACH MEINE KLEINE SCHWESTER.
DAS LEUCHTET EIN
TROTZDEM … WENN ES SIE WIRKLICH GIBT, WILL ICH SIE MAL KENNENLERNEN.
WAS?

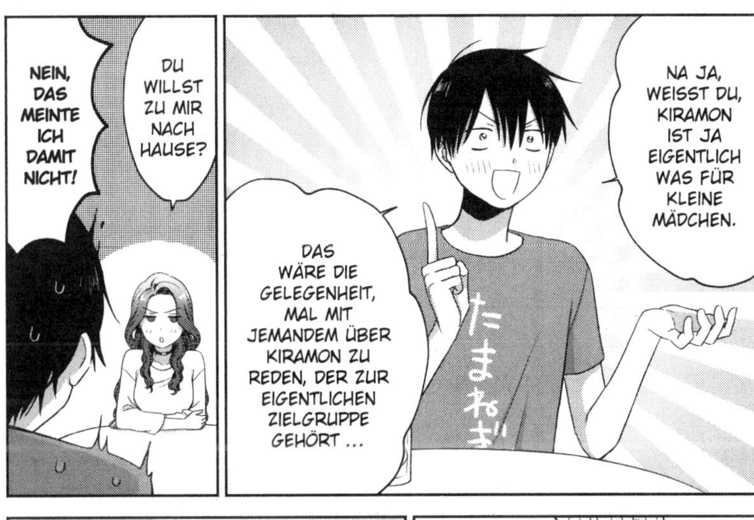
NA JA, WEISST DU, KIRAMON IST JA EIGENTLICH WAS FÜR KLEINE MÄDCHEN.
DAS WÄRE DIE GELEGENHEIT, MAL MIT JEMANDEM ÜBER KIRAMON ZU REDEN, DER ZUR EIGENTLICHEN ZIELGRUPPE GEHÖRT …
DU WILLST ZU MIR NACH HAUSE?
NEIN, DAS MEINTE ICH DAMIT NICHT!

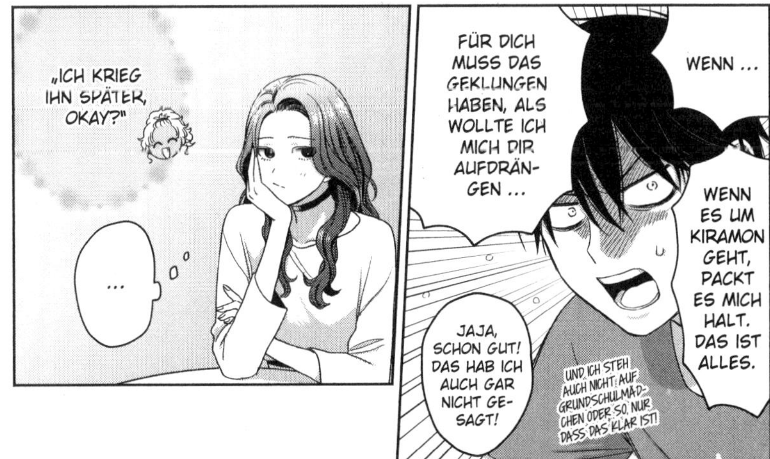
WENN …
FÜR DICH MUSS DAS GEKLUNGEN HABEN, ALS WOLLTE ICH MICH DIR AUFDRÄNGEN …
WENN ES UM KIRAMON GEHT, PACKT ES MICH HALT. DAS IST ALLES.
UND ICH STEH AUCH NICHT AUF GRUNDSCHULMÄDCHEN ODER SO, NUR DASS DAS KLAR IST!
JAJA, SCHON GUT! DAS HAB ICH AUCH GAR NICHT GESAGT!
„ICH KRIEG IHN SPÄTER, OKAY?"
…

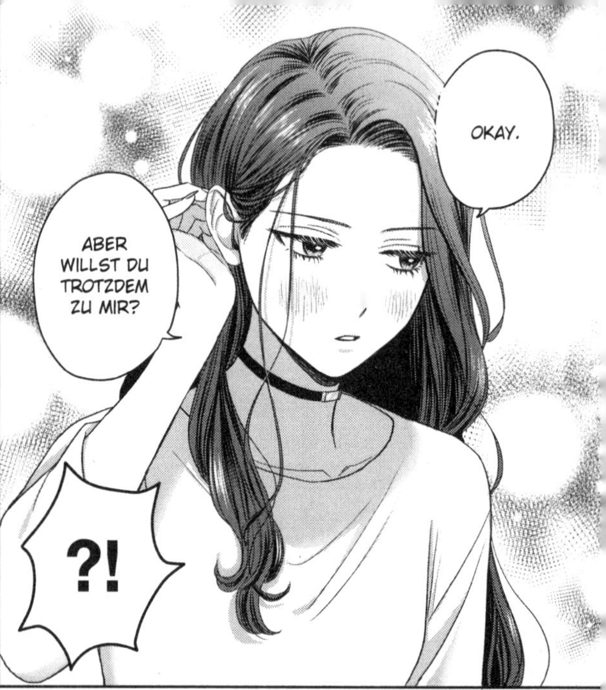
OKAY.
ABER WILLST DU TROTZDEM ZU MIR?
?!

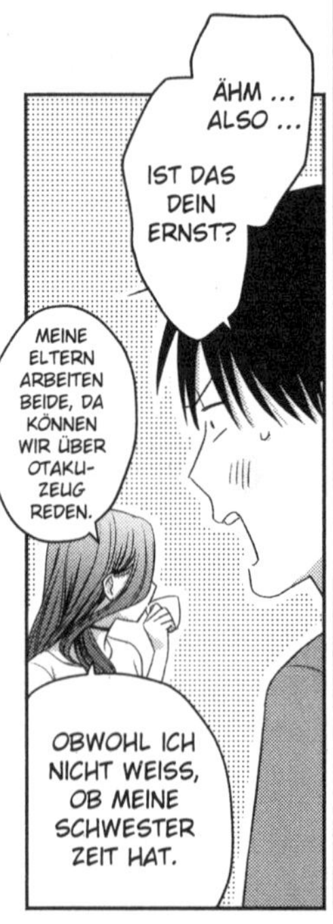
ÄHM ... ALSO ...
IST DAS DEIN ERNST?
MEINE ELTERN ARBEITEN BEIDE, DA KÖNNEN WIR ÜBER OTAKU-ZEUG REDEN.
OBWOHL ICH NICHT WEISS, OB MEINE SCHWESTER ZEIT HAT.

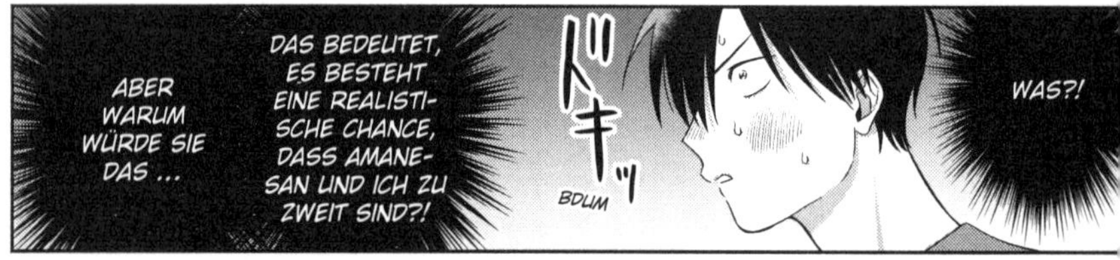
WAS?!
ドキッ
BDUM
DAS BEDEUTET, ES BESTEHT EINE REALISTI-SCHE CHANCE, DASS AMANE-SAN UND ICH ZU ZWEIT SIND?!
ABER WARUM WÜRDE SIE DAS ...

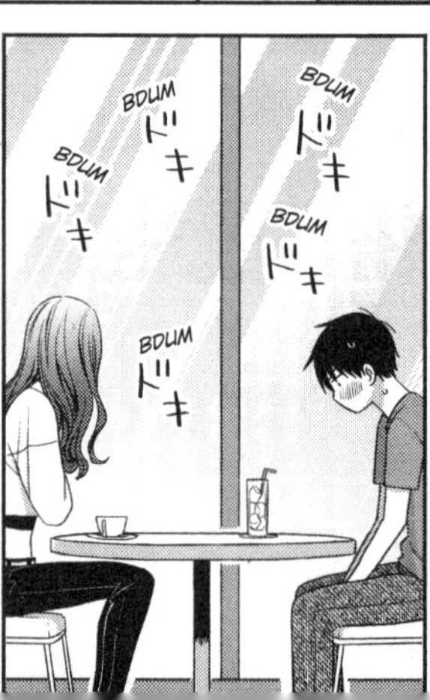
BDUM
ドキ
BDUM
ドキ
BDUM
ドキ
BDUM
ドキ
BDUM
ドキ

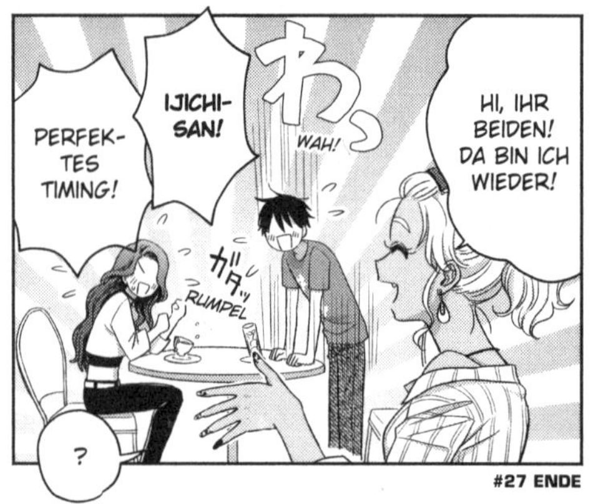
HI, IHR BEIDEN! DA BIN ICH WIEDER!
わっ
WAH!
IJICHI-SAN!
PERFEK-TES TIMING!
ガタッ
RUMPEL
?

#27 ENDE

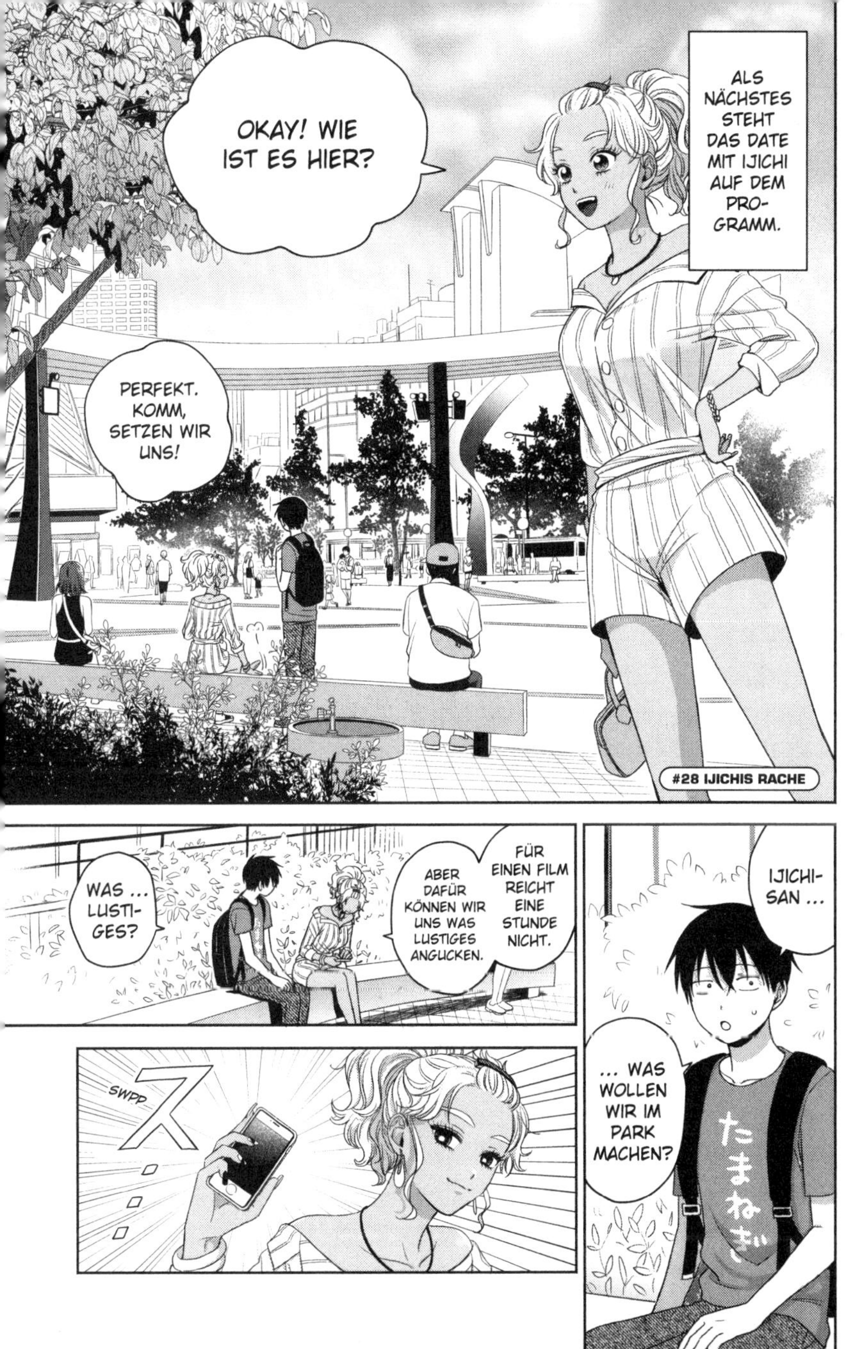
ALS NÄCHSTES STEHT DAS DATE MIT IJICHI AUF DEM PROGRAMM.
OKAY! WIE IST ES HIER?
PERFEKT. KOMM, SETZEN WIR UNS!
#28 IJICHIS RACHE
IJICHI-SAN …
… WAS WOLLEN WIR IM PARK MACHEN?
たまねぎ
FÜR EINEN FILM REICHT EINE STUNDE NICHT.
ABER DAFÜR KÖNNEN WIR UNS WAS LUSTIGES ANGUCKEN.
WAS … LUSTIGES?
SWPP
ス

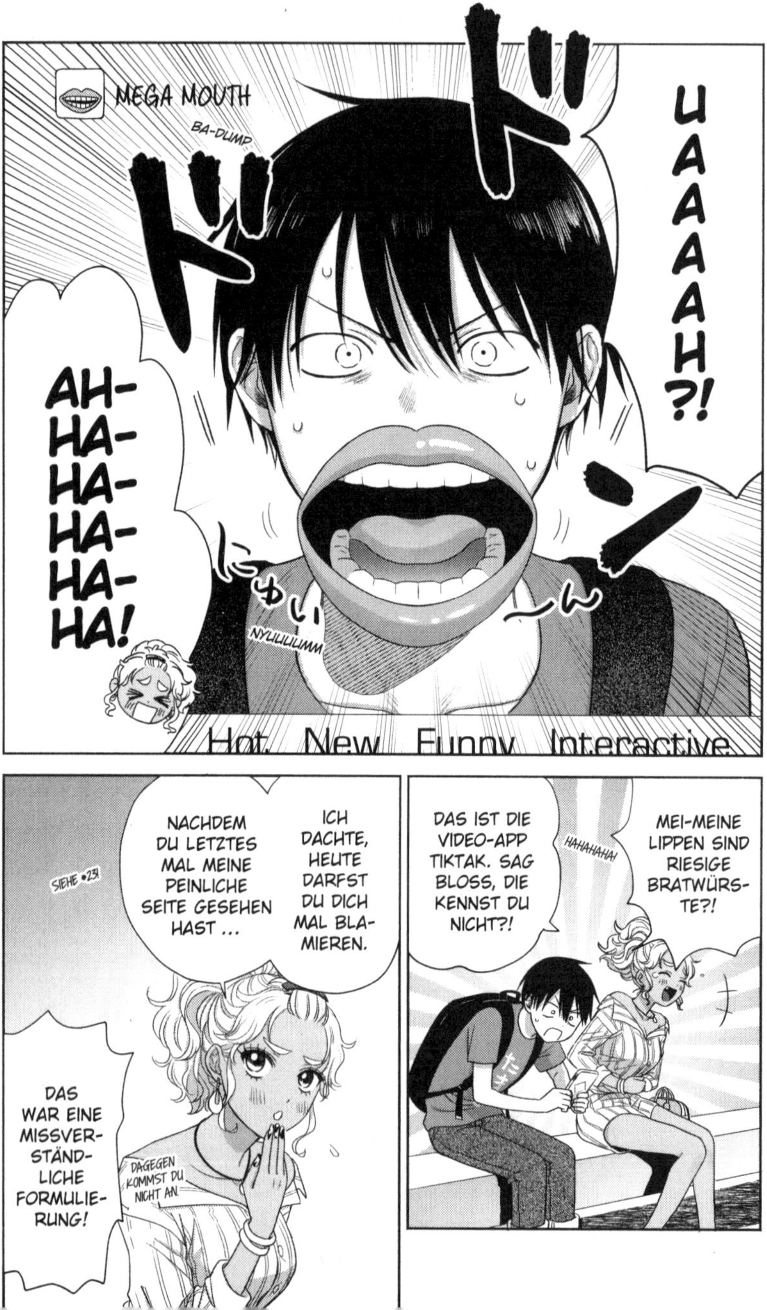

MEGA MOUTH

BA-DUMP

UAAAAH?!

AH-HA-HA-HA-HA-HA!

NYULUUUMM

Hot. New Funny Interactive

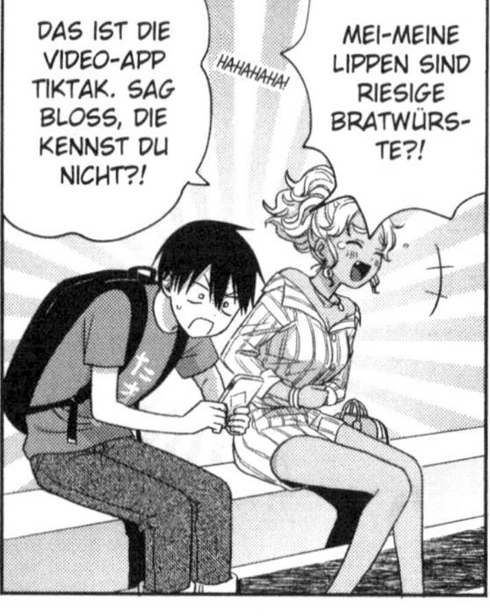

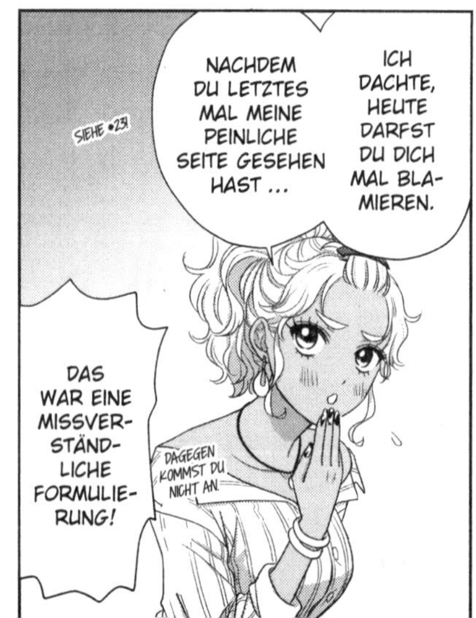

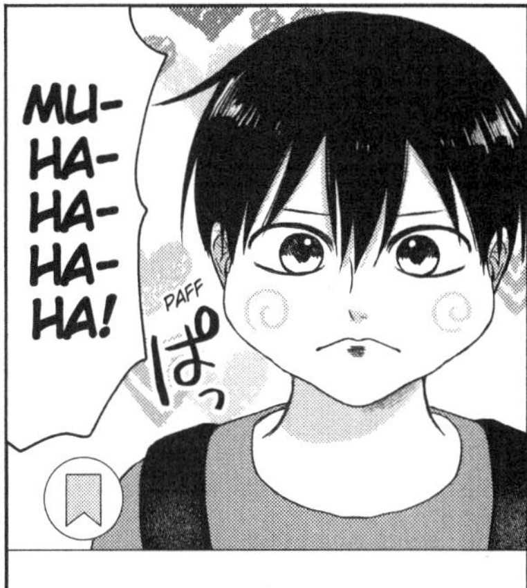
MU-
HA-
HA-
HA-
HA!
PAFF
ぱっ

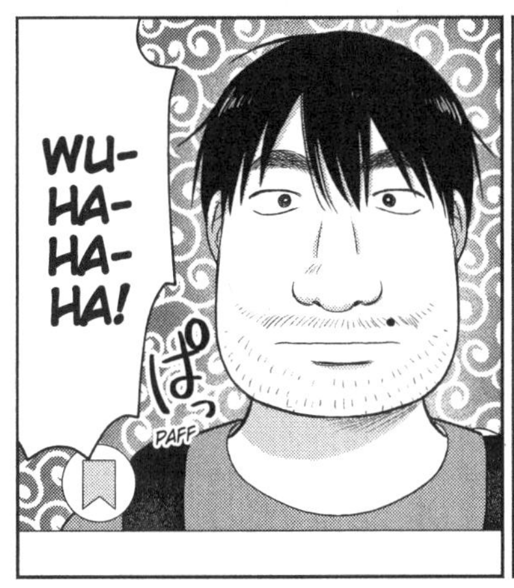
WU-
HA-
HA-
HA!
ぱっ
PAFF

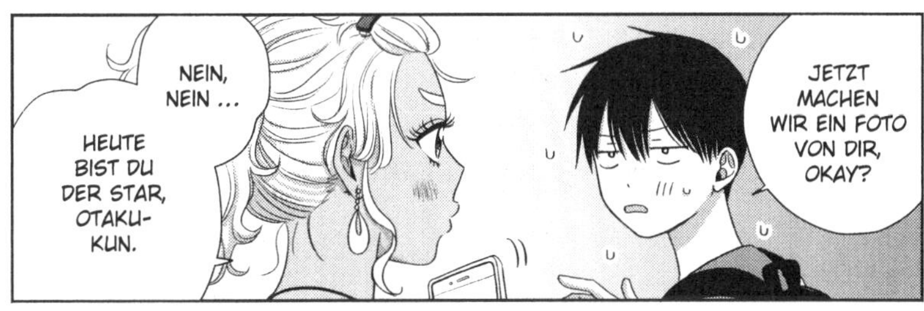
JETZT MACHEN WIR EIN FOTO VON DIR, OKAY?
NEIN, NEIN …
HEUTE BIST DU DER STAR, OTAKU-KUN.

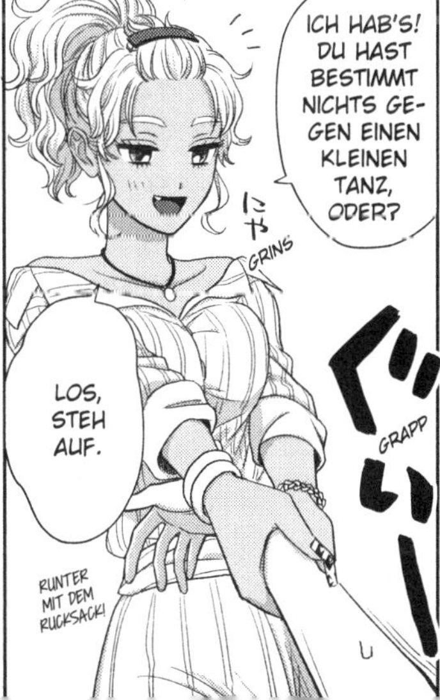
ICH HAB'S! DU HAST BESTIMMT NICHTS GE-GEN EINEN KLEINEN TANZ, ODER?
にや
GRINS
LOS, STEH AUF.
GRAPP
RUNTER MIT DEM RUCKSACK!

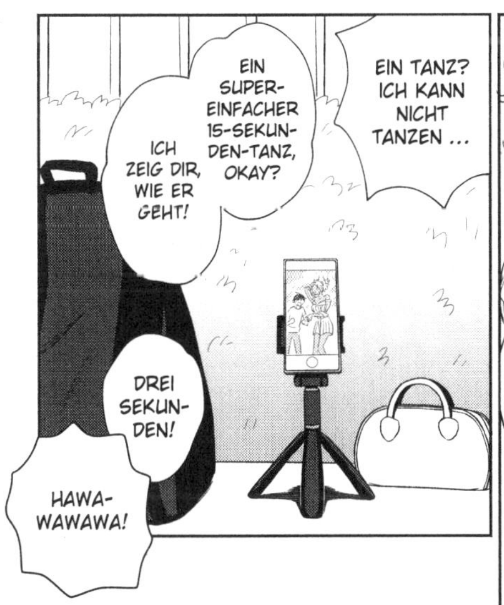
EIN TANZ? ICH KANN NICHT TANZEN …
EIN SUPER-EINFACHER 15-SEKUN-DEN-TANZ, OKAY?
ICH ZEIG DIR, WIE ER GEHT!
DREI SEKUN-DEN!
HAWA-WAWAWA!

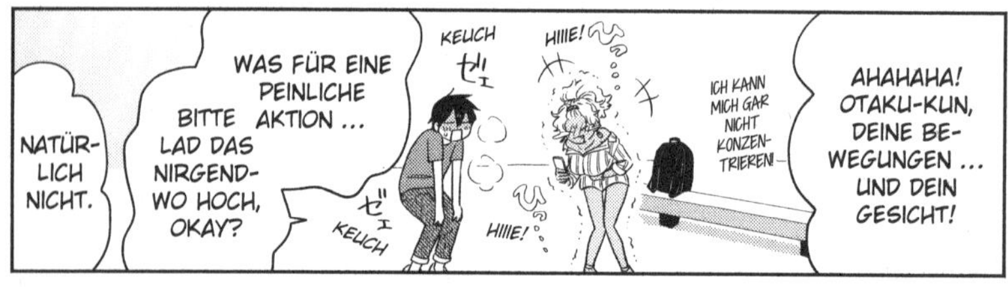
AHAHAHA! OTAKU-KUN, DEINE BE-WEGUNGEN ... UND DEIN GESICHT!
ICH KANN MICH GAR NICHT KONZEN-TRIEREN!
HIIIE!
HIIIE!
KEUCH ゼェ
ゼェ KEUCH
WAS FÜR EINE PEINLICHE AKTION ...
BITTE LAD DAS NIRGEND-WO HOCH, OKAY?
NATÜR-LICH NICHT.

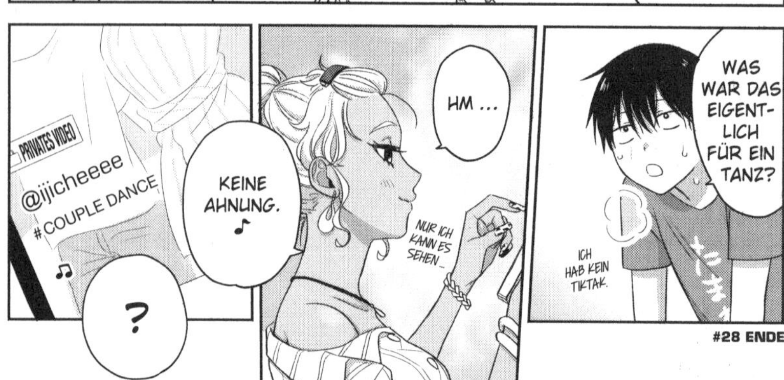
WAS WAR DAS EIGENT-LICH FÜR EIN TANZ?
ICH HAB KEIN TIKTAK.
HM ...
NUR ICH KANN ES SEHEN ...
KEINE AHNUNG. ♪
PRIVATES VIDEO
@ijicheeee
#COUPLE DANCE
♫
?

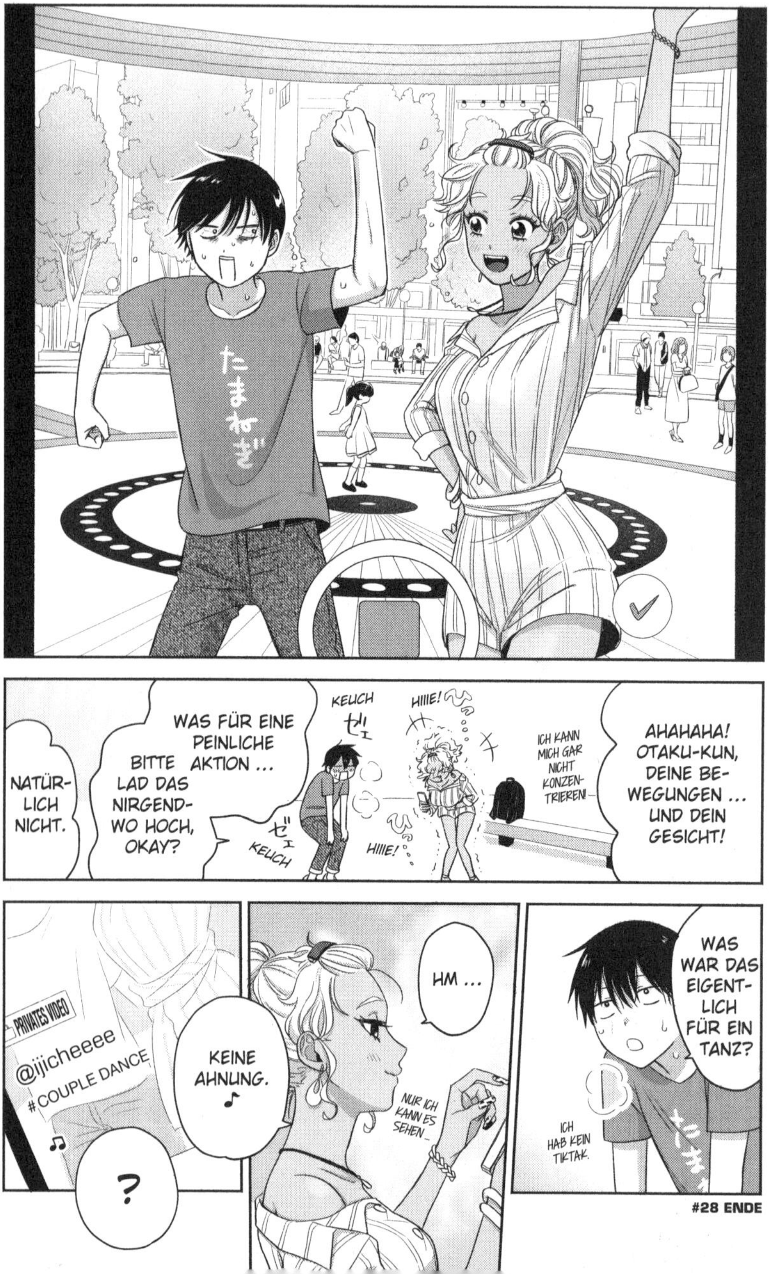

#28 ENDE

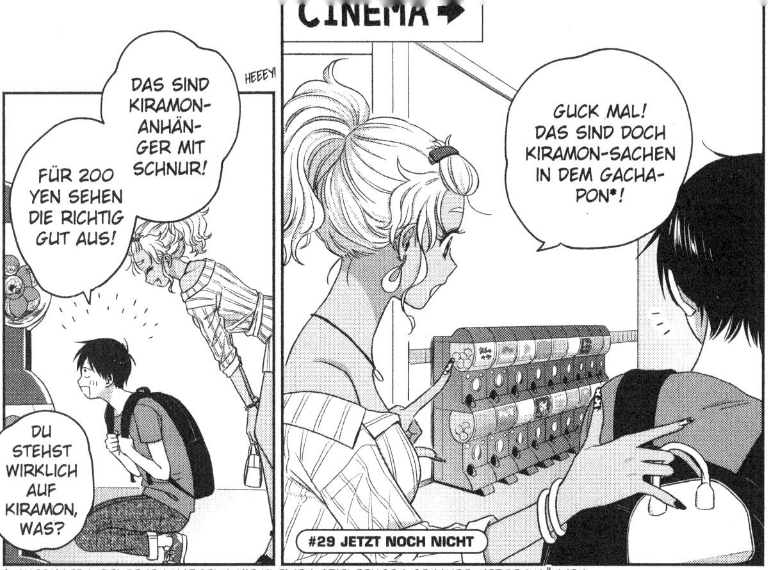

CINEMA ➔

GUCK MAL! DAS SIND DOCH KIRAMON-SACHEN IN DEM GACHAPON*!

#29 JETZT NOCH NICHT

HEEEY!

DAS SIND KIRAMON-ANHÄNGER MIT SCHNUR!

FÜR 200 YEN SEHEN DIE RICHTIG GUT AUS!

DU STEHST WIRKLICH AUF KIRAMON, WAS?

* AUTOMATEN, BEI DENEN KAPSELN MIT KLEINEN SPIELZEUGEN GEKAUFT WERDEN KÖNNEN

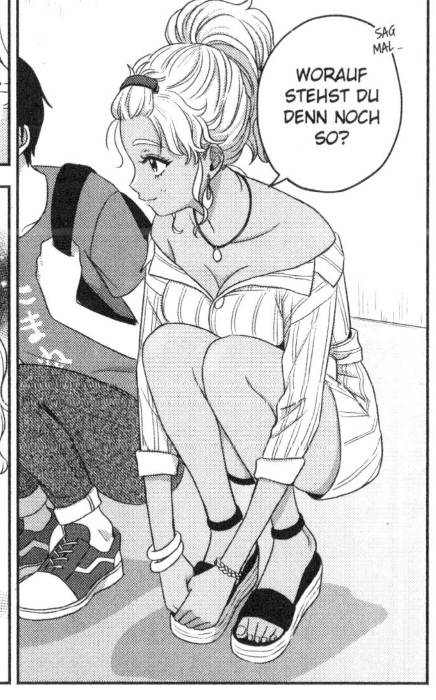

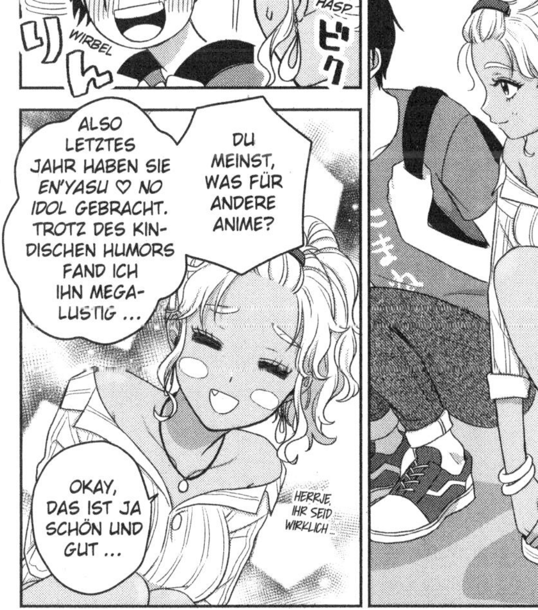

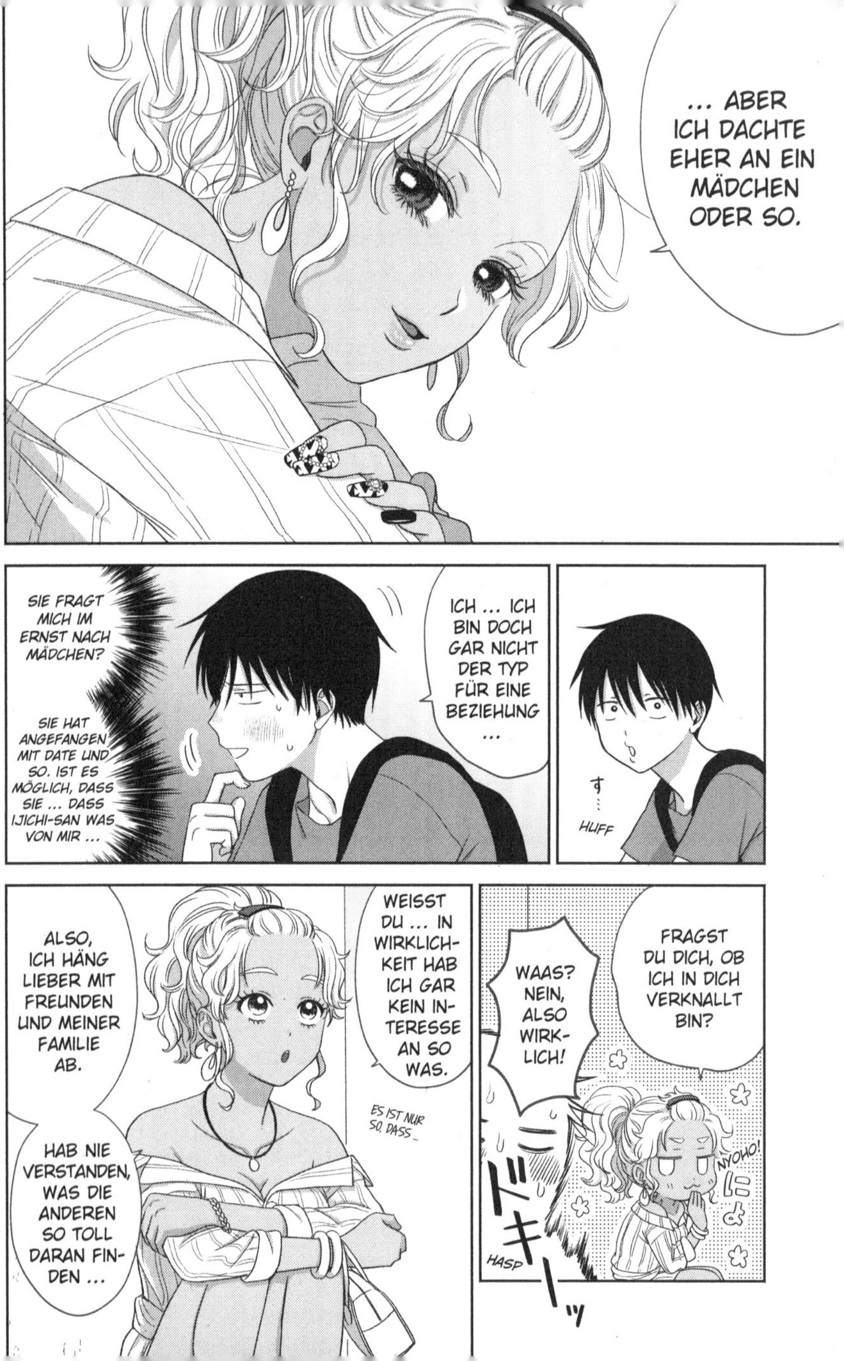

… ABER ICH DACHTE EHER AN EIN MÄDCHEN ODER SO.

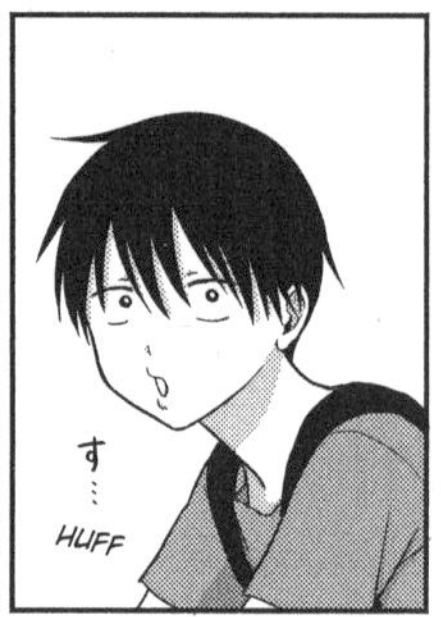

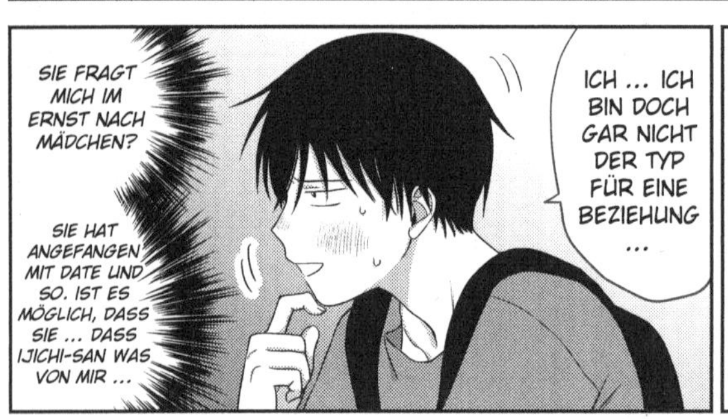

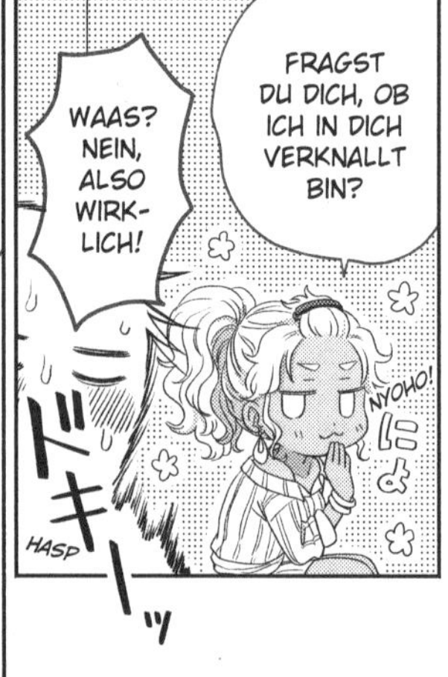

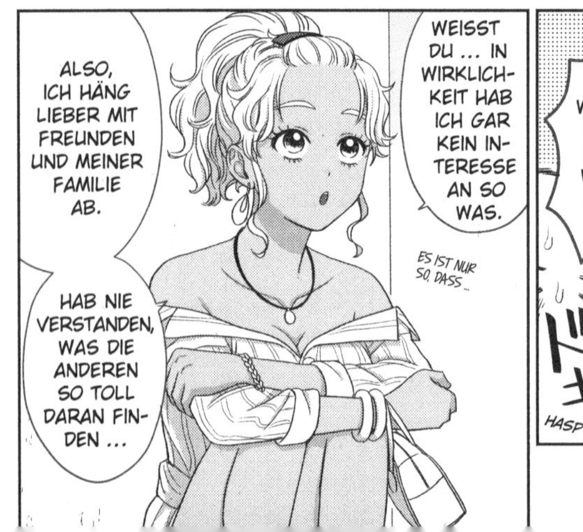

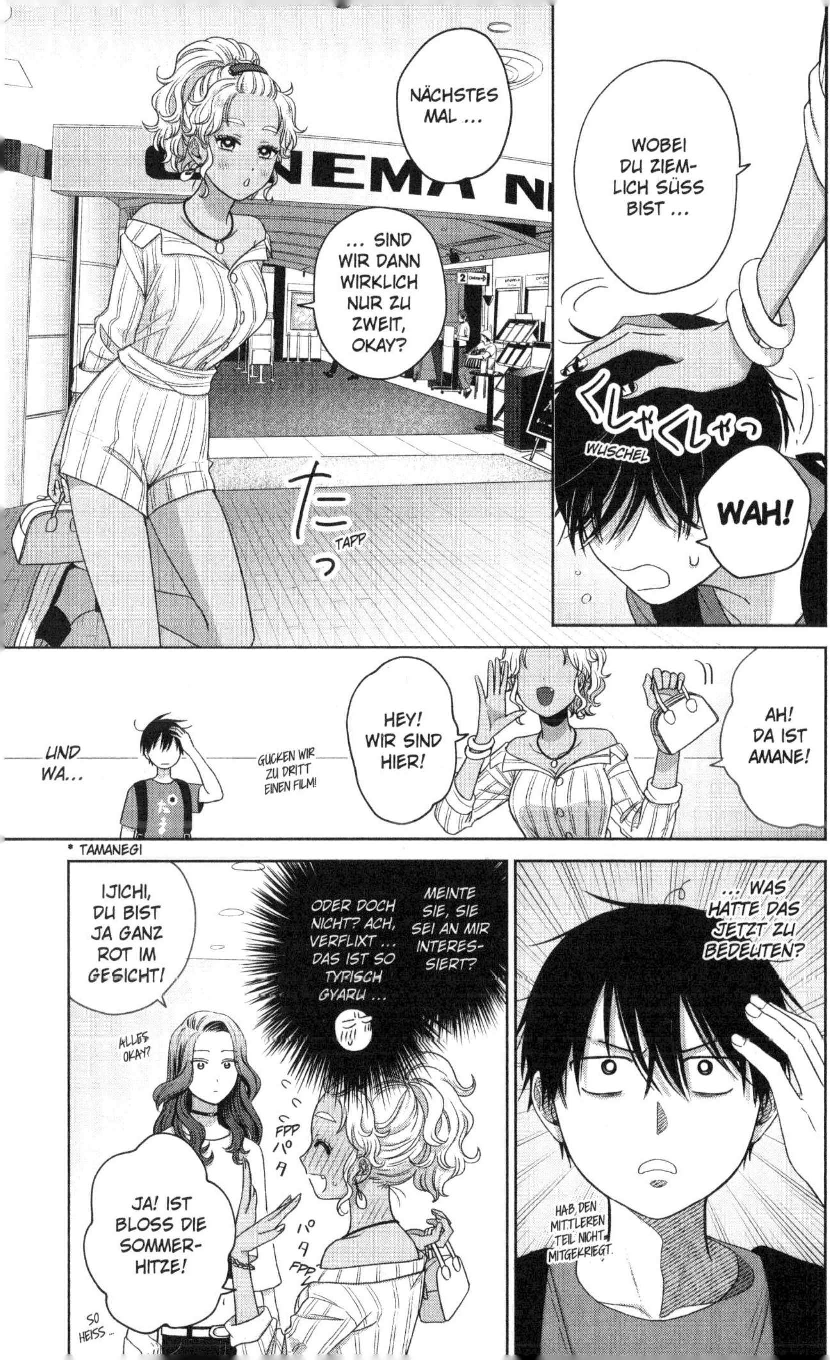

WOBEI DU ZIEMLICH SÜSS BIST ...
くしゃくしゃっ
WUSCHEL
WAH!
NÄCHSTES MAL ...
... SIND WIR DANN WIRKLICH NUR ZU ZWEIT, OKAY?
たっ
TAPP

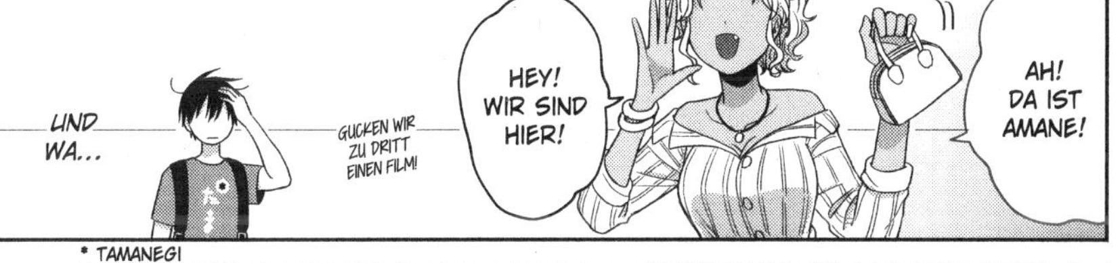

* TAMANEGI

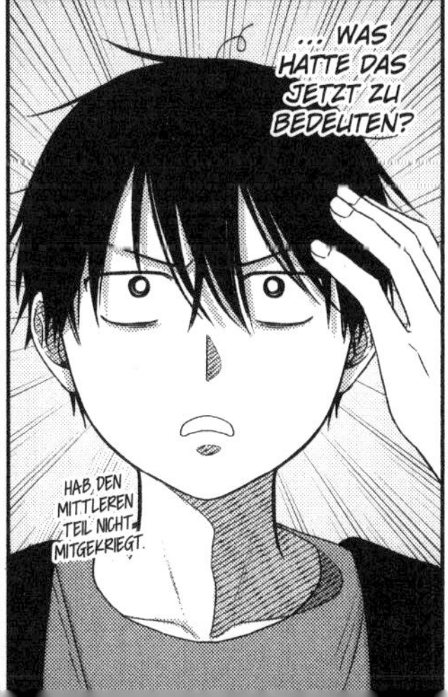

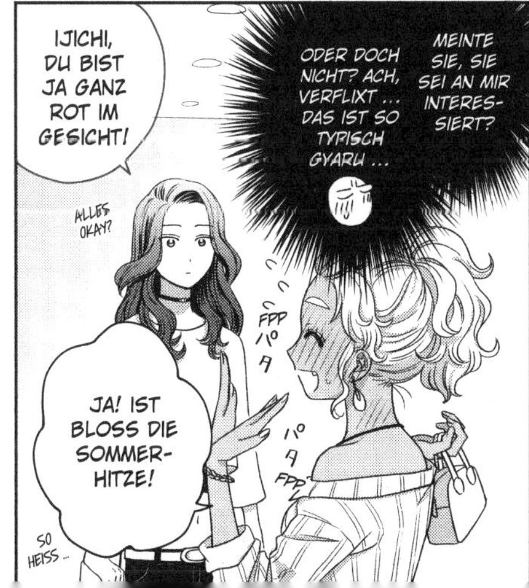

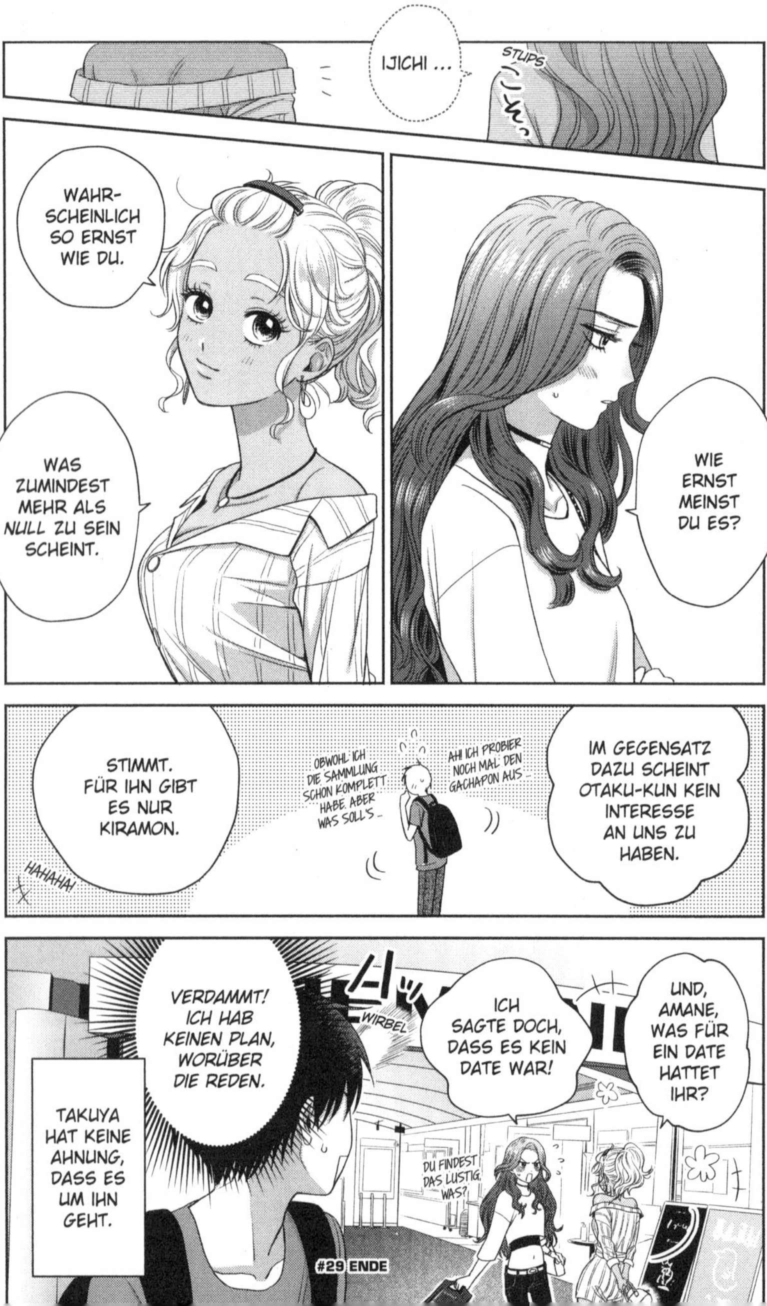

IJICHI ...

STUPS

WIE ERNST MEINST DU ES?

WAHR-SCHEINLICH SO ERNST WIE DU.

WAS ZUMINDEST MEHR ALS NULL ZU SEIN SCHEINT.

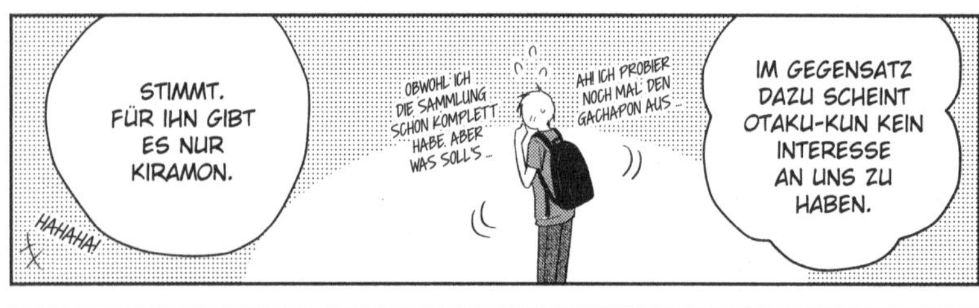

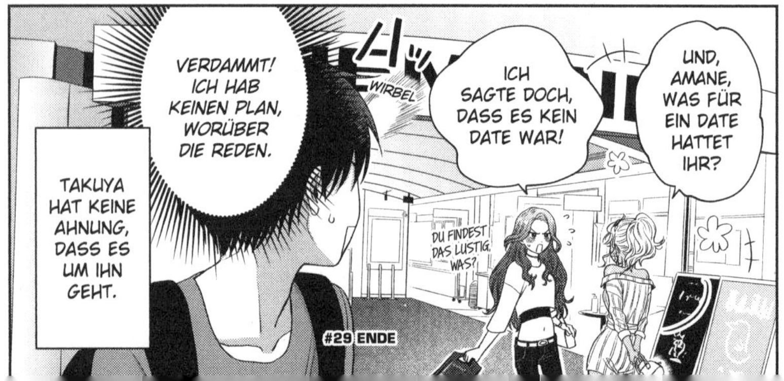

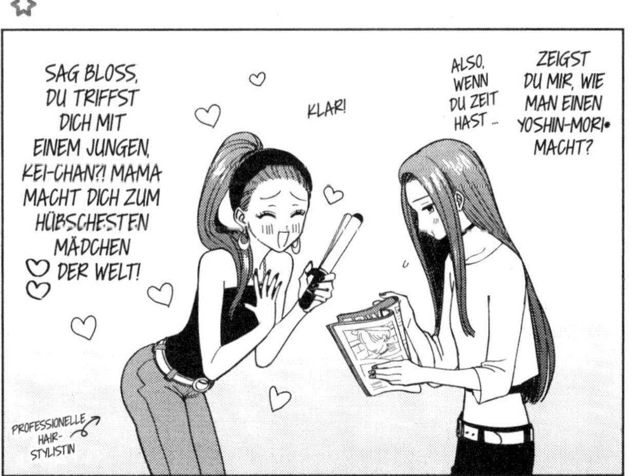

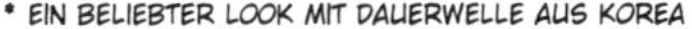
* EIN BELIEBTER LOOK MIT DAUERWELLE AUS KOREA

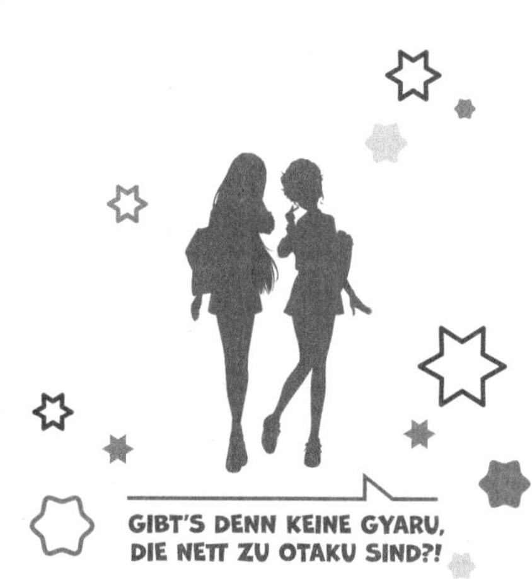
GIBT'S DENN KEINE GYARU,
DIE NETT ZU OTAKU SIND?!

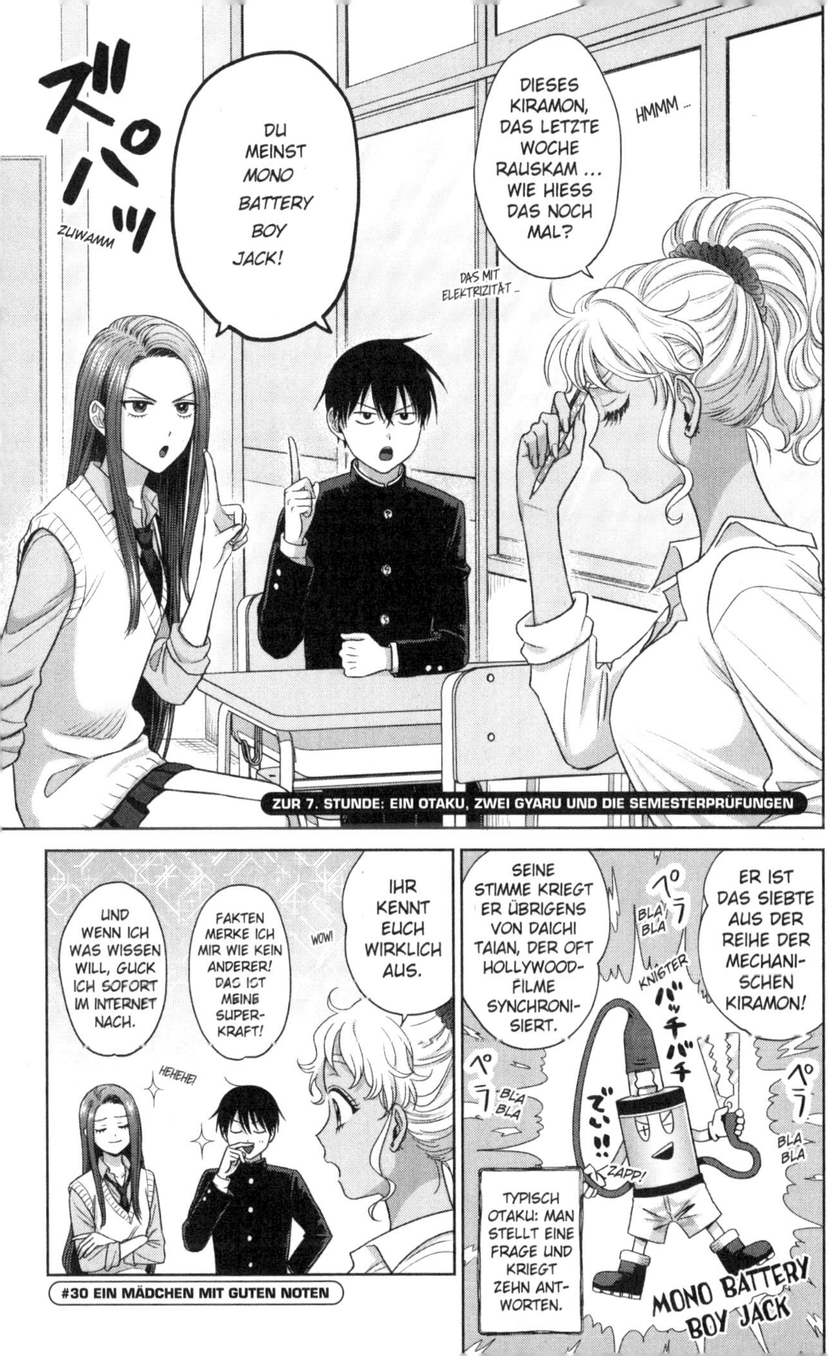

HMMM ...

DIESES KIRAMON, DAS LETZTE WOCHE RAUSKAM ... WIE HIESS DAS NOCH MAL?

DAS MIT ELEKTRIZITÄT ...

DU MEINST MONO BATTERY BOY JACK!

ZUWAMM

ZUR 7. STUNDE: EIN OTAKU, ZWEI GYARU UND DIE SEMESTERPRÜFUNGEN

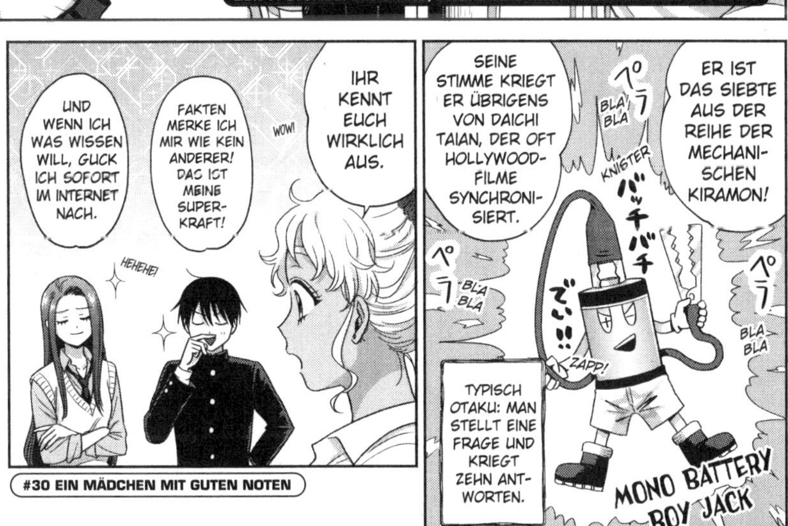

#30 EIN MÄDCHEN MIT GUTEN NOTEN

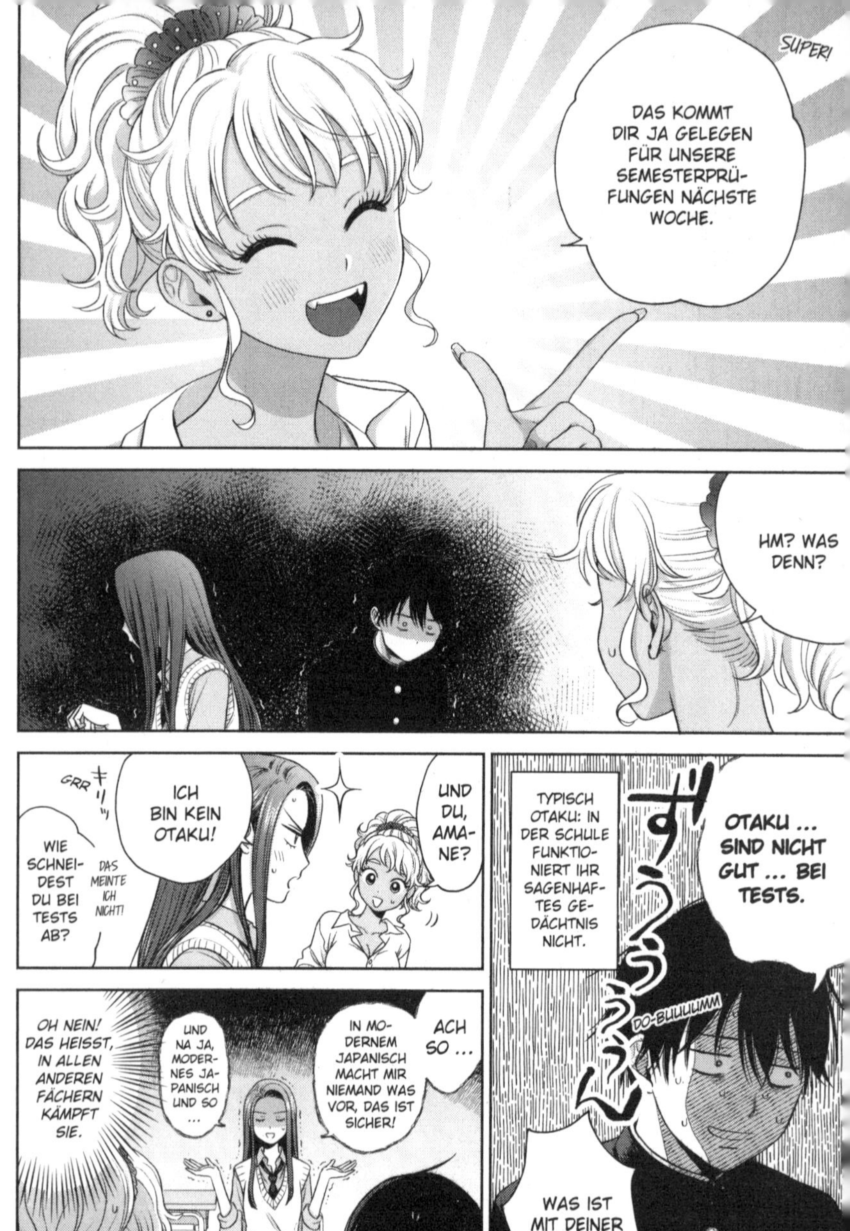
SUPER!
DAS KOMMT DIR JA GELEGEN FÜR UNSERE SEMESTERPRÜFUNGEN NÄCHSTE WOCHE.
HM? WAS DENN?
OTAKU ... SIND NICHT GUT ... BEI TESTS.
TYPISCH OTAKU: IN DER SCHULE FUNKTIONIERT IHR SAGENHAFTES GEDÄCHTNIS NICHT.
DO-BUUUUMM
WAS IST MIT DEINER SUPERKRAFT?
UND DU, AMANE?
ICH BIN KEIN OTAKU!
GRR
WIE SCHNEIDEST DU BEI TESTS AB?
DAS MEINTE ICH NICHT!
ACH SO ...
IN MODERNEM JAPANISCH MACHT MIR NIEMAND WAS VOR, DAS IST SICHER!
UND NA JA, MODERNES JAPANISCH UND SO ...
OH NEIN! DAS HEISST, IN ALLEN ANDEREN FÄCHERN KÄMPFT SIE.

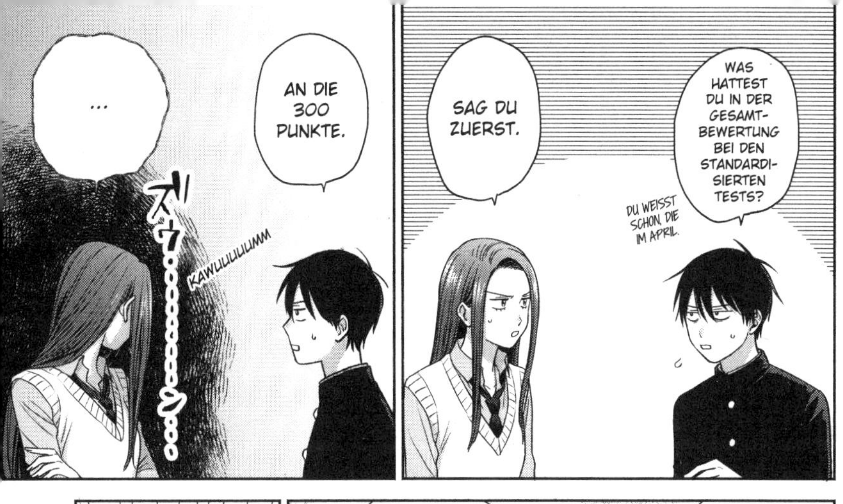

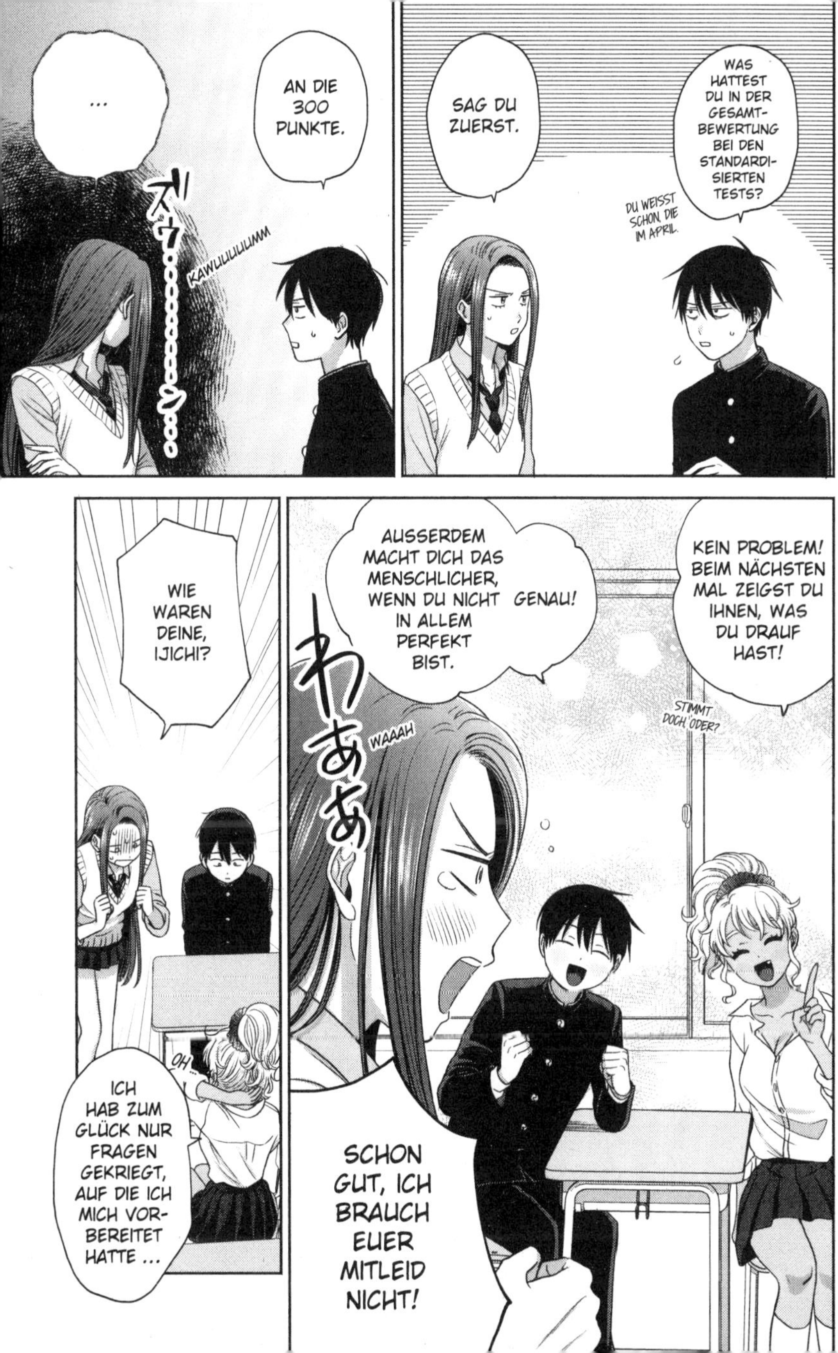

KEIN PROBLEM! BEIM NÄCHSTEN MAL ZEIGST DU IHNEN, WAS DU DRAUF HAST!
STIMMT DOCH, ODER?
GENAU!
AUSSERDEM MACHT DICH DAS MENSCHLICHER, WENN DU NICHT IN ALLEM PERFEKT BIST.
WAAAH
SCHON GUT, ICH BRAUCH EUER MITLEID NICHT!
WIE WAREN DEINE, IJICHI?
OH ...
ICH HAB ZUM GLÜCK NUR FRAGEN GEKRIEGT, AUF DIE ICH MICH VORBEREITET HATTE ...

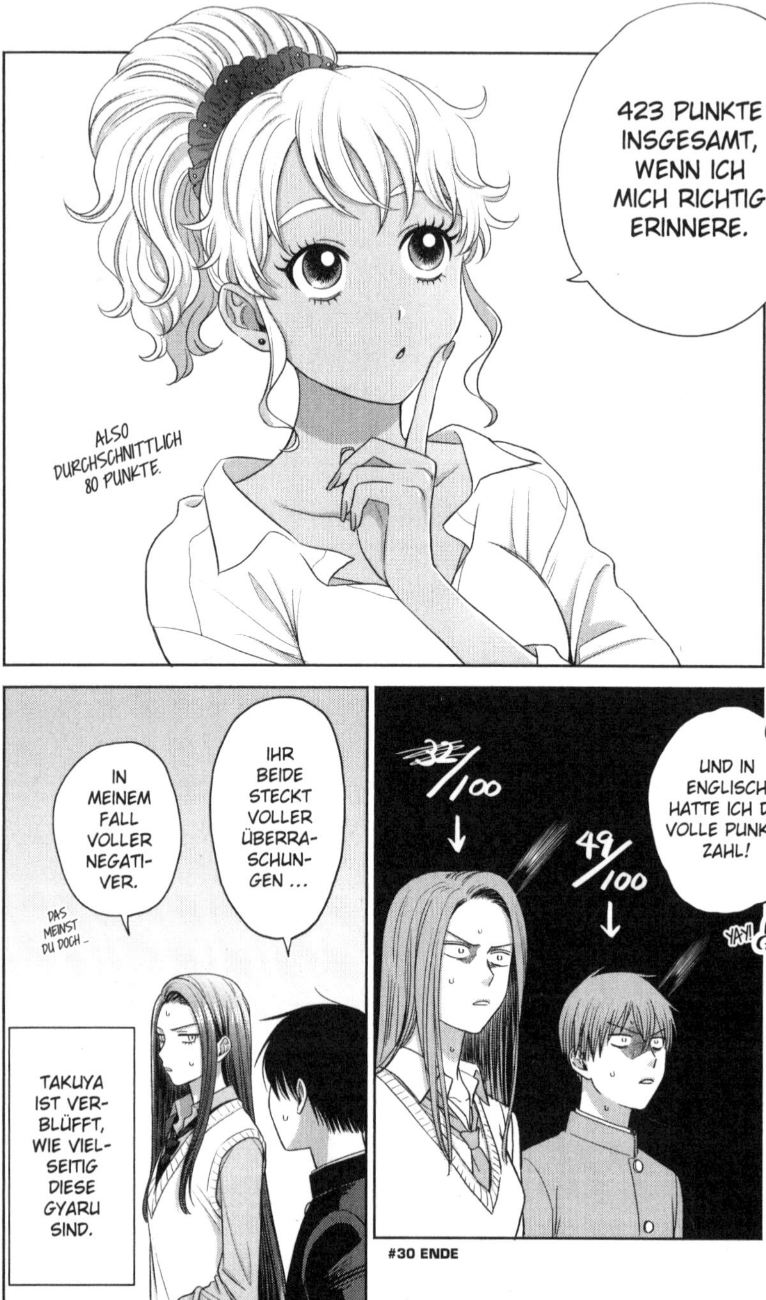

423 PUNKTE INSGESAMT, WENN ICH MICH RICHTIG ERINNERE.

ALSO DURCHSCHNITTLICH 80 PUNKTE.

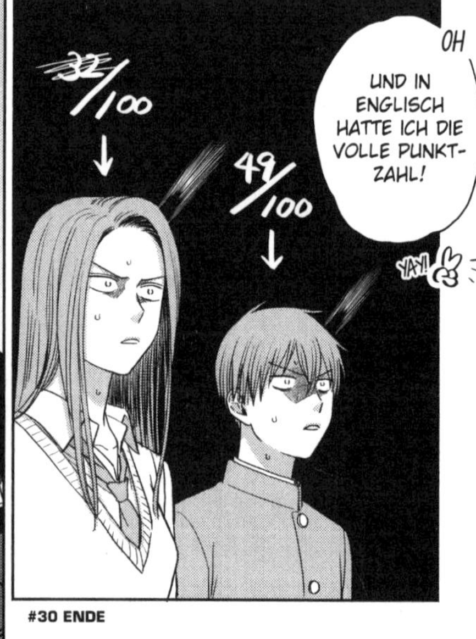

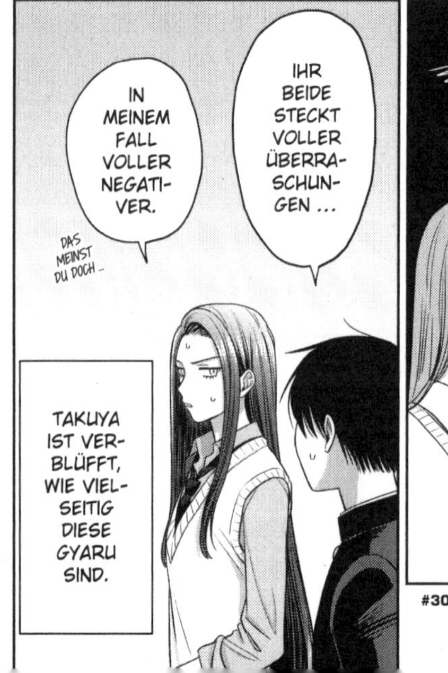

#30 ENDE

IM UNTERRICHT ...

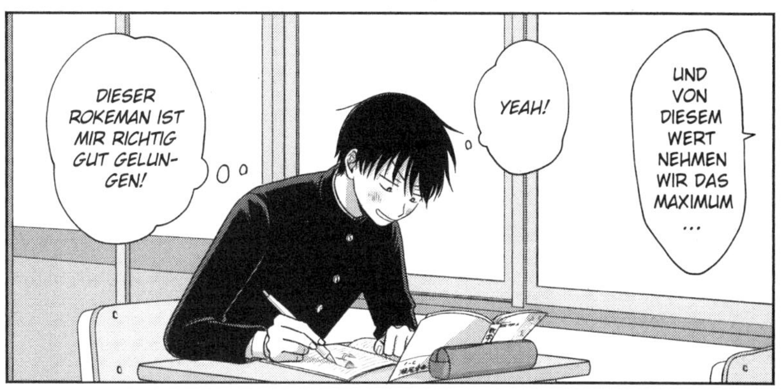

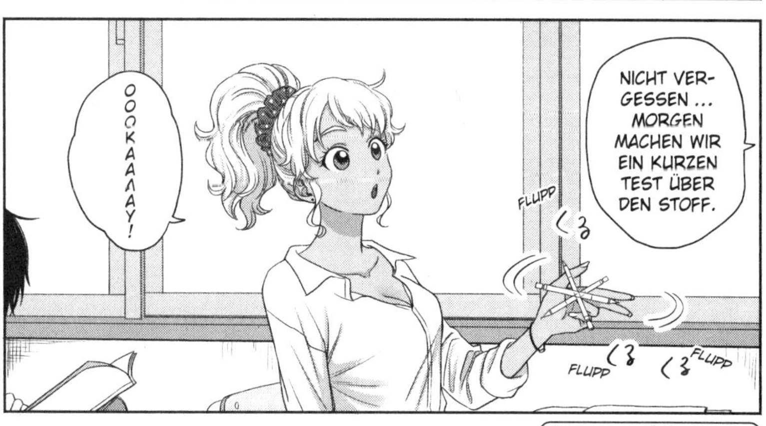

#31 DREI SCHÜLER, EIN TAG

NACH DER SCHULE ...

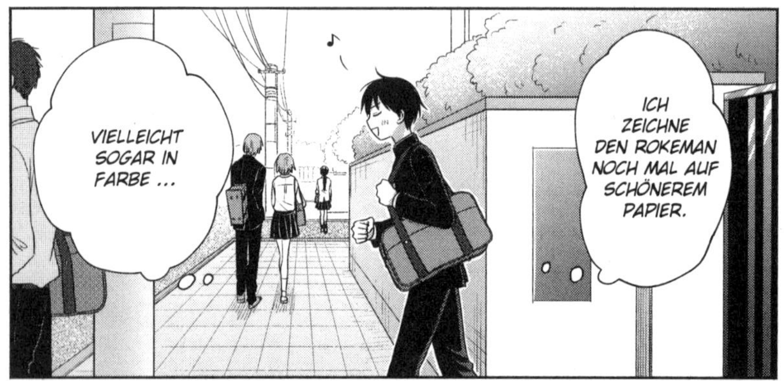

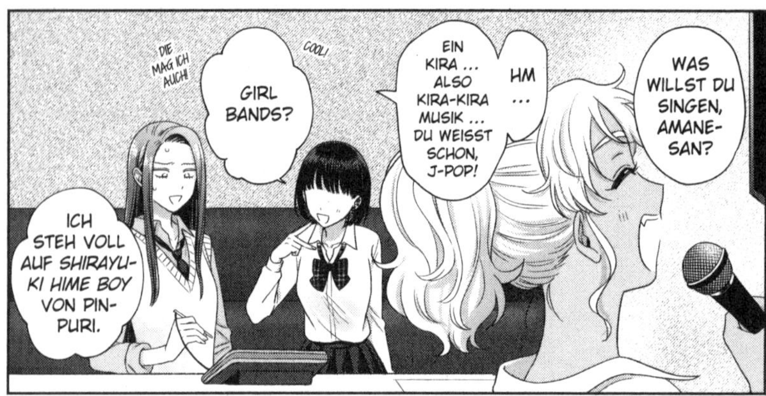

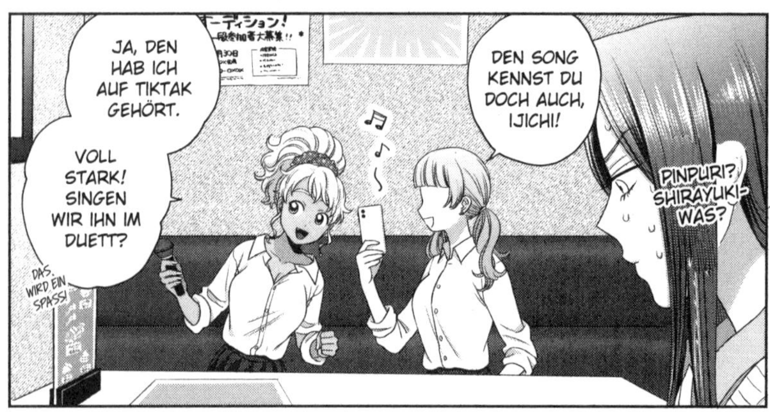

* WIR SUCHEN DIE BESTEN KARAOKE-SÄNGER! - JEDER KANN MITMACHEN!

AM ABEND VOR DEM TEST ...

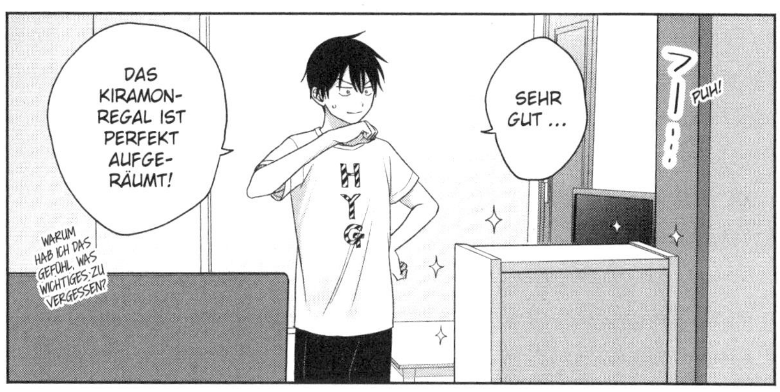

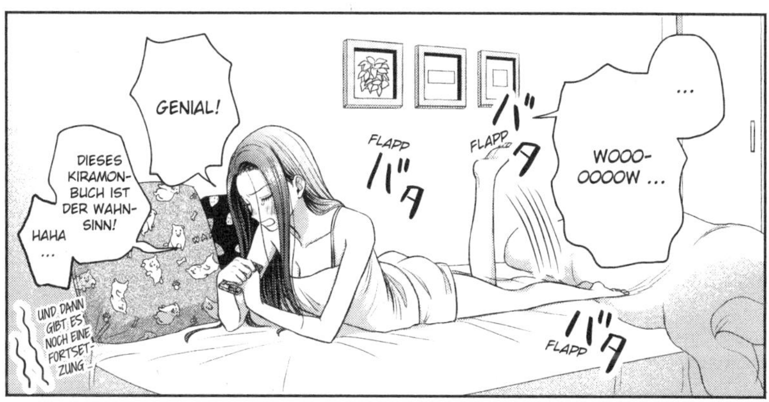

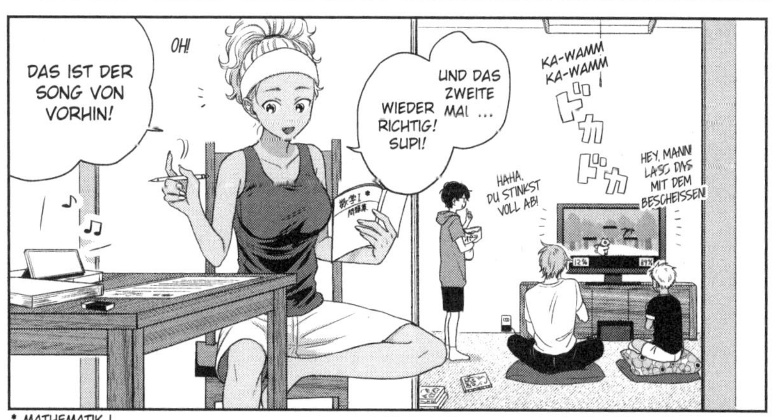

* MATHEMATIK I

UND DANN ...

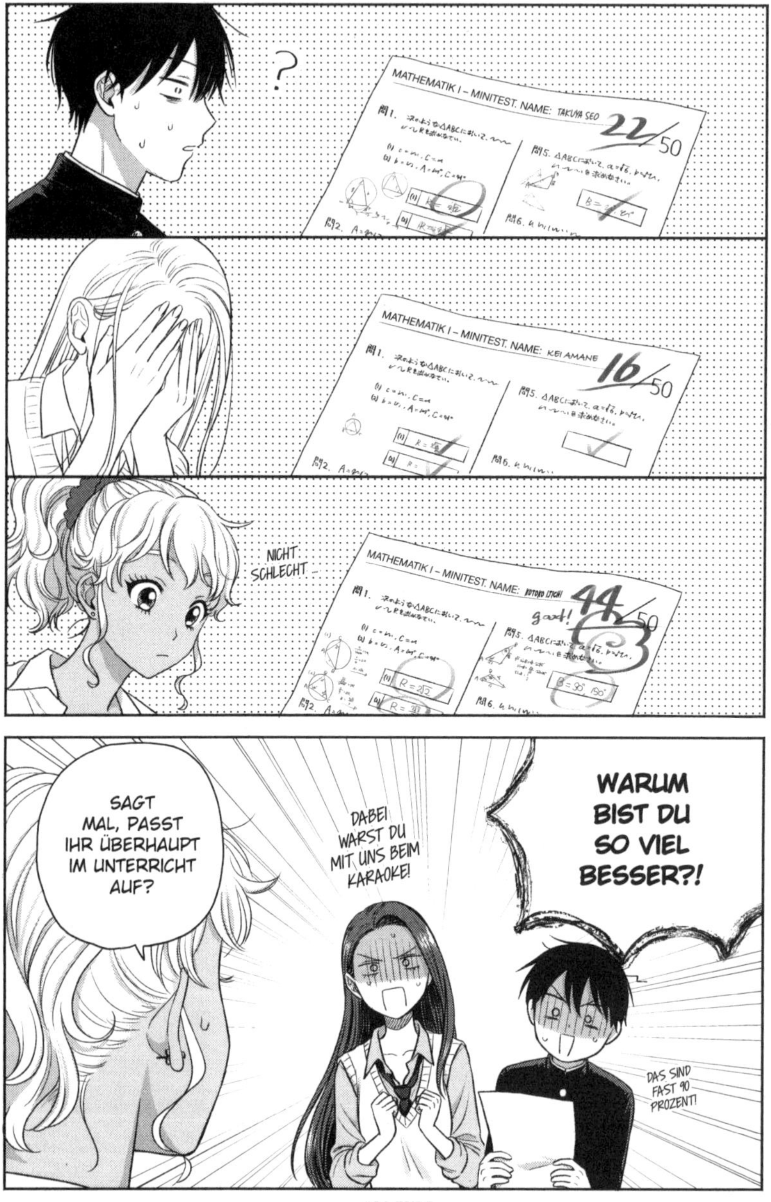

?

MATHEMATIK I – MINITEST. NAME: TAKUYA SEO

22/50

MATHEMATIK I – MINITEST. NAME: KEI AMANE

16/50

NICHT SCHLECHT ...

MATHEMATIK I – MINITEST. NAME: KOTOKO IJICHI

good! 44/50

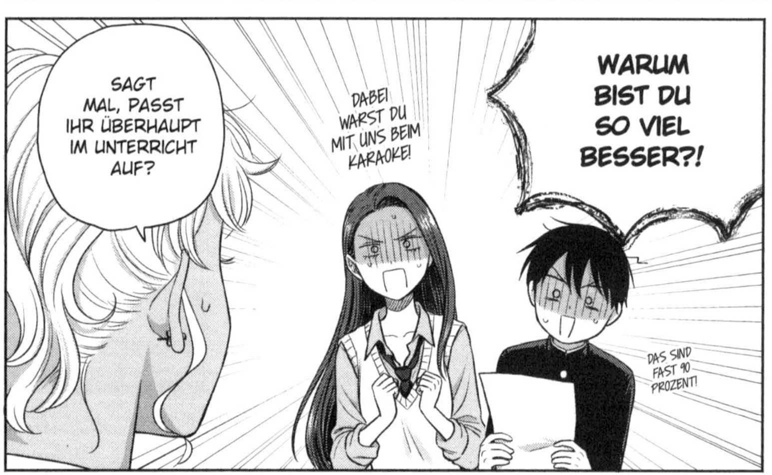

#31 ENDE

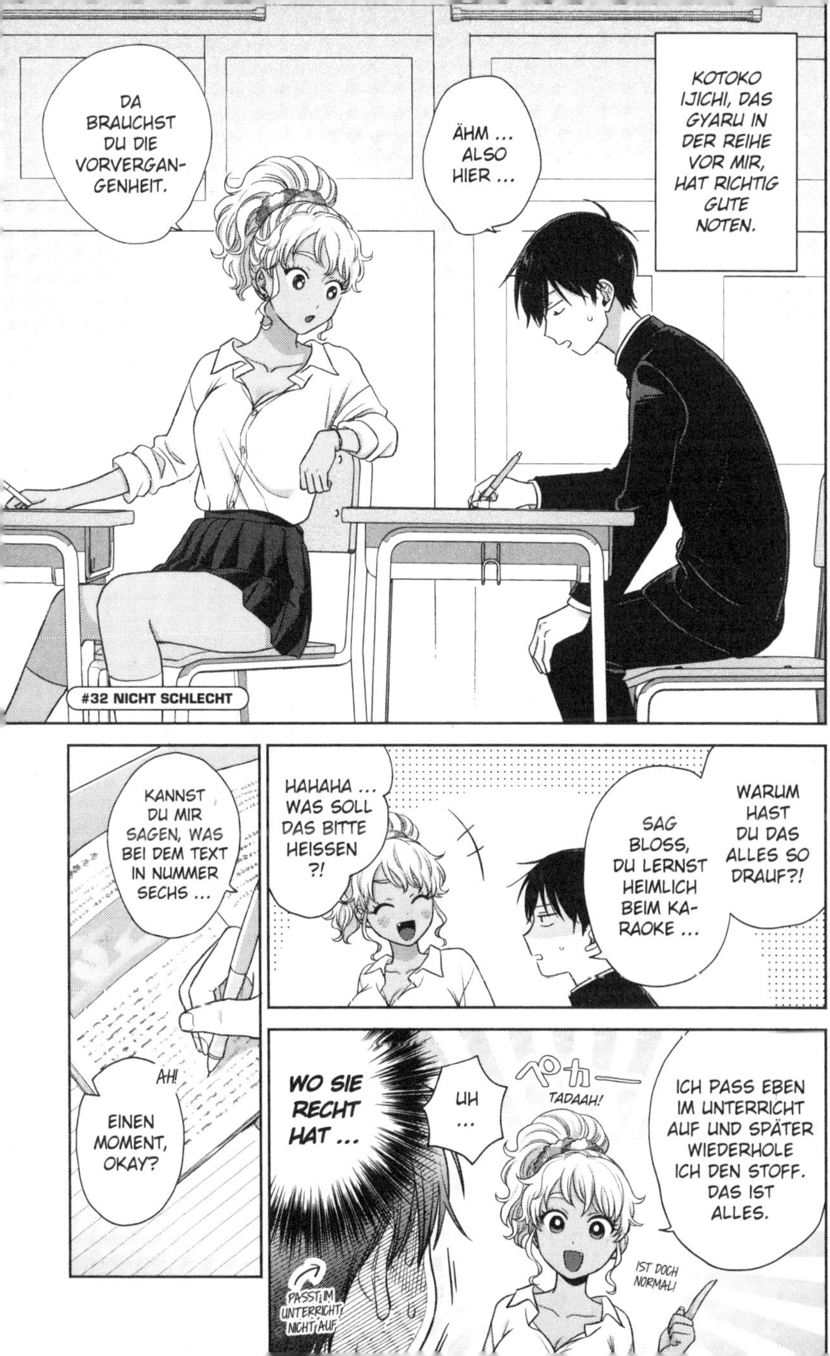

KOTOKO IJICHI, DAS GYARU IN DER REIHE VOR MIR, HAT RICHTIG GUTE NOTEN.
ÄHM … ALSO HIER …
DA BRAUCHST DU DIE VORVERGANGENHEIT.
#32 NICHT SCHLECHT
WARUM HAST DU DAS ALLES SO DRAUF?!
SAG BLOSS, DU LERNST HEIMLICH BEIM KARAOKE …
HAHAHA … WAS SOLL DAS BITTE HEISSEN?!
KANNST DU MIR SAGEN, WAS BEI DEM TEXT IN NUMMER SECHS …
AH!
EINEN MOMENT, OKAY?
ICH PASS EBEN IM UNTERRICHT AUF UND SPÄTER WIEDERHOLE ICH DEN STOFF. DAS IST ALLES.
ペカー
TADAAH!
IST DOCH NORMAL!
UH …
WO SIE RECHT HAT …
PASST IM UNTERRICHT NICHT AUF

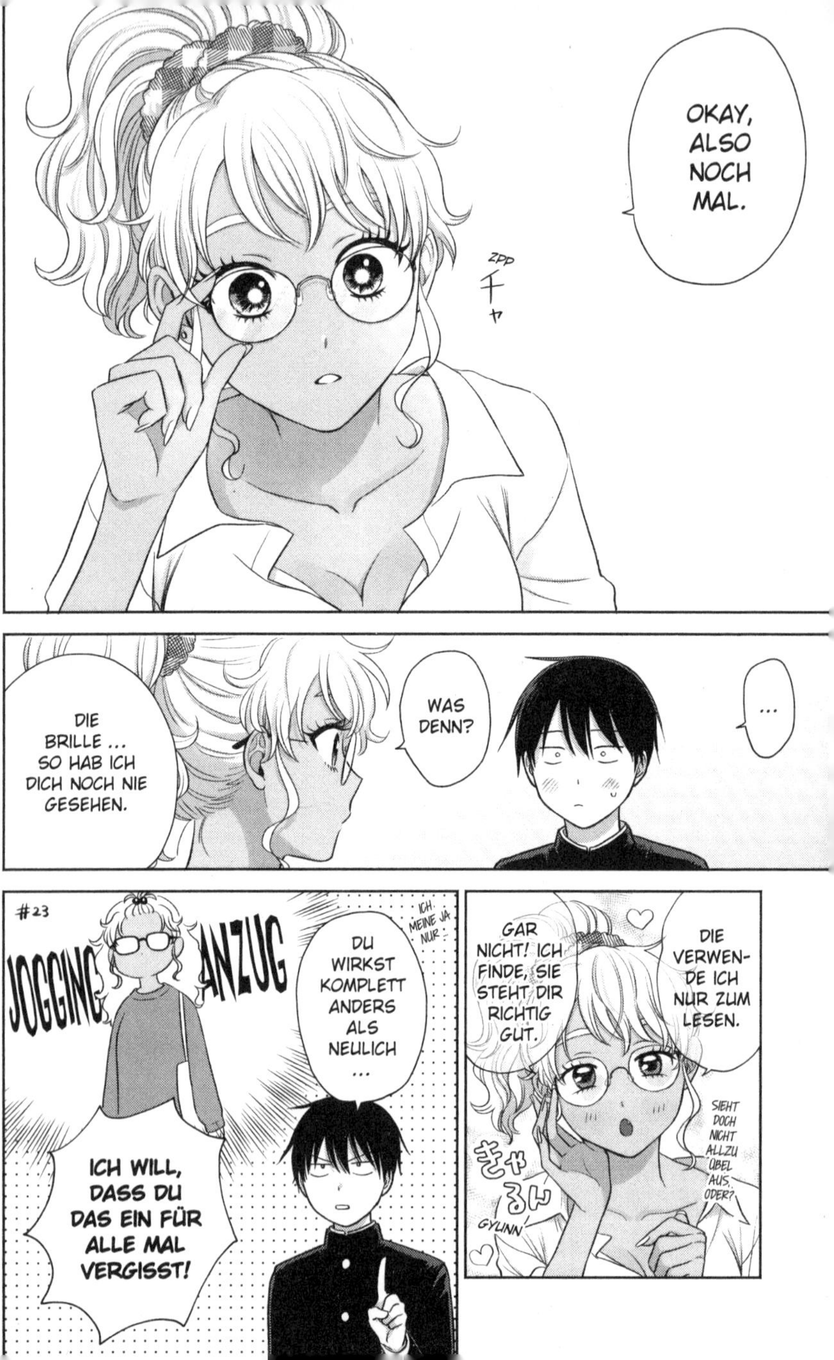

OKAY, ALSO NOCH MAL.

ZPP

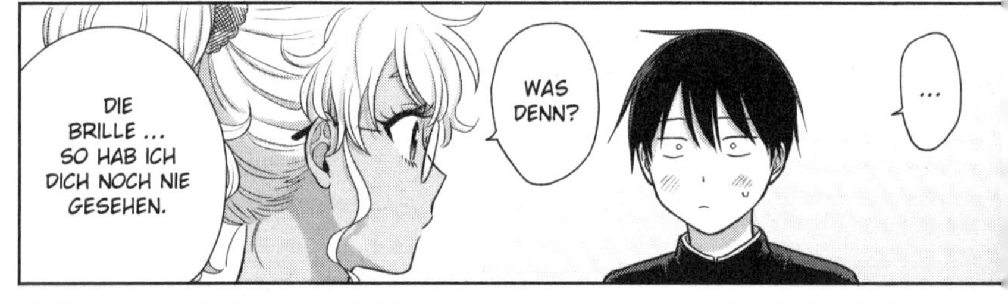

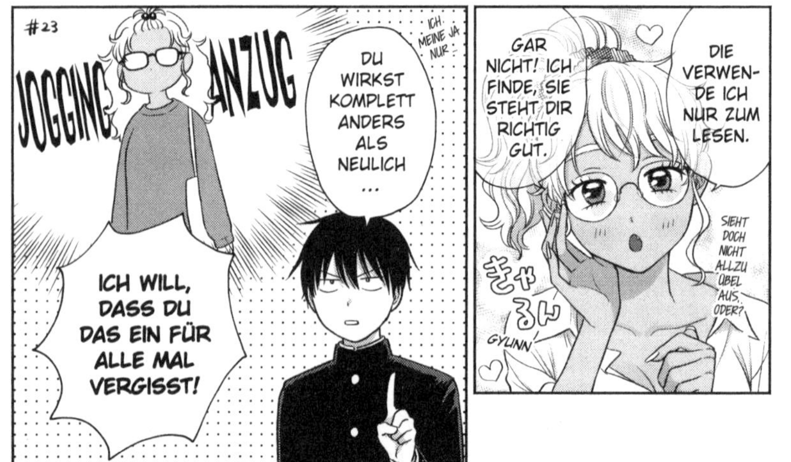

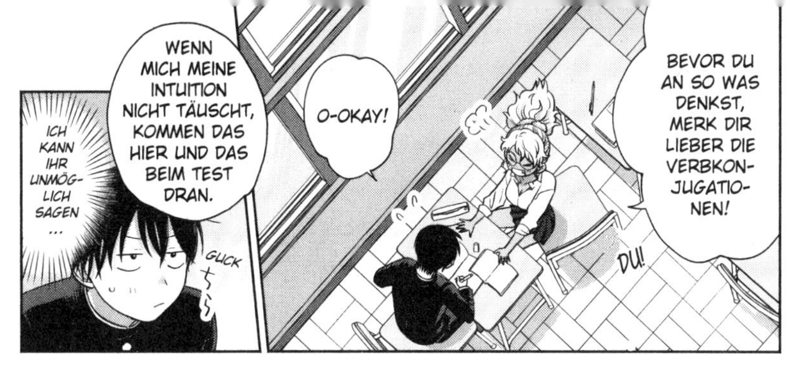
BEVOR DU AN SO WAS DENKST, MERK DIR LIEBER DIE VERBKON-JUGATIO-NEN!
DU!
O-OKAY!
WENN MICH MEINE INTUITION NICHT TÄUSCHT, KOMMEN DAS HIER UND DAS BEIM TEST DRAN.
GUCK
ICH KANN IHR UNMÖG-LICH SAGEN ...

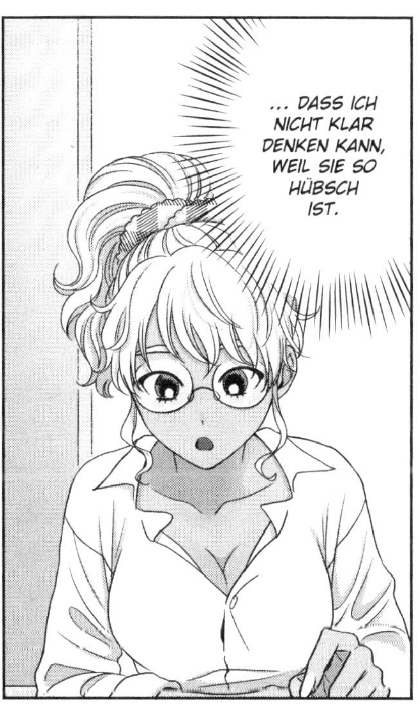
... DASS ICH NICHT KLAR DENKEN KANN, WEIL SIE SO HÜBSCH IST.

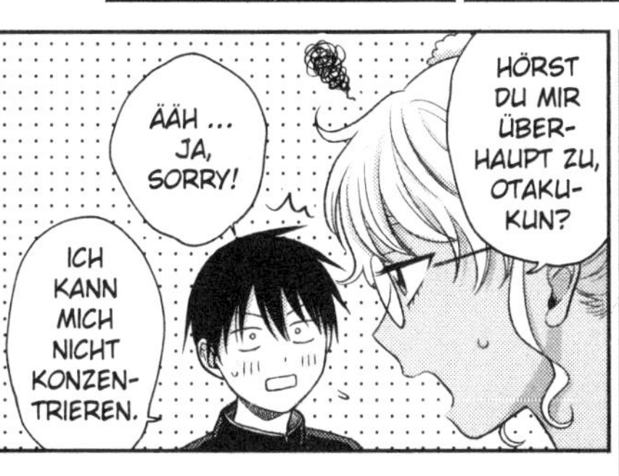
HÖRST DU MIR ÜBER-HAUPT ZU, OTAKU-KUN?
ÄÄH ... JA, SORRY!
ICH KANN MICH NICHT KONZEN-TRIEREN.

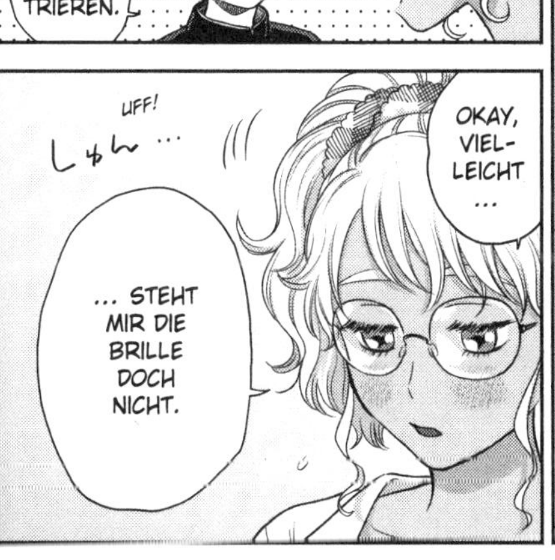
OKAY, VIEL-LEICHT ...
UFF!
... STEHT MIR DIE BRILLE DOCH NICHT.

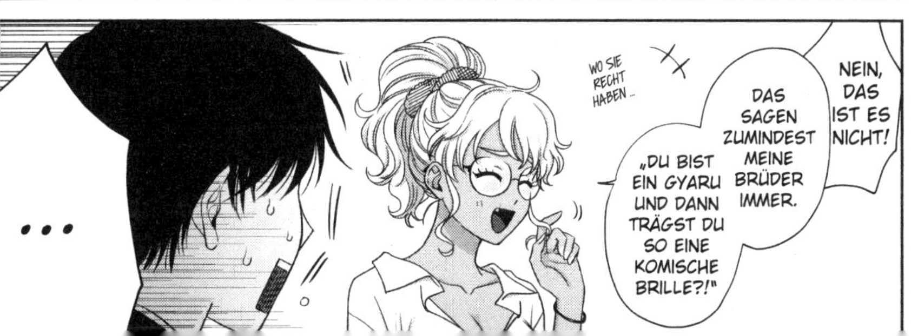
NEIN, DAS IST ES NICHT!
DAS SAGEN ZUMINDEST MEINE BRÜDER IMMER.
„DU BIST EIN GYARU UND DANN TRÄGST DU SO EINE KOMISCHE BRILLE?!"
WO SIE RECHT HABEN ...
...

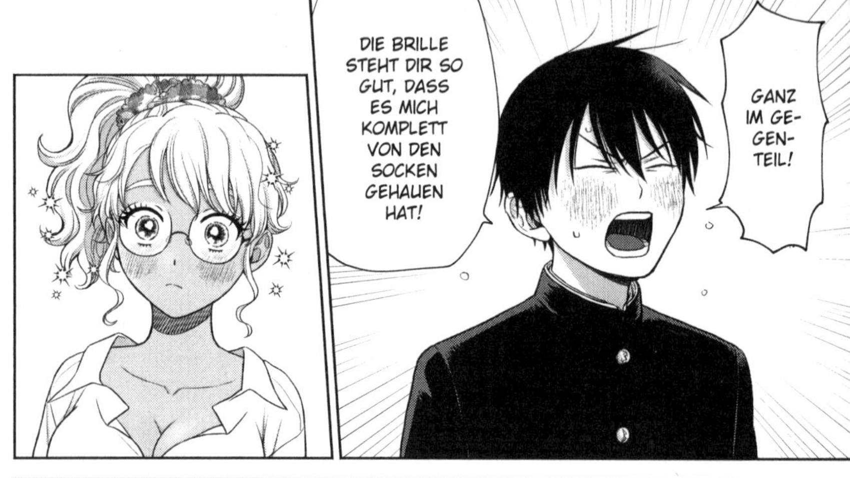
GANZ IM GEGEN-TEIL!
DIE BRILLE STEHT DIR SO GUT, DASS ES MICH KOMPLETT VON DEN SOCKEN GEHAUEN HAT!

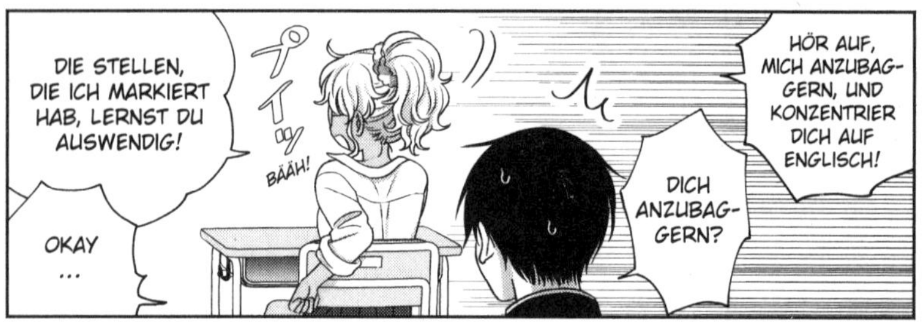
HÖR AUF, MICH ANZUBAGGERN, UND KONZENTRIER DICH AUF ENGLISCH!
DICH ANZUBAG-GERN?
DIE STELLEN, DIE ICH MARKIERT HAB, LERNST DU AUSWENDIG!
BÄÄH!
OKAY …

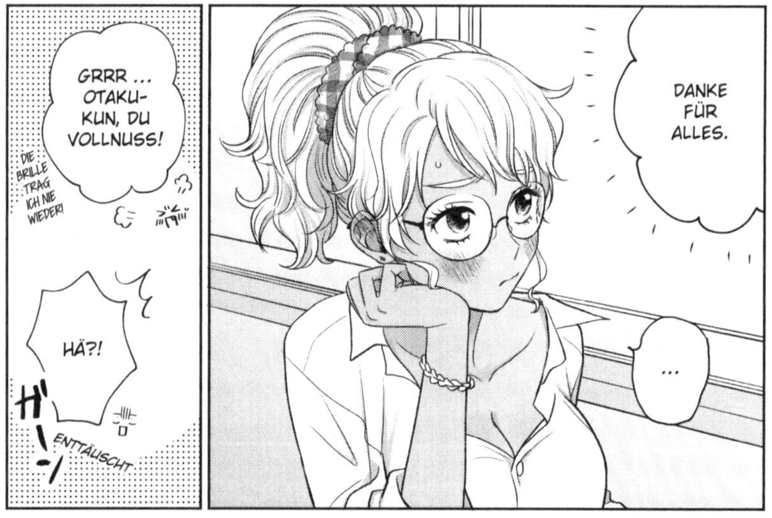
DANKE FÜR ALLES.
…
GRRR … OTAKU-KUN, DU VOLLNUSS!
DIE BRILLE TRAG ICH NIE WIEDER!
HÄ?!
ENTTÄUSCHT

#32 ENDE

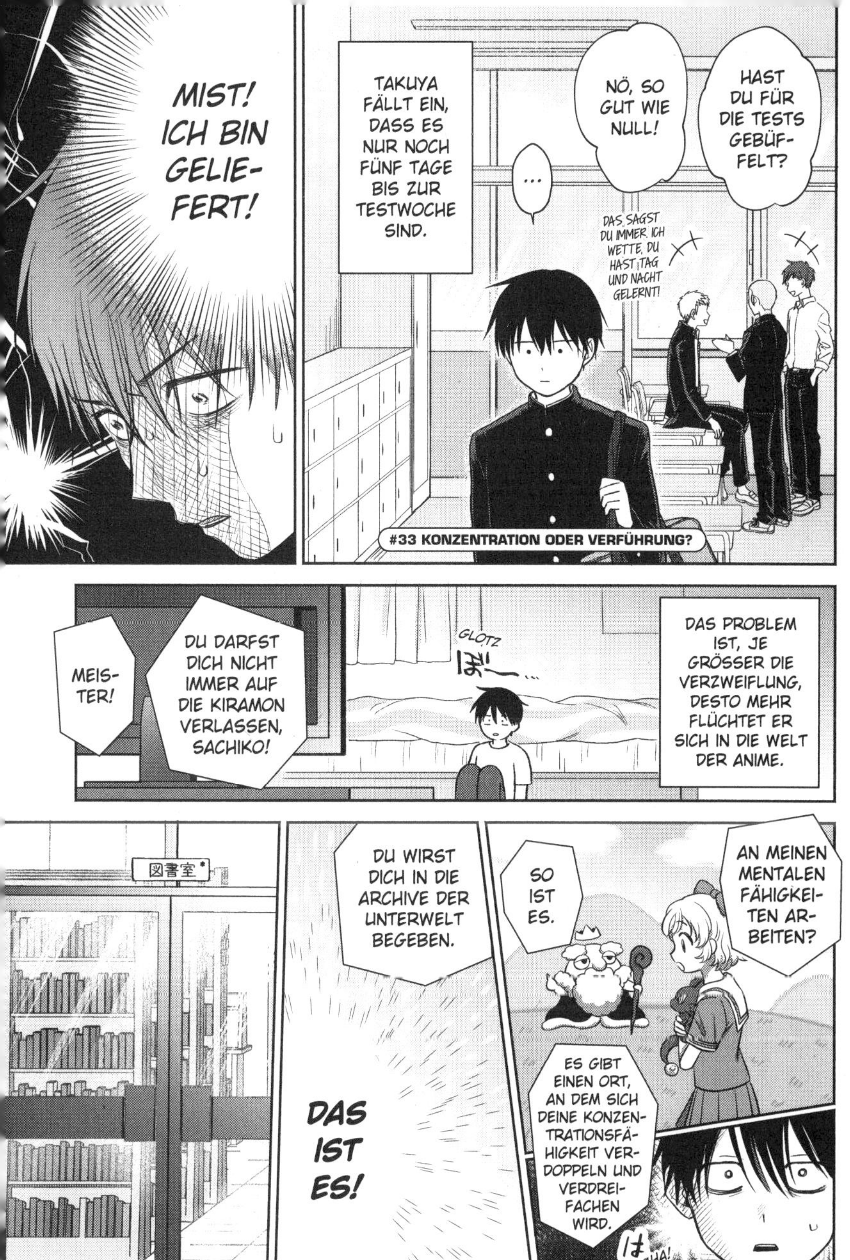
HAST DU FÜR DIE TESTS GEBÜF-FELT?
NÖ, SO GUT WIE NULL!
DAS SAGST DU IMMER. ICH WETTE, DU HAST TAG UND NACHT GELERNT!
...
TAKUYA FÄLLT EIN, DASS ES NUR NOCH FÜNF TAGE BIS ZUR TESTWOCHE SIND.
MIST! ICH BIN GELIE-FERT!
#33 KONZENTRATION ODER VERFÜHRUNG?
DAS PROBLEM IST, JE GRÖSSER DIE VERZWEIFLUNG, DESTO MEHR FLÜCHTET ER SICH IN DIE WELT DER ANIME.
ぼー... GLOTZ
DU DARFST DICH NICHT IMMER AUF DIE KIRAMON VERLASSEN, SACHIKO!
MEIS-TER!
AN MEINEN MENTALEN FÄHIGKEI-TEN AR-BEITEN?
SO IST ES.
ES GIBT EINEN ORT, AN DEM SICH DEINE KONZEN-TRATIONSFÄ-HIGKEIT VER-DOPPELN UND VERDREI-FACHEN WIRD.
は HA!
DU WIRST DICH IN DIE ARCHIVE DER UNTERWELT BEGEBEN.
DAS IST ES!
図書室*

* BIBLIOTHEK

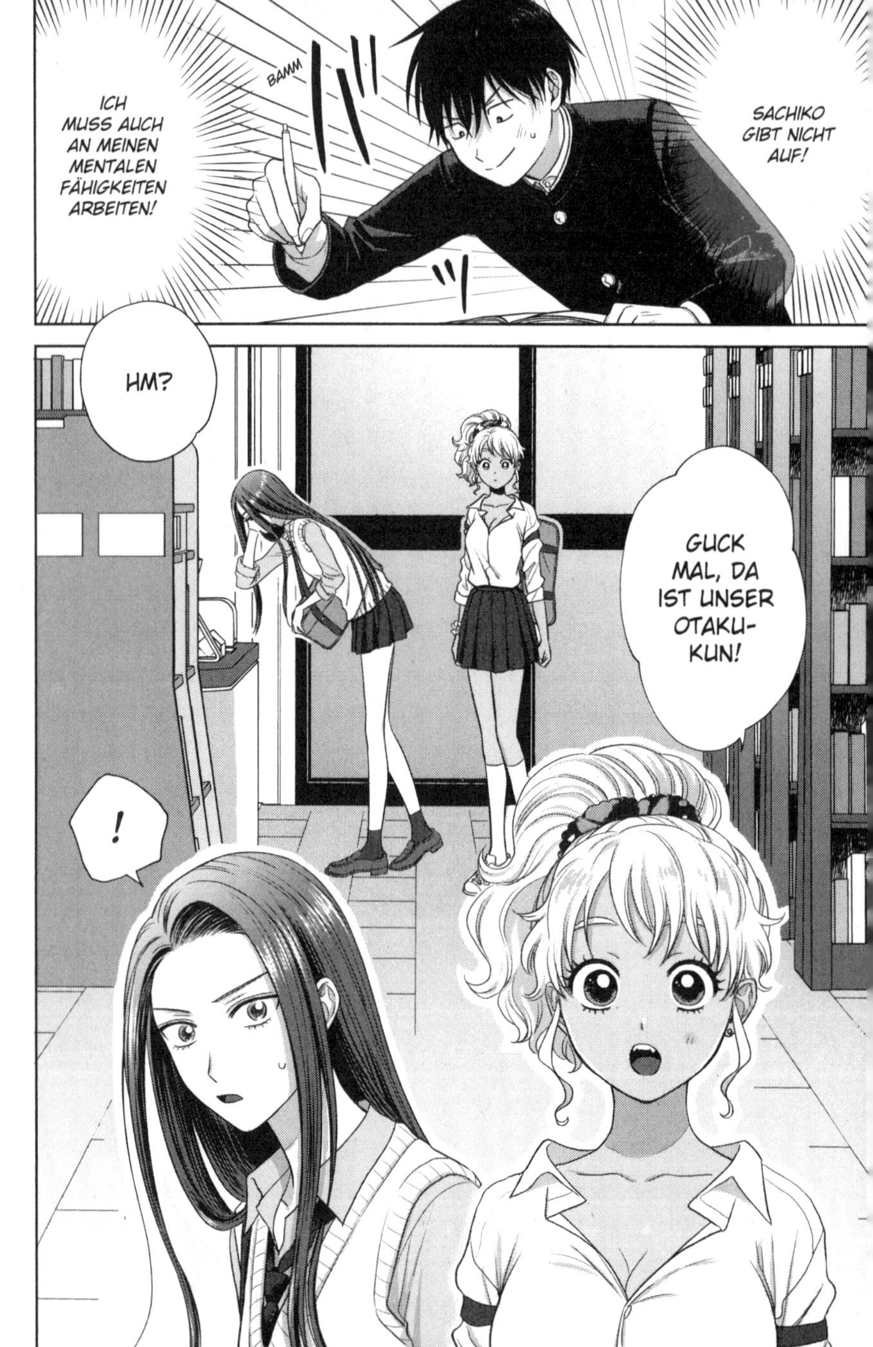
SACHIKO GIBT NICHT AUF!
BAMM
ICH MUSS AUCH AN MEINEN MENTALEN FÄHIGKEITEN ARBEITEN!
GUCK MAL, DA IST UNSER OTAKU-KUN!
HM?
!

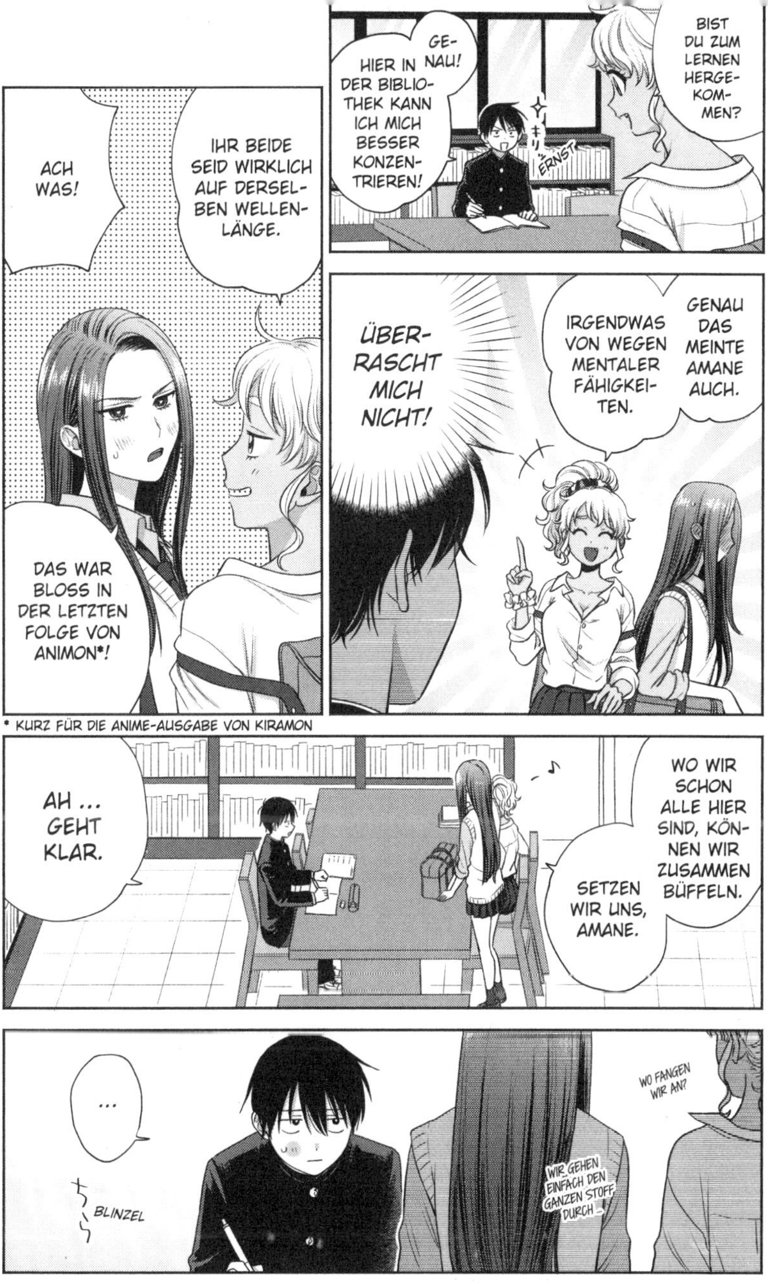

BIST DU ZUM LERNEN HERGEKOMMEN?

GENAU! HIER IN DER BIBLIOTHEK KANN ICH MICH BESSER KONZENTRIEREN!

ERNST

GENAU DAS MEINTE AMANE AUCH.

IRGENDWAS VON WEGEN MENTALER FÄHIGKEITEN.

ÜBERRASCHT MICH NICHT!

IHR BEIDE SEID WIRKLICH AUF DERSELBEN WELLENLÄNGE.

ACH WAS!

DAS WAR BLOSS IN DER LETZTEN FOLGE VON ANIMON*!

* KURZ FÜR DIE ANIME-AUSGABE VON KIRAMON

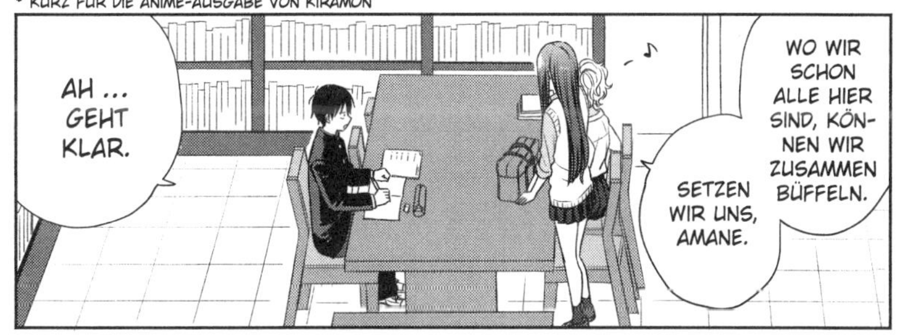

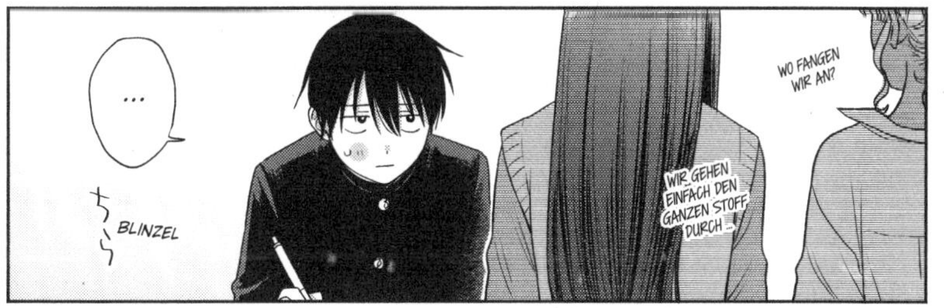

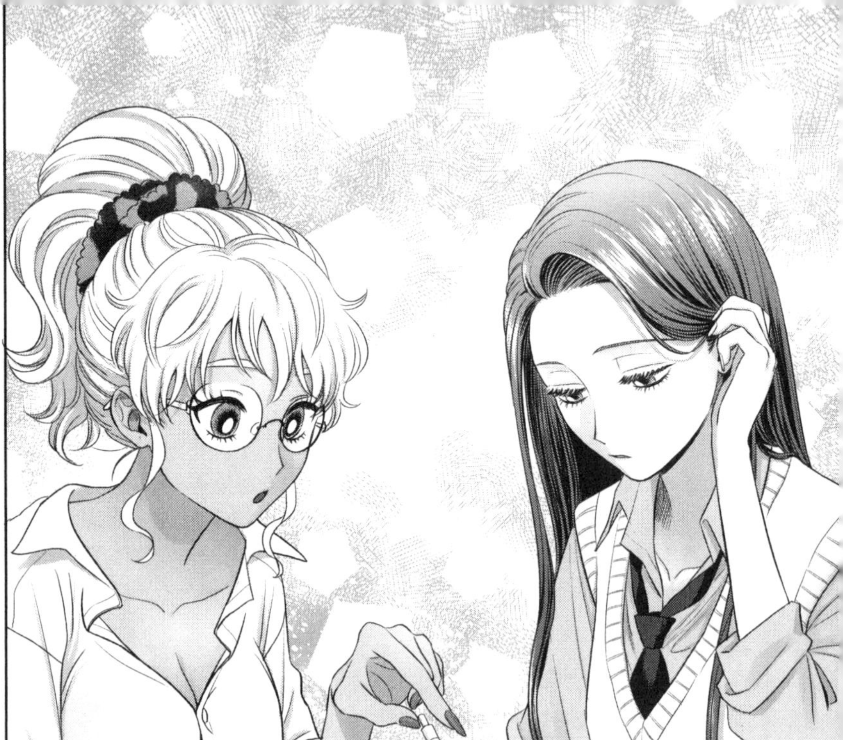

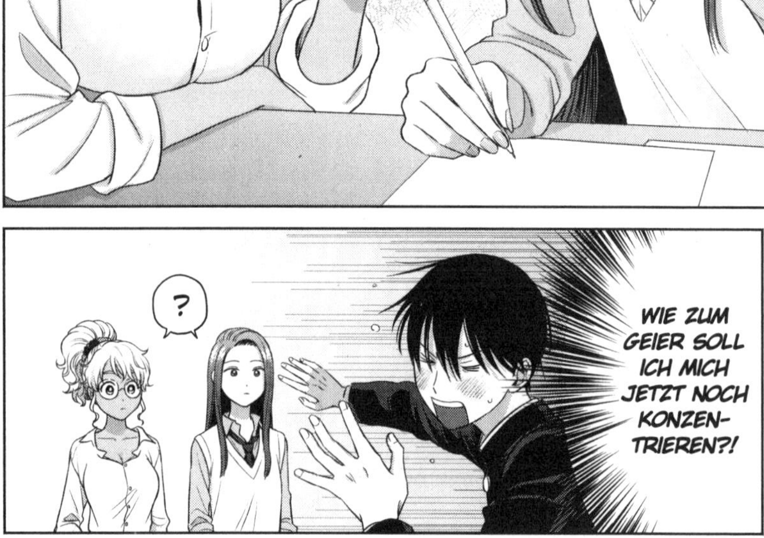

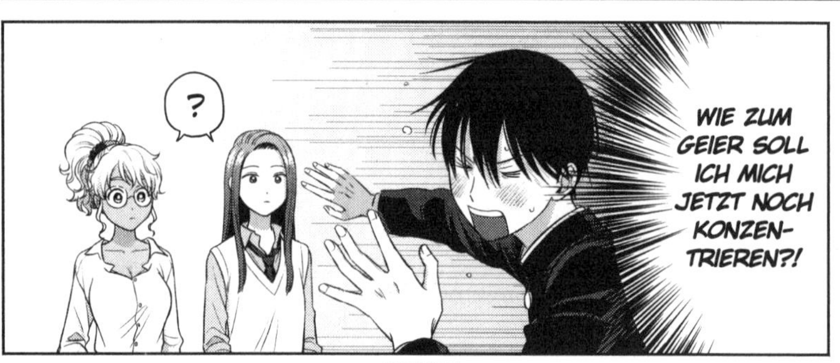

#33 ENDE

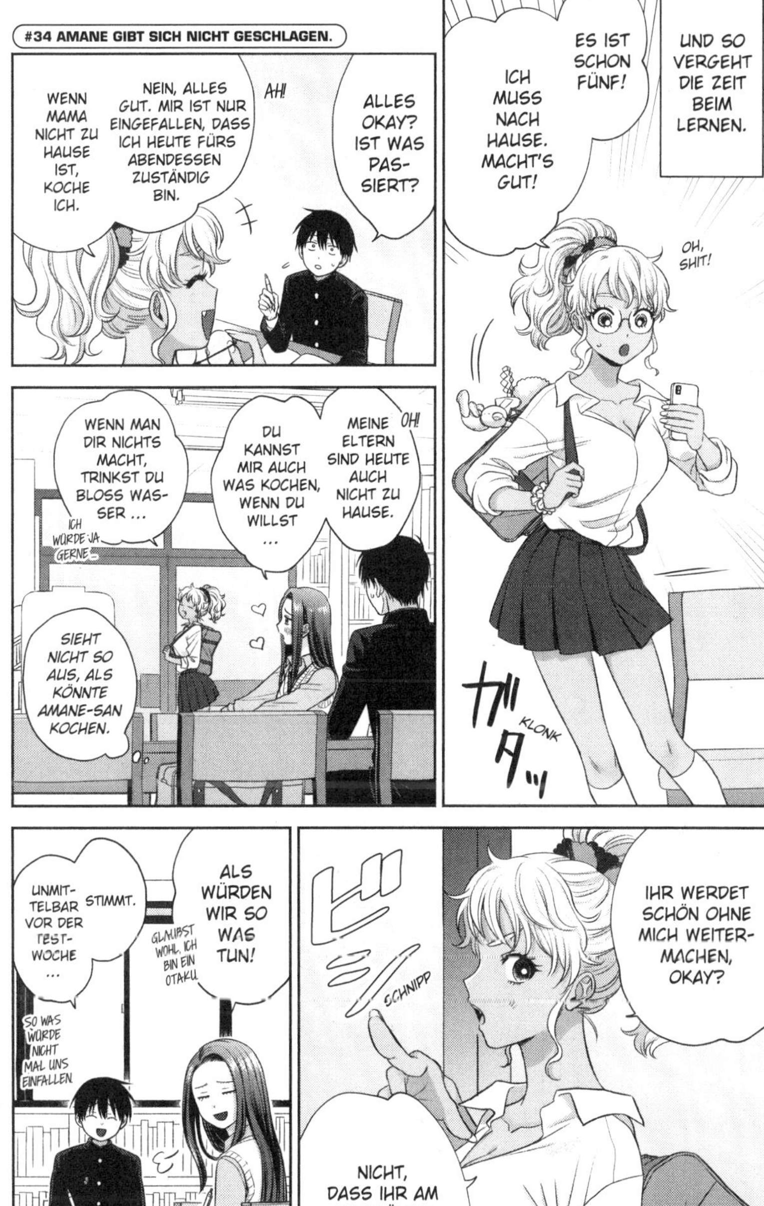
#34 AMANE GIBT SICH NICHT GESCHLAGEN.
UND SO VERGEHT DIE ZEIT BEIM LERNEN.
ES IST SCHON FÜNF!
ICH MUSS NACH HAUSE. MACHT'S GUT!
OH, SHIT!
KLONK
ALLES OKAY? IST WAS PAS-SIERT?
AH!
NEIN, ALLES GUT. MIR IST NUR EINGEFALLEN, DASS ICH HEUTE FÜRS ABENDESSEN ZUSTÄNDIG BIN.
WENN MAMA NICHT ZU HAUSE IST, KOCHE ICH.
OH!
MEINE ELTERN SIND HEUTE AUCH NICHT ZU HAUSE.
DU KANNST MIR AUCH WAS KOCHEN, WENN DU WILLST ...
WENN MAN DIR NICHTS MACHT, TRINKST DU BLOSS WAS-SER ...
ICH WÜRDE JA GERNE ...
SIEHT NICHT SO AUS, ALS KÖNNTE AMANE-SAN KOCHEN.
IHR WERDET SCHÖN OHNE MICH WEITER-MACHEN, OKAY?
SCHNIPP
NICHT, DASS IHR AM ENDE ÜBER KIRAMON PLAUDERT!
ALS WÜRDEN WIR SO WAS TUN!
GLAUBST WOHL, ICH BIN EIN OTAKU
STIMMT.
UNMIT-TELBAR VOR DER TEST-WOCHE ...
SO WAS WÜRDE NICHT MAL UNS EINFALLEN

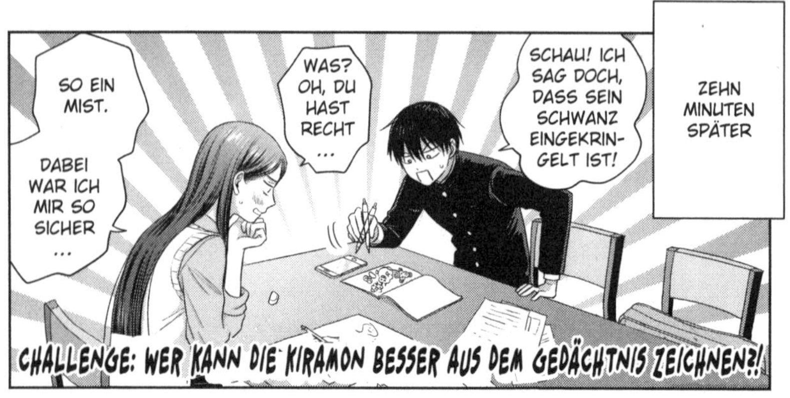
ZEHN MINUTEN SPÄTER
SCHAU! ICH SAG DOCH, DASS SEIN SCHWANZ EINGEKRINGELT IST!
WAS? OH, DU HAST RECHT ...
SO EIN MIST.
DABEI WAR ICH MIR SO SICHER ...
CHALLENGE: WER KANN DIE KIRAMON BESSER AUS DEM GEDÄCHTNIS ZEICHNEN?!

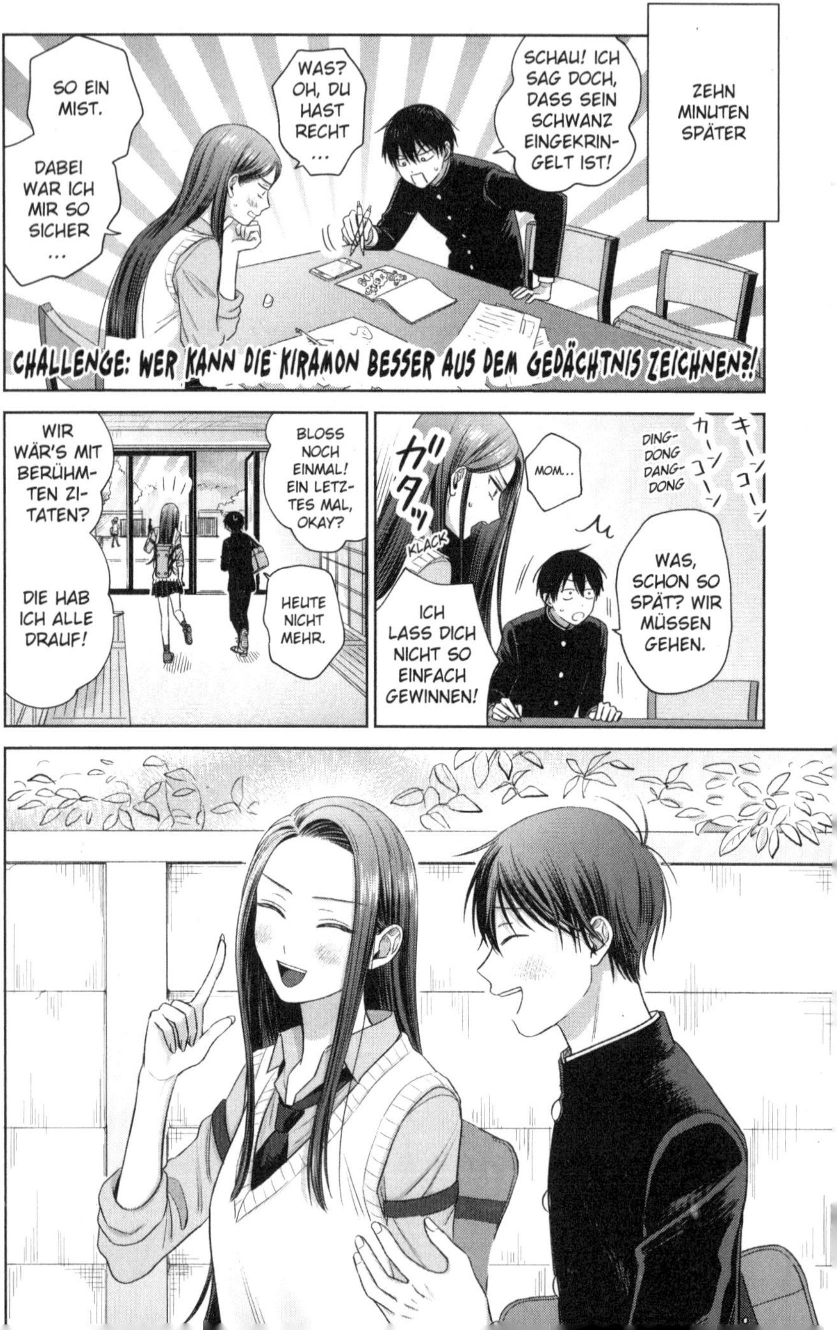

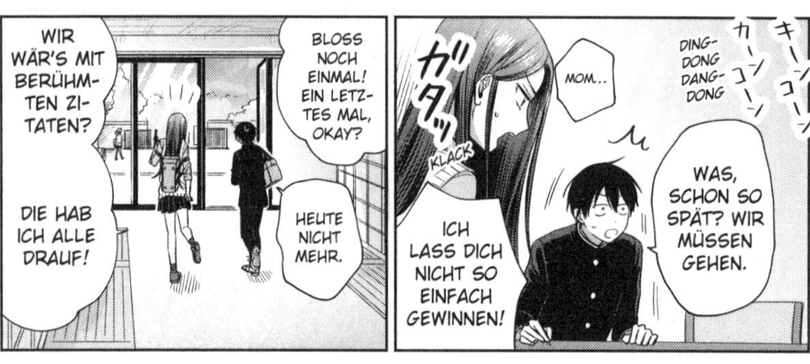
キーンコーン
カーンコーン
DING-DONG DANG-DONG
MOM...
WAS, SCHON SO SPÄT? WIR MÜSSEN GEHEN.
ガタッ
KLACK
ICH LASS DICH NICHT SO EINFACH GEWINNEN!
BLOSS NOCH EINMAL! EIN LETZTES MAL, OKAY?
HEUTE NICHT MEHR.
WIR WÄR'S MIT BERÜHMTEN ZITATEN?
DIE HAB ICH ALLE DRAUF!

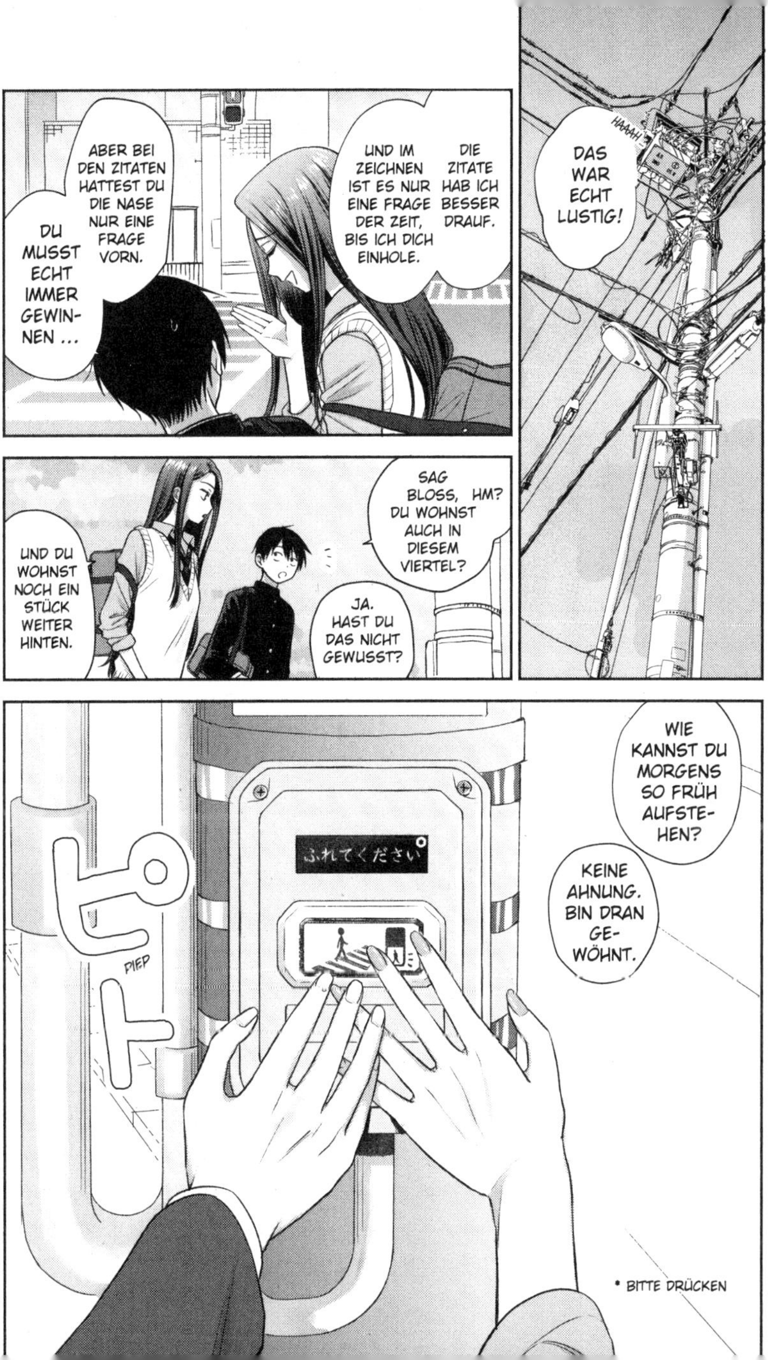

HAAAH
DAS WAR ECHT LUSTIG!
DIE ZITATE HAB ICH BESSER DRAUF.
UND IM ZEICHNEN IST ES NUR EINE FRAGE DER ZEIT, BIS ICH DICH EINHOLE.
ABER BEI DEN ZITATEN HATTEST DU DIE NASE NUR EINE FRAGE VORN.
DU MUSST ECHT IMMER GEWINNEN …
SAG BLOSS, HM? DU WOHNST AUCH IN DIESEM VIERTEL?
JA. HAST DU DAS NICHT GEWUSST?
UND DU WOHNST NOCH EIN STÜCK WEITER HINTEN.
WIE KANNST DU MORGENS SO FRÜH AUFSTEHEN?
KEINE AHNUNG. BIN DRAN GEWÖHNT.
ふれてください*
ピト
PIEP

* BITTE DRÜCKEN

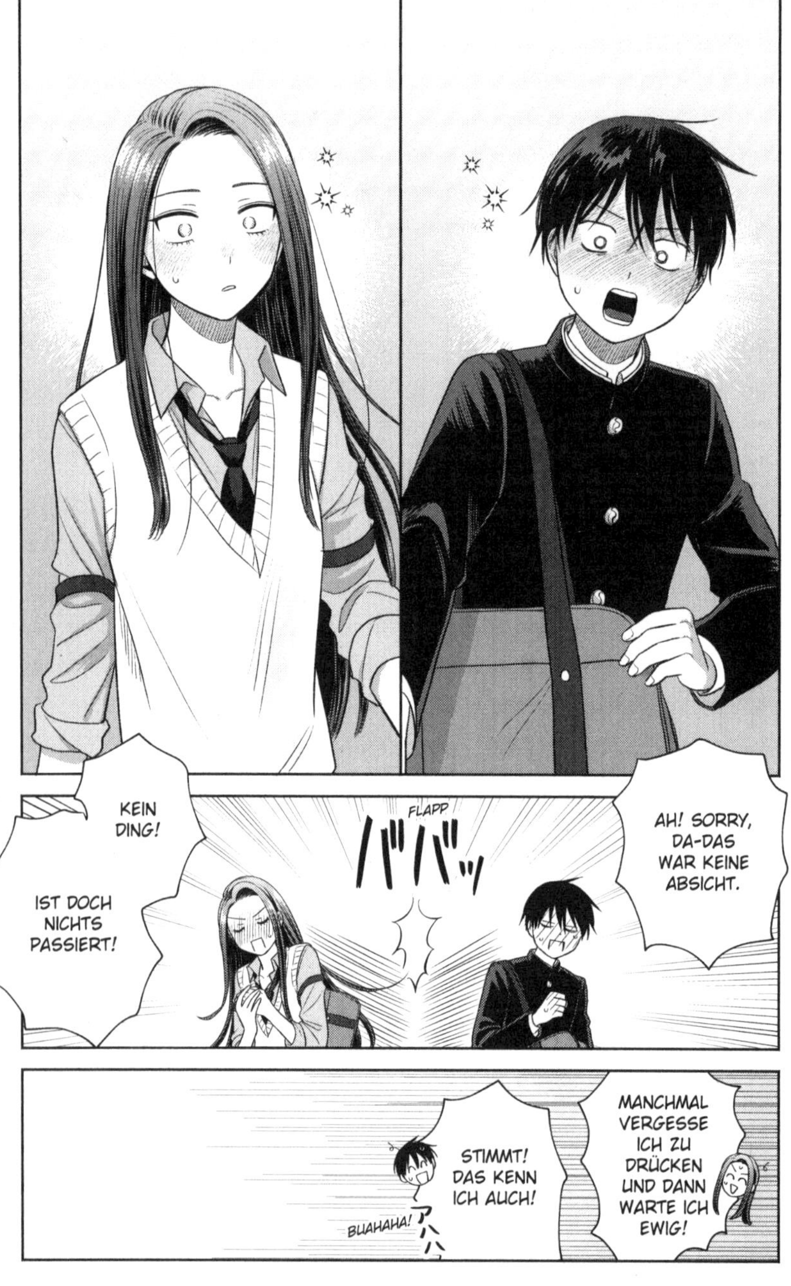

AH! SORRY, DA-DAS WAR KEINE ABSICHT.
FLAPP
バババッ
KEIN DING!
IST DOCH NICHTS PASSIERT!
MANCHMAL VERGESSE ICH ZU DRÜCKEN UND DANN WARTE ICH EWIG!
STIMMT! DAS KENN ICH AUCH!
BUAHAHA!
アハハ

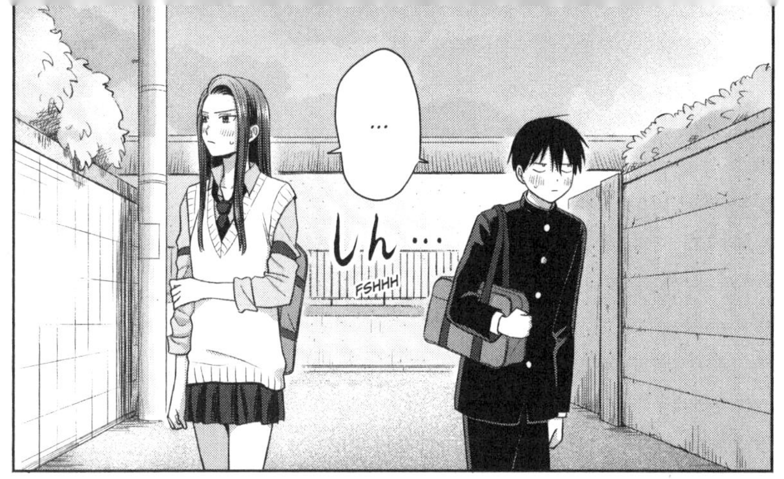
…
しん…
FSHHH

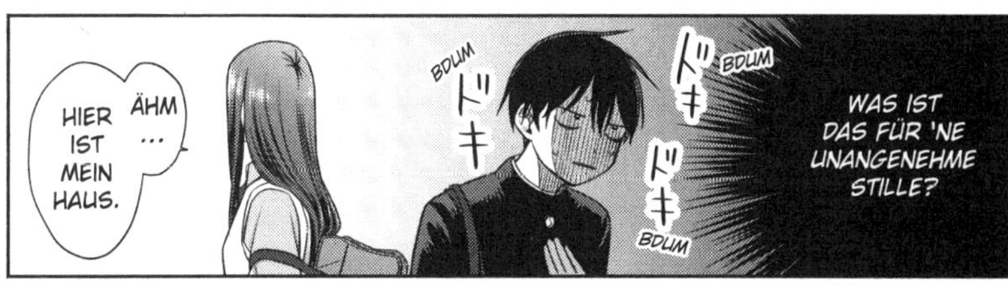
WAS IST DAS FÜR 'NE UNANGENEHME STILLE?
ドキ BDUM
ドキ BDUM
ドキ BDUM
ÄHM …
HIER IST MEIN HAUS.

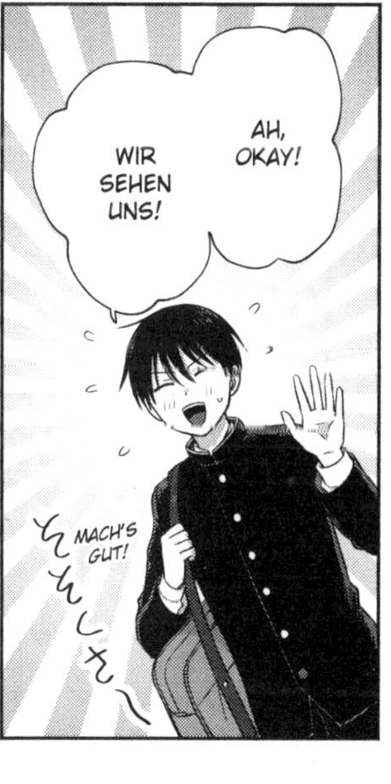
AH, OKAY!
WIR SEHEN UNS!
そそくさ～
MACH'S GUT!

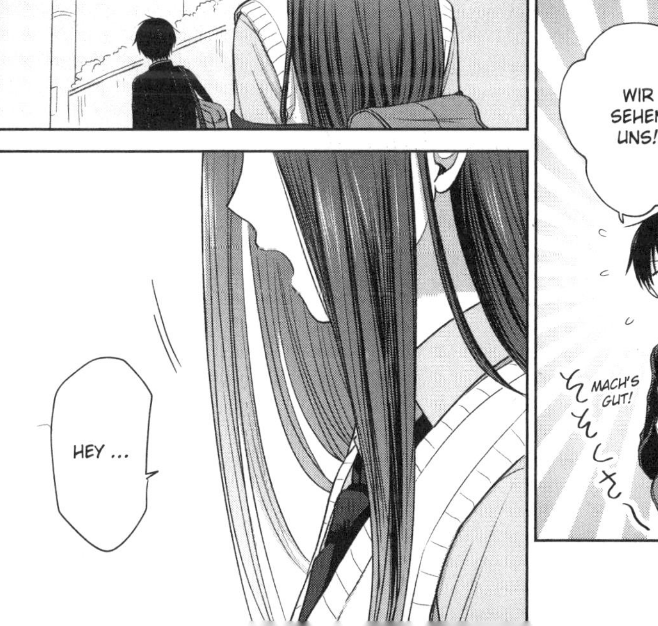
HEY …

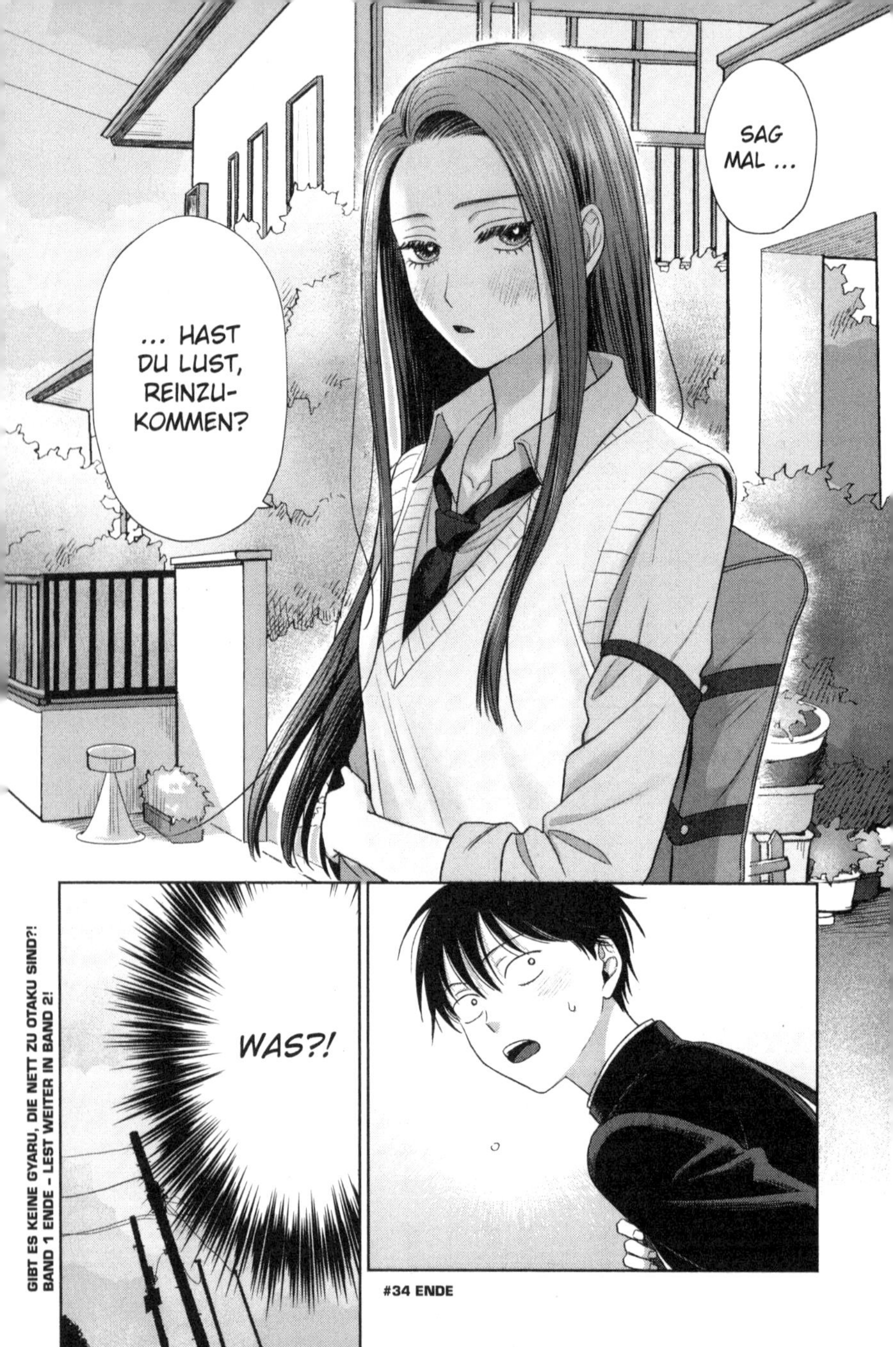
SAG MAL …
… HAST DU LUST, REINZU-KOMMEN?
WAS?!
#34 ENDE
GIBT ES KEINE GYARU, DIE NETT ZU OTAKU SIND?!
BAND 1 ENDE – LEST WEITER IN BAND 2!

STORY-AUTOR: NORISHIROCHAN

Danke fürs Lesen!

Hi, ich bin Norishirochan, der Autor von *Gibt es keine Gyaru, die nett zu Otaku sind?!* Ich hab's geschafft! Einen richtigen Manga herauszubringen, war mein größter Traum, seit ich denken kann! Das verdanke ich all den Leuten, die mich unterstützt haben. Vor allem Sakana Uozumi-sensei, der die wundervollen Bilder gezeichnet hat, und natürlich meinem Zuständigen beim Verlag, der uns vermittelt hat. Also vielen herzlichen Dank an die beiden und alle anderen, durch deren unermüdliche Arbeit dieses Buch nie zustandegekommen wäre! Ich freue mich schon auf die nächsten Bände!

NORISHIROCHAN

MANGAKA: SAKANA UOZUMI

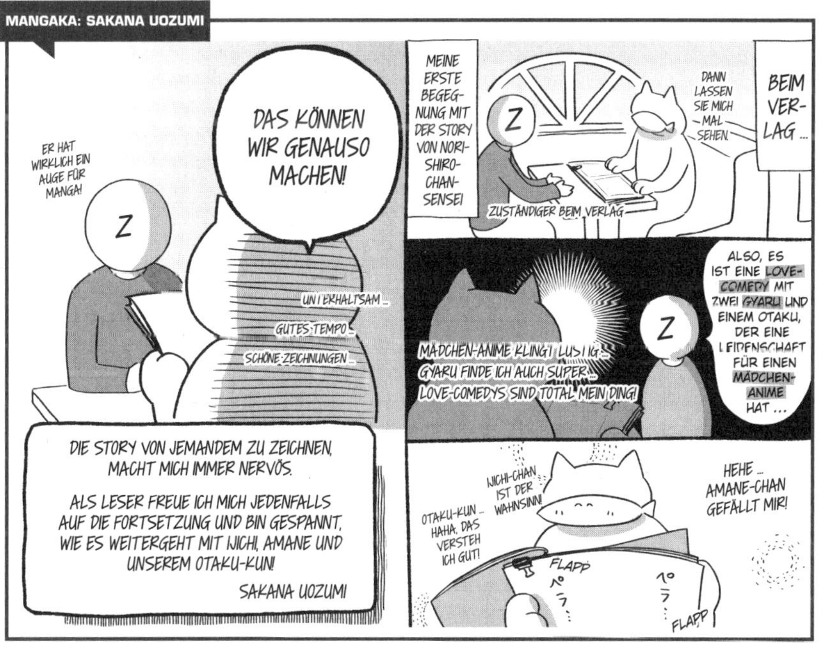

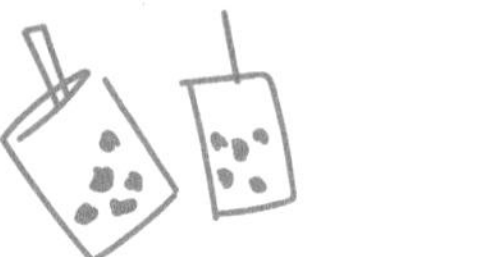

NÄCHSTE NUMMER

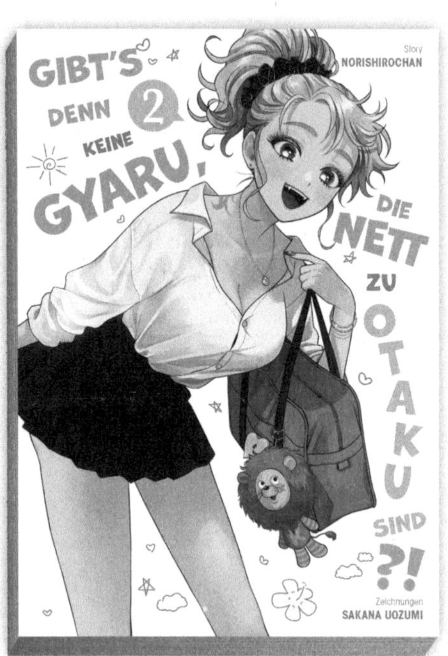

BEREITS ERHÄLTLICH

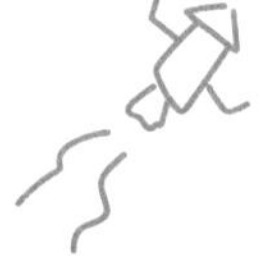

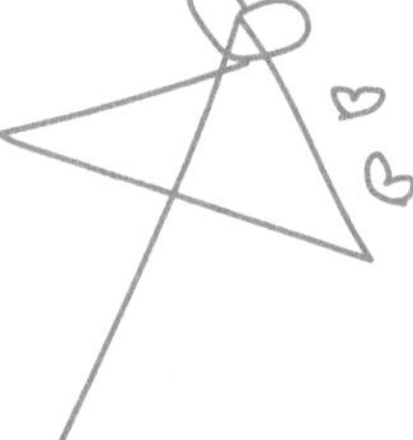

ACHTUNG!

Dieser Comic wird wie im Original gelesen:
von rechts nach links,
also fangt einfach von der anderen Seite des Buches an
und stürzt euch in die Welt von

GIBT'S DENN KEINE GYARU, DIE NETT ZU OTAKU SIND?!

GIBT'S DENN KEINE GYARU, DIE NETT ZU OTAKU SIND?! erscheint bei **PANINI MANGA**, Schloßstraße 76, D-70176 Stuttgart. gpsr@panini.de. GIBT'S DENN KEINE GYARU, DIE NETT ZU OTAKU SIND?! wird unter Lizenz in Deutschland von PANINI Verlags-GmbH veröffentlicht. Druck: LEGO PRINT S.p.A. Direkt-Abos auf **www.paninimanga.de**. Geschäftsführer **Hermann Paul**, Publishing Director Europe **Marco M. Lupoi**, Finanzen/Logistik **Felix Bauer**, Marketing Director **Holger Wiest**, Marketing **Dr. Rebecca Haar**, **Jessica Langer**, Vertrieb **Alexander Bubenheimer**, PR/Presse **Steffen Volkmer**, Publishing Manager **Lisa Pancaldi**, Redaktion **Marlene Eggertsberger**, **Stephanie Jakob**, **Matthias Korn**, **Philipp Nakata**, **Sebastian Spietz**, **Daniela Uhlmann**, Übersetzung **Benjamin Rusch**, Proofreading **Julia Weisenberger**, grafische Gestaltung **Rudy Remitti**, **Nicola Spano**, Art Director **Alessandro Gucciardo**, Redaktion Panini Comics **Elisa Panzani**, **Ludovica Ungari**, Repro/Packager **Alessandro Nalli** (coordinator), **Anna Boselli**, **Mario Da Rin Zanco**, **Valentina Esposito**, **Luca Ficarelli**, **Simone Guidetti**, **Linda Leporati**, **Fabio Melatti**. ISBN 978-3-7416-3948-7

Bibliografische Information der Deutschen Nationalbibliothek
Die Deutsche Nationalbibliothek verzeichnet diese Publikation in der Deutschen Nationalbibliografie; detaillierte bibliografische Daten sind im Internet über dnb.d-nb.de abrufbar.

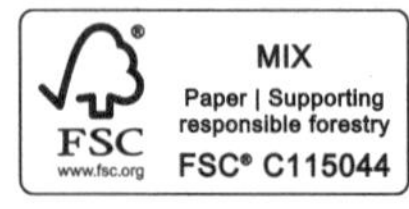